云南师范大学教材建设基金资助出版

Research on Primary School Chinese Curriculum and Textbooks

小学语文课程与教材研究

马蕾迪　樊莹莹　主编

人民东方出版传媒
People's Oriental Publishing & Media
東方出版社
The Oriental Press

前　言

高质量教师是高质量教育发展的中坚力量。党的十八大以来，党中央、国务院坚持把教师队伍建设作为基础工作来抓。2018 年 1 月 20 日，中共中央、国务院发布《关于全面深化新时代教师队伍建设改革的意见》，为造就党和人民满意的高素质专业化创新型教师队伍提供了政策指引；2018 年 2 月 11 日，教育部等五部门印发《教师教育振兴行动计划（2018—2022 年）》，采取切实措施建强做优教师教育，推动教师教育改革发展，全面提升教师素质和能力，努力建设一支高素质专业化创新型教师队伍。

2022 年 4 月，教育部等八部门启动《新时代基础教育强师计划》(以下简称《强师计划》)。计划提出，到 2025 年，建成一批国家师范教育基地，形成一批可复制可推广的教师队伍建设改革经验，培养一批硕士层次中小学教师和教育领军人才。完善部属师范大学示范、地方师范院校为主体的农村教师培养支持服务体系，为中西部欠发达地区定向培养一批优秀中小学教师。

《强师计划》是继《全面深化新时代教师队伍建设改革的意见》和《教师教育振兴行动计划》之后，我国教师队伍建设领域出台的又一个纲领性文件，《强师计划》体现出国家对高质量基础教育发展的决心。

我国基础教育高质量发展的关键在于培养高质量教师，培养高质量教师的关键在于做强做优教师教育。课程建设是教师教育的中心议题，教材是课程的载体，加强小学教育专业的教材建设是保证小学教师培养的重要举措。基于以上精神，我们组织编写了本书，并力图体现以下几个方面的特点：

第一，基于课程理念的教材研究。以往的同类书籍，如《小学语文课程标准与教材研究》，主要是从课程标准的层面出发帮助教师理解小学语文的课程理念、课程性质、课程目标和课程内容。本书立足课程的层面，从课程的概念、课程目标、课程内容、课程实施及评价等理论性知识出发，结合课程标准相应的内容，以帮助教师树立正确的课程观、教学观和教材观，更好地理解和落实课程标准。

第二，注重理论与实践的结合。本书共有九章，前四章侧重课程的内容，后五章是分析教材。内容上既有对理论的介绍，也注重教材分析案例、教学案例的引入，帮助教师提高课程意识的同时，使教师具备分析教材、进行教学设计的能力。本书的编写人员有高校小学教育专业的教师，也有一线教学名师，编写人员力图在小学语文课程与教材研究方面呈现专业的理论知识和实践的操作案例。

第三，关注教材内容的时代性。本书结合《义务教育语文课程标准（2022年版）》，对课程目标、课程内容、课程实施及评价等内容进行解读。教材分析部分以专题的形式对小学语文教材进行研究，主要包括小学语文教材中的汉字文化、核心素养、单元整体教学、传统文化、课程思政等内容，这些都是新时代背景下小学语文教材的主要内容，也是语文课程核心素养在教材中的具体体现。同时，教材分析部分提供了近两年小学语文名师工作室的教学案例，可使教师了解最新的教学设计理念和真实的小学语文课堂教学。

本书既可以作为小学教育专业本科《小学语文课程标准与教材分析》的学生用书，也可以作为小学教育专业教育硕士《小学语文课程与教材研究》《小学语文教学设计》的学生用书，还可以作为小学语文教师在职培训的参考用书。

本书编写人员有高等院校长期从事小学教育的教师和小学教学名师，分别是云南师范大学马蕾迪（第一章、第三章、第四章）；云南师范大学孙淑芳（第二章、第七章、第八章）；云南师范大学樊莹莹（第五章）；昆明经开区明致学校罗蓉（第六章）；云南大学附属小学张砾月（第九章）。全书由马蕾迪老师负责统稿。

本书编写过程中，虽力图遵循科学性和规范性的原则，但写作过程中难免有疏漏，在此我们欢迎本书的读者对书中存在的不足提出宝贵意见。

马蕾迪

2023年5月于北京

目录

CONTENTS

第一章　小学语文课程　001

第一节　课程的内涵与类型　001
第二节　小学语文课程概述　010
第三节　语文课程的性质与理念　012

第二章　小学语文课程目标　018

第一节　课程目标概述　018
第二节　语文课程核心素养　021
第三节　语文课程总目标　023
第四节　语文课程学段要求　027

第三章　小学语文课程内容　036

第一节　课程内容　036
第二节　小学语文课程内容　042
第三节　作为语文课程内容的学习任务群　046

第四章　小学语文课程实施与评价　051

第一节　课程实施　051
第二节　课程评价　057
第三节　小学语文课程实施与评价　062

第五章　小学语文教材中的汉字文化分析　067

第一节　汉字文化概述　067
第二节　小学语文教材中汉字文化编排情况分析　075
第三节　小学语文教学中汉字文化渗透的原则与方法　080
第四节　小学语文教学中汉字文化渗透的教学设计　087

第六章　小学语文教材中的核心素养分析　101

第一节　小学语文核心素养的表现　101
第二节　小学语文教材中渗透核心素养的方法与案例　115
第三节　小学语文核心素养教学案例　130

第七章　小学语文教材中的传统文化分析　160

第一节　中华优秀传统文化的含义和作用　160
第二节　统编版小学语文教材中传统文化的构成　165
第三节　小学传统文化教学案例　178

第八章　小学语文教材中的课程思政元素分析　195

第一节　课程思政的概念　195
第二节　课程思政融入小学语文教学的方法　200
第三节　课程思政融入小学语文的教学案例　209

第九章　小学语文单元整体教学　217

第一节　单元整体教学的内涵　217
第二节　小学语文教材单元整体教学设计方法与案例　221
第三节　小学语文单元整体教学案例　235

参考文献　252

第一章　小学语文课程

课程是教育实践活动的核心，也是教育理论研究的核心，从某种意义上来说，课程的问题是教育中一个永恒的课题。但在教育领域中，由于自身的复杂性以及研究角度的不同，致使“课程”成为一个使用广泛却具有多重涵义的术语。

2001年新课程改革以来，没有哪一个术语像“课程”一样得到如此高度的关注和热议。课程意识、课程能力、课程开发、课程领导力、课程规划与设计等都是教育界热议的话题。但令人奇怪的是，另一个方面，在教育的实践领域，在大部分教师头脑中，最缺乏的仍是对课程的基本了解和认识。即使每天都在接触跟课程密切相关的事，很多教师却并不知道“课程”这个术语与自己的教育活动的关系。课程决策、课程资源、课程领导力这些新鲜的名词就像一堵墙，拦住了课程与我们的教育经验和生活的联系。①

因此，有研究者指出“中国语文教学的问题主要不是出在教学论层面，而是出在课程论层面，要从课程论层面寻找问题的症结”②。为了理解与把握语文课程的相关知识，有必要首先探讨“课程是什么”这一问题。

第一节　课程的内涵与类型

一、课程的内涵

（一）课程的词源分析

在我国，“课程”一词始见于唐代。唐代孔颖达等人在《五经正义》里为《诗

① 万伟：《课程的力量：学校课程规划、设计与实施》，华东师范大学出版社2017年版，前言第1页。

② 郭利萍：《谈中国语文课程的现状与改革——访上海师范大学教育科学学院教授吴忠豪》，《中小学教材教学》，2006年第10期。

经·小雅·巧言》中“奕奕寝庙，君子作之”句作疏：“维护课程，必君子监之，乃依法制。”但课程在其中的涵义与我们现在通常所说的课程的意思相去甚远，这里的课程意指统治者的伟大事业。宋代朱熹在《朱子全书·论学》中多次提及课程，如“宽着期限，紧着课程”“小立课程，大作工夫”等。虽说他只是提及课程一词，并没有明确界定，但意思还是清楚的，即指学习的功课及其进程。①

其实，把课程视为学习的功课及其进程，在我国古代最早的教育论著《学记》中早有描述：“比年入学，中年考校。一年视离经辨志；三年视敬业乐群；五年视博习亲师；七年视论学取友，谓之小成。九年知类通达，强立而不反，谓之大成。”此处“课程”即指学习的功课及其进程。

有学者认为，我国古代的“课程”实际上是“学程”，只有教学内容的规范，没有教法的规定；而近代“课程”则与“教程”相近，注重的是教学的范围与进程，而且这种范围与进程的规定，又是按照学科的逻辑体系展开的。此外，任何一门学科又都从属于学科系列，而这种学科系列又是由学校教育的性质决定的。在这种情况下，学校课程只能是“教程”。鉴于目前课程过于“教程”化，其缺陷越来越明显，未来课程将向“学程”转化。事实上，这一课程问题在西方英语国家也同样存在。②

在西方，英国著名哲学家、教育家斯宾塞（H. Spencer）在1859年发表的一篇著名文章《什么知识最有价值》中最早提出“curriculum”（课程）一词，意指“教学内容的系统组织”。该词源于拉丁语“currere”，“currere”是一动词，意为“跑”；“curriculum”则是名词，原意为“跑道”（race-course）。根据这个词源，西方最常见的对课程的定义是“学习的进程”（course of study），简称“学程”。由于斯宾塞使用的“curriculum”一词原意是静态的跑道，故其教育理念中过多地强调了课程作为静态的、外在于学习者的“组织起来的教育内容”的层面，相对忽略了学习者与教育者动态的经验和体验的层面。

在当代的课程理论文献中，许多课程学者对“curriculum”的词源“currere”表现出浓厚兴趣，因为“currere”原意是“跑的过程与经历”，用动词形式解释课程，即“学习的过程”，因而把课程的涵义表征为学生与教师在教育过程中的实际的经验和体验。

通过对我国和西方课程的词源分析发现，选择不同的课程词根则代表着对课程本

① 施良方：《课程理论：课程的基础、原理与问题》，教育科学出版社1996年版，第2页。

② 同上。

质的不同理解，这也将导致进行不同的课程教学实践。

（二）课程的多元界定

由于课程自身的复杂性以及研究者出发点和研究角度的不同，课程定义繁多，至今仍未形成一个统一的界定。在课程的发展史上，主要有以下几种对课程的经典界定：①

1. 课程即教学科目

把课程等同于所教的科目，在历史上由来已久。我国古代的课程有礼、乐、射、御、书、数六艺；欧洲中世纪初的课程有文法、修辞辩证法、算术、几何、音乐、天文学七艺。事实上，西方的学校是在七艺的基础上增加其他学科，逐渐建立起现代学校课程体系的。最早采用英文“课程”一词的斯宾塞，也是从指导人类活动的各门学科的角度，来探讨其知识的价值和训练的价值的。目前我国的《辞海》、《中国大百科全书》以及众多教育学教材也认为，课程即学科，或者指学生学习的全部学科——广义的课程，或者指某一门学科——狭义的课程。这一定义影响之大，只要让几位教育工作者描述一下何谓课程，便可略见一斑了。

这种定义的实质，是强调学校向学生传授学科的知识体系，是一种典型的“教程”。然而，只关注教学科目，往往容易忽视学生的心智发展、情感陶冶、创造性表现、个性培养以及师生互动等对学生成长有重大影响的维度。其实，学校为学生提供的学习范围，远远超出了正式列入课程的学科。现在我国各地的课程改革，已把活动和社会实践列入正式课程，这说明把课程等同于教学科目是不周全的。

2. 课程即有计划的教学活动

这一定义把教学的范围、序列和进程，甚至把教学方法和教学设计，即把所有有计划的教学活动都组合在一起，以图对课程有一个较全面的看法。例如，我国有学者认为课程是指一定学科有目的的、有计划的教学进程。这个进程有量、质方面的要求，它也泛指各级各类学校某级学生所应学习的学科总和及其进程和安排。相对说来，这个定义考虑得比较周全。

但是，这一定义本身也存在疑义。首先，何谓“有计划”？人们对此的理解会有很大差别。例如，有人认为这是指计划的书面文件，诸如课程计划（教学计划）、课程标准（教学大纲）、教科书、教学参考书、练习册，以及教师备课的教案。但有人通过对教师的教学活动作了仔细观察后认为，许多教学活动是基于非书面计划的东西来安排

① 施良方：《课程理论：课程的基础、原理与问题》，教育科学出版社1996年版，第3—7页。

的。作为教师，计划的东西比书面计划的范围要广得多。但如果把非书面的计划也包括在内，那么课程的定义似乎又太宽泛了。其次，把有计划的教学活动安排作为课程的主要特征，往往会把重点放在可观察到的教学活动上，而不是放在学生实际的体验上。例如，把检查教师是否落实了某些教学活动作为评价的依据，这会导致本末倒置，即把活动本身作为目的，从而忽视这些活动为之服务的目的。事实上，教师应该注意的是教学活动对学生学习过程和个性品质的影响，而不是教学活动本身。

3. 课程即预期的学习结果

这一定义在北美课程理论中较为普遍。一些学者认为，课程不应该指向活动，而应该直接关注预期的学习结果或目标，即要把重点从手段转向目的。这要求事先制定一套有结构、有序列的学习目标，所有教学活动都是为达到这些目标服务的。在西方课程理论中相当盛行的课程行为目标，便是一个典型的例子。

然而，研究表明，预期会发生的事情与实际发生的事情之间总是存在着差异。在课程实践中，预期的学习目标是由课程决策者制定的，教师作为课程实施者，只能根据自己的理解来组织课堂教学活动。课程目标的制定与实施过程在客观上是分离的，两者不可能完全一致。因此，有人提出，目标制定与目标实施之间的差距，应该成为课程研究的基本焦点。

另外，把焦点放在预期的学习结果上，容易忽略非预期的学习结果。而研究表明，师生互动的性质、学校文化等隐性课程，对学生的成长有很大的影响。最后，即便从表面上看，学生都达到了预期的学习结果，但这种结果对不同学生来说可能意味着不同的东西。

4. 课程即学习经验

把课程定义为学习经验，是试图把握学生实际学到些什么。经验是学生在对所从事的学习活动的思考中形成的。课程是指学生体验到的意义，而不是要学生再现的事实或要学生演示的行为。虽说经验要通过活动才能获得，但活动本身并不是关键所在，因为每个学生都是独特的学习者，他们从同一活动中获得的经验都不一样。所以，学生的学习取决于他自己做了些什么，而不是教师做了些什么。也就是说，唯有学习经验，才是学生实际认识到的或学习到的课程。目前，一些西方人本主义课程论者也趋向于这种观点。这种课程定义的核心，是把课程的重点从教材转向个人。

从理论上讲，把课程定义为学生个人的经验似乎很有吸引力，但在实践中很难实行。在实际教学情境中，一个教师如何同时满足四五十个学生独特的个人成长要求？如何为每一个学生制订合适的课程计划？各级各类学校是否还要制定相对统一的标准？此外，即便从理论上讲，这种课程定义也过于宽泛，它把学生的个人经验都包容进来，以致对课程的研究无从入手。

5. 课程即社会文化的再生产

在一些人看来，任何社会文化中的课程，实际上都是（而且也应该是）这种社会文化的反映。学校教育的职责是再生产对下一代有用的知识、技能。政府有关部门根据国家需要来规定所教的内容，专业教育工作者的任务是要考虑如何把它们转化成可以传递给学生的课程。这种定义所依据的基本假设是：个体是社会的产物，教育就是要使个体社会化。课程应该反映各种社会需要，以便使学生能够适应社会。可见，这种课程定义的实质在于使学生顺应现存的社会结构，从而把课程的重点从教材、学生转向社会。

以为课程应该不加批判地再生产社会文化，实际上是以这一观念为前提的：社会现状已达到完满状态了，即认为社会文化的变革已不再需要了。然而，现实的社会文化远非这些人所想象的那样合理。英美一些学者在指出了他们社会中存在的大量偏见、不公正现象后认为，倘若教育者以为课程无须关注社会文化的变革，那就会使现存的偏见和不公正永久化。

6. 课程即社会改造

一些激进的教育家认为，课程不是要使学生适应或顺从社会文化，而是要帮助学生摆脱现存社会制度的束缚。因此有人提出“学校要敢于建立一种新的社会秩序”的口号。他们认为，课程的重点应该放在当代社会的问题、社会的主要弊端、学生关心的社会现象等方面，要让学生通过社会参与形成从事社会规划和社会行动的能力。学校的课程应该帮助学生摆脱对外部强加给他们的世界观的盲目依从，使学生具有批判的意识。

在这方面，当今最有影响的代表人物是巴西的保罗·弗莱雷（Paulo Freire）。他批评资本主义学校课程已成了一种维护社会现状的工具，充当了人民群众与权贵人物之间的调解者，使人民大众甘心处于从属地位，或归咎于自己天性无能。所以，他主张课程应该使学生摆脱盲目依从外部强加给他们的世界观，这要求学生在规划和实施课程的过程中起主要作用。

然而，学校还不足以在政治上强大到能够促使社会发生重大变革。因此，学校课程尚不能起到指导社会变革的作用。在我们看来，最重要的是，在不同的社会制度里，对社会改造的理解有本质的区别。

上述每一种课程定义，从不同的角度或多或少都涉及课程的某些本质，有其优点但也存在明显的局限。可以预料，关于课程定义的争辩还会继续下去。总体来看，随着课程理论的发展，人们对课程内涵的理解也发生了变化，主要体现在以下几个方面：（1）课程重心的转变。课程由“学科”到“经验”的变化，实质上是课程由重物到重人的转变。（2）课程态性的转变。课程本质观由静态走向动态。（3）课程价值取向的确立。课程的目的是促进儿童身心的全面和谐发展。（4）课程的涵盖性增强了。一切有教育性的活动都是课程。

二、课程的类型

不同的课程本质观决定着不同的课程类型，通过对课程类型的分析，有助于深化对课程的理解。关于课程类型的分类，因其划分标准不同而各异。

（一）根据课程的组织方式分类

根据课程内容的组织方式，可将课程分为学科课程与经验课程、分科课程与综合课程。其中，学科课程是最古老、使用范围最广的课程类型。[①]

1. 学科课程与经验课程

（1）学科课程

学科课程是以文化知识为基础，按照一定的价值标准，从不同的知识领域或学术领域选择一定的内容，根据知识的逻辑体系，将所选出的知识组织为学科，如语文、数学、英语、音乐等。

学科课程具有明显的优点：它有助于系统传承人类文化遗产；有助于学习者获得系统的文化知识；有助于组织教学与评价，便于提高教学效率。然而，学科课程也有其不足：第一，由于学科课程以知识的逻辑体系为核心组织，容易导致轻视学生的需要、经验和生活。第二，儿童的生活是一个有机整体，不能分解为“语文部分”“数学部分”“历史部分”等，因此过于强调学科课程有可能导致肢解儿童完整的生活。第三，每一门学科课程都有其悠久的学术传统，都有其相对独立和稳定的逻辑系统，因此容易忽略当代社会生活的现实需要。第四，学科课程容易导致单调的教学组织和划一的讲解式教学方法。

（2）经验课程

经验课程也称活动课程或儿童中心课程，是以儿童的主体性活动的经验为中心组织的课程。经验课程以开发与培育主体内在的、内发的价值为目标，旨在培养具有丰

---

① 张华：《课程与教学论》，上海教育出版社 2000 年版，第 238—257 页。

富个性的主体。儿童的兴趣、动机、经验是经验课程的基本内容。儿童生活在特定的社会和文化之中，为了提升儿童的经验与价值，经验课程强调将儿童感兴趣的当代社会生活问题及学科知识转化为儿童的经验作为课程的内容。经验课程的基本着眼点是儿童的兴趣和动机，以动机为课程与教学组织的中心。

经验课程的优点主要有以下三个方面：第一，经验课程强调学习者当下的直接经验的价值，把学习者的经验及其生长需要作为课程目标的基本来源，充分满足学习者的需要、动机、兴趣，因而在经验课程中，学习者成为真正的主体，课程的意义之源被发现了，扭转了千百年来把课程视为学习者的控制工具的局面。第二，经验课程主张把人类文化遗产以儿童的经验为核心整合起来，主张把学科知识转化为儿童当下活生生的经验，强调教材的心理组织，这样，儿童在与文化、与学科知识交互作用的过程中，人格不断获得发展。这种课程理念真正体现了文化遗产、学科知识的教育价值。第三，经验课程主张将当代社会现实以儿童的经验为核心整合起来，既把儿童视为社会的儿童、生活于社会现实之中的儿童，又不使儿童拘泥于当前的社会现实，被动适应当前的社会现实，而是着眼于儿童的未来，主张基于儿童的人格发展对当前的社会现实进行改造。应当说，这种观点摆正了儿童的人格发展与当前社会生活的关系。

经验课程的特性使其在教育实践中推行起来受到种种限制。首先，经验课程容易导致忽略系统的学科知识的学习。尽管经验课程的倡导者的初衷并非不要学科知识，而是寻找学科知识对儿童人格发展的意义和价值，但是，经验课程的实践过程往往导致实施者沉醉于儿童当前的各种偶发性冲动，纵容儿童，忽略学科知识的教育价值，走向“儿童中心主义”。其次，经验课程容易导致“活动主义”，忽略儿童思维能力和其他智力品质的发展。经验课程的确立者（如杜威）大都主张把儿童的思维能力、问题解决能力、创造性的培养作为经验课程的基本目标，并主张把这些心理品质的培养与儿童对情境的操作和行动有机统一起来。然而在经验课程的实践中，人们往往把经验课程误解为让儿童随意地从事一些肤浅的、缺少智力价值的操作活动，从而忽略了儿童深层的心理品质的发展。再次，经验课程的组织要求教师具有相当高的教育艺术，对于习惯了班级授课制和讲解教学法的教师而言，这一点很难适应。

2. 分科课程与综合课程

（1）分科课程

分科课程是一种单学科的课程组织模式，它强调不同学科门类之间的相对独立性、强调一门学科的逻辑体系的完整性。

（2）综合课程

综合课程是一种多学科的课程组织模式，它强调学科之间的关联性、统一性和内在联系。2001 年教育部颁布的《基础教育课程改革纲要（试行）》指出，小学阶段以综合课程为主。

综合课程根据综合的中心主题或问题的不同，可以分为学科本位综合课程、社会本位综合课程与儿童本位综合课程。

学科本位综合课程是以学科或文化知识为课程整合的基点，课程整合的核心主要源于学科。这种综合课程试图打破或超越各分科课程自身固有的逻辑，形成一种将不同学科内容有机整合为一体的新的逻辑。根据综合程度的不同，可以把学科本位综合课程分为“相关课程”“融合课程”“广域课程”三种形态。

社会本位综合课程是以源于社会生活的问题为课程整合的核心，目的是使学习者适应或改进当代社会生活。这类课程的内容主要源于社会或整个人类的条件和状况，学生研究社会的种种特征与问题等。如 20 世纪 80 年代以来，国际上流行的“科学—技术—社会课程”“环境教育课程”“国际理解教育课程”都属于社会本位综合课程。

儿童本位综合课程（或称经验本位综合课程）是以儿童当下的直接经验、儿童的需要与动机、儿童的兴趣与心理发展为课程整合的核心，目的是促进儿童的经验生长和人格发展。儿童本位综合课程即经验课程。卢梭的浪漫自然主义经验课程、杜威的经验自然主义经验课程、克伯屈的“设计教学法”都是儿童本位综合课程的典范。

（二）根据课程的决策层次分类

美国学者古德莱德（John I. Goodlad）以课程决策的层次为标准，将课程分为以下五种类型：

1. 理想的课程（ideological curriculum）。或译成“观念层次的课程”，这是尚处于观念层次的课程，指由一些研究机构、学术团体和课程专家提出的应该开设的课程。

2. 正式的课程（societal curriculum）。或译成“社会层次的课程”，指由教育行政部门规定的课程计划、课程标准和教材，也是列入课表、实际开设的正式的课程。

3. 领悟的课程（institutional curriculum）。或译成“学校层次的课程”，指任课教师实际理解、领会的课程。

4. 运作的课程（instructional curriculum）。或译成“教学层次的课程”，指实际反映在教育教学过程之中师生共同实施的课程。

5. 经验的课程（experiential curriculum）。或译成“体验层次的课程”，指学生实际体验到的课程。

古德莱德从不同的层次探究了课程的形态，囊括了宏观层面的课程决策、中观层面学校的课程、微观层面学生体验的课程，既有理论层面又有实践层面。可以说，古德莱德划分的五种课程类型能较好地描绘课程从计划到实施的整个过程，也有助于我们对课程的概念有更深入的认识。从五种不同层次的课程类型来说，课程实施的过程并非简单复制或机械执行的被动过程，而是积极地选择与创造的主动过程，这五个层面的课程既可能层层流失或扭曲课程真义，也可能层层生发意义进而创造性地实践课程。因此，课程的真谛在于人这一主体的能动性在课程决策每一层面上的发挥程度。

（三）根据课程的表现形式分类

学校中的课程按照表现形式的不同，又可以分为显性课程和隐性课程。显性课程是学校教育中有计划、有组织地实施的“正式课程”或“官方课程”。隐性课程则是学生在学习环境（包括物质环境、社会环境和文化体系）中所学习到的非预期或非计划性的知识、价值观念、规范和态度，这是非正式的、非官方的课程，具有潜在性。显性课程（有计划的学习经验）与隐性课程（非预期的学习经验）共同构成学校课程的全貌。

隐性课程是现代课程论的重要研究课题。隐性课程主要有以下三种常规存在的形式和发挥作用的渠道：一是物质—空间类，主要包括校园建筑、活动场地、绿化美化、活动室设置、声色光、湿度、温度等；二是组织—制度类，主要包括学校管理制度、生活制度、评价制度、奖惩制度等；三是文化—心理类，主要包括正规课程中所隐含的文化价值观，师生关系、教师的期望与态度、心理行为等。上述因素或独立或交叉，共同影响学习者的情感、价值、态度等心理与行为，与显性课程或相互促进，或相互补充，或相互冲突，从而形成学生在学校的全部学习经验。

隐性课程有哪些特点？根据众多研究，归纳出以下几个方面：第一，隐性课程的影响具有弥散性和普遍性。隐性课程的影响可以说无处不在，只要存在教育，就必然存在隐性课程的影响，因为每一个学习者都是主体，每一个主体的心灵的特性都是独异的，在同一个教育情境中，不同的主体会解读出不同的意义，而这些意义是超出教育者预测的。第二，隐性课程的影响具有持久性。许多隐性课程都是通过心理的无意识层面对人产生影响的，像对情感态度的影响、对价值观念的影响、对性别角色的形成等，都是潜移默化的，这些影响一经确立，就持久地影响人的心理与行为，难以改变。第三，隐性课程的教育影响既可能是积极的，也可能是消极的。不论是知识的学习，还是情感、价值的陶冶，隐性课程对学习者的影响都既可能是积极的，也可能是消极的。教育者的教育艺术集中体现在如何发挥隐性课程的积极教育影响和减少隐性课程的消极影响上。第四，隐性课程的内容既可能是学术性的，也可能是非学术性的。有些隐性课程是学术性的，如潜移默化地学会某种学术知识、学术观点、学术态度、学科探究方式等。也有些隐性课程是非学术性的，如隐含于班级和学校结构、行为规范和规则、人际交往方式等方面的隐性课程影响。①

第二节　小学语文课程概述

一、对“语文”的辨析

早在 1948 年 8 月，华北人民政府教育部教科书编审委员会主任委员叶圣陶主持起草课程标准，开始使用“语文”这一名称。由于人们的理解不一致，“语文”作为学科的名称，实际上存在着多种不同的解释。

（一）“语言文字”说

即把“语文”解释为“语言文字”。不过，这里的“语言”指口头言语，这里的“文字”指书面言语。1962 年，叶圣陶就有过与该说法类似的表达：“什么叫语文？平常说的话叫口头语言，写到纸面上叫书面语言。语就是口头语言，文就是书面语言。把口头语言和书面语言连在一起说，就叫语文。”

（二）“语言文章”说

1950 年 6 月出版的《初中语文》的“编辑大意”中说：“说出来是语言，写出来是文章，文章依据语言，‘语’和‘文’是分不开的。语文教学应该包括听话、说话、阅读、写作四项。”

（三）“语言文学”说

1978 年，吕叔湘说：“语文这两个字连在一起讲，可以有两个讲法，一种可理解为语言和文字，也就是说口头的语言和书面的语言；另一种也可理解为语言和文学，那就不一样。”

以上三种解释中较有权威性的是“语言文字”说。按照这一解释，“语”就是口头言语，“文”就是书面言语，总之，语文课就是学习语言的。其他两种说法与“语言文字”说的看法基本相同，只不过有的把“语文”的“文”理解为文章，有的则理解为

① 张华：《课程与教学论》，上海教育出版社 2000 年版，第 310—311 页。

文学。据此可以得出这样的结论：语文作为一门学科，是一个以语言为核心的，包括语言文字、语言文章、语言文学的多元体系。

应当特别指出的是，广大的小学语文教师并不太关心专家、学者们对将“语文”理解为“语言文字”所作的种种解释；不过，他们也把“语言”理解为“语言文字”，他们理解的“语言”既包括口头言语，也包括书面言语，他们理解的“文字”主要指汉字。这样的理解更接近“语文”一词的含义，也更切合小学语文课的实际。口头言语能力是听和说，书面言语能力是读和写。读和写都要借助于文字（汉字），而且要有文章学、文学的知识，所以这些都是语文课的内容，也都是“语文”一词的含义。①

二、小学语文课程的设置及演变

（一）“国文”时期

我国古代社会没有单独设置语文课程。语文作为一门正式的课程见于官方文件，始于清朝末年。1901 年清政府明令各地兴办学堂，次年颁布《钦定学堂章程》，规定蒙学堂四年的课程设置包括读经、字课、习字在内的八科，以分科形式存在的小学语文课程已初见端倪。但这个章程并未实施。1903 年，清政府颁布《奏定学堂章程》，在课程设置方面，除读经科外，五年的初等小学设中国文字科（教学内容是识字、读文、作文）；四年的高等小学设中国文学科（教学内容有读文、作文、写字、习官话）。

1907 年清政府颁布了《奏定女子小学堂章程》，其中规定的教授科目中只有国文科，而无读经科，从此，“国文”科的名称见于法令，标志着学科意义上的语文教学开始进入小学学校课程。1911 年 10 月 10 日辛亥革命推翻了两千多年的封建帝制，建立了中华民国，1912 年制定的《普通教育暂行课程标准》中规定，废止读经，将清末以来的“中国文字”和“中国文学”改称为“国文”科。在国文一科中，分为读法、作法、书法、语法（练习语言）四项，并且规定：“国文要旨在使儿童学习普通文字，养成发展思想之能力，兼以启发其智德。”② 如这一时期的教科书主要有《中华高等小学国文教科书》《女子国文教科书》《新编中华国文教科书》等，这表明小学语文学科的确立。

（二）“国语”时期

1919 年爆发的五四运动，是彻底的反帝反封建运动，它对当时的语文教育产生了

① 江平主编：《小学语文课程与教学》，高等教育出版社 2004 年版，第 19—20 页。

② 同上书，第 5 页。

深刻的影响，其中影响最大的是国语运动。国语运动的主要目标是在全社会，特别是在学校范围内推广国语——全国统一使用的共同语言，提倡白话文，反对文言文，这与新文学运动的方向是一致的。在五四运动的推动下，国语运动与新文学运动合流，共同高举"国语的文学，文学的国语"这面大旗，形成了一次语文教育改革运动。

在全国文化教育界的呼吁下，北洋政府教育部于1920年1月通令全国，先将国民学校一、二年级的国文改为语体文（即白话文），"国文"科改为"国语"科；同时确定三、四年级也将用语体文。4月又通令全国，从1922年起国民小学各科教科书一律改为白话文。教育界改国文为国语，表明小学语文开始学习白话文，训练标准的国语，实现字话一律，言文一致。之后，"国语"这个名称一直沿用到中华人民共和国成立初期。[①]

"国语"科的诞生，是"国文"设科以来又一件具有里程碑意义的大事。改国文课为国语课，标志我国语文教学中文言文一统天下的局面终于被打破，也标志着我国语文课程的目的、课程内容和教材、教法的重大变化。

（三）"语文"时期

1950年6月，中央人民政府出版总署编审局在编辑全国通用的语文教材时指出："说出来的是语言，写出来的是文章，文章依据语言，'语'和'文'是分不开的。语文教学应该包括听话、说话、阅读、写作四项。这套课本不用'国文'或'国语'的旧名称，改称'语文课本'。""语文"这一课程名称自此得名并一直使用至今。

第三节　语文课程的性质与理念

一、语文课程性质

性质是一事物区别于另一事物的根本属性。语文课程的性质是语文课程特有的属性，是区别于其他课程的基本特点。在听评课的时候，经常听到评委说"这个课上得很有语文的味道""这个课真语文"，其实都是在说这节语文课符合语文课程的性质。

对于语文课程的性质，《义务教育语文课程标准（2022年版）》（以下简称2022版新课标）中开宗明义地指出："语文课程是一门学习国家通用语言文字运用的综合性、实践性课程。工具性与人文性的统一，是语文课程的基本特点。"[②] 具体内容如下：

① 江平主编：《小学语文课程与教学》，高等教育出版社2004年版，第5页。

② 《义务教育语文课程标准（2022年版）》，北京师范大学出版社2022年版，第1页。

语言文字是人类社会最重要的交际工具和信息载体，是人类文化的重要组成部分。语言文字的运用，包括生活、工作和学习中的听说读写活动以及文学活动，存在于人类社会的各个领域。

语文课程是一门学习国家通用语言文字运用的综合性、实践性课程。工具性与人文性的统一，是语文课程的基本特点。语文课程应引导学生热爱国家通用语言文字，在真实的语言运用情境中，通过积极的语言实践，积累语言经验，体会语言文字的特点和运用规律，培养语言文字运用能力；同时，发展思维能力，提升思维品质，形成自觉的审美意识，培养高雅的审美情趣，积淀丰厚的文化底蕴，继承和弘扬中华优秀传统文化、革命文化、社会主义先进文化，增强对习近平新时代中国特色社会主义思想的理解和认识，全面提升核心素养。

语文课程致力于全体学生核心素养的形成与发展，为学生学好其他课程打下基础；为学生形成正确的世界观、人生观、价值观，形成良好个性和健全人格打下基础；为培养学生求真创新的精神、实践能力和合作交流能力，促进德智体美劳全面发展及学生的终身发展打下基础。语文课程在推广普及国家通用语言文字、增强凝聚力、铸牢中华民族共同体意识，建立文化自信、培育时代新人，实现中华民族伟大复兴等方面具有不可替代的优势。语文课程的多重功能和奠基作用，决定了它在九年义务教育中的重要地位。①

2022 版新课标对语文课程性质的规定，在继承《义务教育语文课程标准（2011 年版）》（以下简称 2011 版课标）的规定时有所改变，2011 版课标对语文课程性质是这样描述的："语文课程是一门学习语言文字运用的综合性、实践性课程。义务教育阶段的语文课程，应使学生初步学会运用祖国语言文字进行交流沟通，吸收古今中外优秀文化，提高思想文化修养，促进自身精神成长。工具性与人文性的统一，是语文课程的基本特点。"②

首先从文字量来看，2011 版课标对语文性质的规定，简明扼要地用三行文字进行表述，而 2022 版新课标对语文课程性质的规定和说明，占用了一页共 19 行的文字量。这说明 2022 版新课标对语文课程属性有较为详细的说明。

其次从内容的比较来看，2022 版新课标对课程性质的说明是从语言文字的功能及运用范围开始，到强调语文课程是一门学习国家通用语言文字运用的综合性、实践性

① 《义务教育语文课程标准（2022 年版）》，北京师范大学出版社 2022 年版，第 1 页。
② 《义务教育语文课程标准（2011 年版）》，北京师范大学出版社 2011 年版，第 2 页。

课程。先指出工具性与人文性的统一，是语文课程的基本特点，从而进一步指出语文课程应引导学生热爱国家通用语言文字，培养语言文字运用能力的同时，发展思维能力，提升思维品质，形成自觉的审美意识，培养高雅的审美情趣，积淀丰厚的文化底蕴，继承和弘扬中华优秀传统文化、革命文化、社会主义先进文化，增强对习近平新时代中国特色社会主义思想的理解和认识，全面提升核心素养。然后用三个基础性来突出语文课程为学生学好其他课程打下基础：为学生形成正确的世界观、人生观、价值观，形成良好个性和健全人格打下基础，为学生的终身发展打下基础，强调语文课程的多重功能和奠基作用。

最后，2022 版新课标对语文课程性质的表述，有一个重要的变化，2011 版课标对语文课程性质是这样描述的："语文课程是一门学习语言文字运用的综合性、实践性课程。"2022 版新课标的表述是："语文课程是一门学习国家通用语言文字运用的综合性、实践性课程。"这里把"学习语言文字"改为"学习国家通用语言文字"，强调了语文课程要承担起推广、普及国家通用语言文字，增强凝聚力，筑牢中华民族共同体意识的责任和价值，特别是要促进中华文化认同和文化传承，维护国家主权、国家统一，巩固与促进民族团结。

二、语文课程理念

课程性质是课程理念的依据，课程理念又通过课程目标、课程结构、课程内容、课程实施与评价等方面来体现。2022 版新课标提出的五个语文课程理念如下：

1. 立足学生核心素养发展，充分发挥语文课程育人功能

2022 版新课标将立足学生核心素养发展，充分发挥语文课程育人功能作为第一条基本理念凸显出来。这一理念强化了课程育人的导向，义务教育语文课程围绕立德树人根本任务，充分发挥其独特的育人功能和奠基作用，以促进学生核心素养发展。

核心素养是学生通过课程学习逐步形成的正确价值观、必备品格和关键能力，是通过识字与写字、阅读与鉴赏、表达与交流、梳理与探究等语文实践活动表现出来的，是文化自信和语言运用、思维能力、审美创造的综合体现，体现了综合构建素养型课程目标体系的理念。如 2022 版新课标中所表述的"面向全体学生，突出基础性，使学生初步学会运用国家通用语言文字进行交流沟通，吸收古今中外优秀文化成果，提升思想文化修养，建立文化自信，德智体美劳得到全面发展"。①

① 《义务教育语文课程标准（2022 年版）》，北京师范大学出版社 2022 年版，第 2 页。

2. 构建语文学习任务群，注重课程的阶段性与发展性

该理念提出了语文课程的结构，并指出要注重课程的阶段性和发展性。这一理念贯穿整个 2022 版新课标。2022 版新课标在课程目标、课程内容、学业质量方面都是按照不同学段提出具体的目标、内容和学业质量要求。如课程目标中识字与写字的表述在纵向上体现了阶段性和连续性的统一。识字、写字是阅读和写作的基础，是第一学段的教学重点，也是贯穿整个义务教育阶段的重要教学目标和内容。因此，在课程内容中，将语言文字积累与梳理作为基础型的学习任务群，就是根据学生的年龄特点和认知规律安排的阶段性和发展性的课程内容。

另外，从学习任务群的安排中也可以看出课程的阶段性和发展性。2022 版新课标明确指出："义务教育语文课程结构遵循学生身心发展规律和核心素养形成的内在逻辑，以生活为基础，以语文实践活动为主线，以学习主题为引领，以学习任务为载体，整合学习内容、情境、方法和资源等要素，设计语文学习任务群。学习任务群的安排注重整体规划，根据学段特征，突出不同学段学生核心素养发展的需求，体现连贯性和适应性。"①

2022 版新课标在 2017 版高中语文新课标的基础上，按照语文课程内容整合程度不断提升，分三个层次建构出语文学习任务群。第一个层次属于基础的层次，即语言文字积累和梳理；实用性的阅读与交流、文学阅读与创意表达、思辨性的阅读与交流属于第二个层次，是发展型学习任务群；第三个层次即整本书阅读和跨学科学习，是一个拓展型的学习任务群。2022 版新课标中对学习任务群的安排和建构，是注重课程的阶段性与发展性这一理念的集中体现。

3. 突出课程内容的时代性和典范性，加强课程内容整合

该理念强调的是语文课程内容应突出时代性和典范性，同时加强内容的整合。时代性指的是语文课程内容要充分吸收语言、文学、教育学和心理学的新研究成果，要关注时代的变化，关注在信息技术如此发达的时代学生语言生活的变化，21 世纪的学生属于"数字原生代"，他们的学习环境和学习资源正发生着巨大的变化，如果课程内容脱离了时代，学生就是在"为逝去的生活做准备"，因此，课程内容要体现时代性。

课程内容的典范性说的是教材内容要选择文质兼美的作品，重视对学生思想情感的熏陶感染作用，重视价值取向，突出社会主义先进文化、革命文化、中华优秀传统文化。加强课程内容整合秉持的是"引人教育的知识既要少而精，又要尽可能地相互

① 《义务教育语文课程标准（2022 年版）》，北京师范大学出版社 2022 年版，第 2 页。

关联”的思想，因此，该理念倡导的是注重课程内容与生活、与其他学科的联系，注重听说读写的整合，促进知识与能力、过程与方法、情感态度与价值观的整体发展。

4. 增强课程实施的情境性和实践性，促进学习方式变革

课程实施的情境性和实践性是课程改革 20 年来许多一线教师积累的宝贵经验，也是 2001 版语文课程标准提出转变学生的学习方式的重要成果。通过研究和实践，人们对于情境于学生学习以及知识建构的重要作用有了清晰的认识。

首先，知识具有情境性。在传统的语文教学中，教师们习惯通过讲授，以灌输的方式将课程内容传递给学生，以为这样学生就掌握了知识，就可以在未来的生活中去运用知识。但教育心理学家告诉我们，知识的接纳与吸收是学生与情境互动的结果，学生正是在与环境持续的交互作用中学会如何解决问题的。

其次，学习是情境性的活动。在学习过程中，学生需要参与到人与人、人与世界的交互中，在这种交互中，才能够激发学生的好奇心、想象力和求知欲，实现知识的建构。因此，情境性还指学习发生在一定的时间、空间和社会关系中，学习总是在特定的情境中建构起来的。

再次，情境性揭示了语文和生活的天然联系。语文课程是一门学习国家通用语言文字运用的综合性、实践性课程。语言文字运用包括生活、工作和学习中的听说读写活动以及文学活动，它存在于人类社会的各个领域。所以，语文课程应该让学生更好地回归语言运用的真实场景，让学生能够看到语言运用和生活的真实的关联，从而使课程内容和学生生活进行联系。正因为学生是在真实的语言情境中去学习语言，在用语言的过程中去学语言，学语言和用语言密不可分，所以该理念在强调情境性的同时也强调实践性。

最后，面对未来社会生活的要求，学生能够在复杂的情境中具备解决复杂问题的能力是核心素养的重要内容。随着 2022 版新课标的颁布，中小学课程改革已经进入“核心素养时代”，培养学生在真实的情境中学习，学生学会辨识情境的特征，然后根据情境特征，采用相应的方法解决复杂问题，这是未来公民需要具备的能力，也是核心素养发展的重要内容。只有让学生在情境中学习，在实践中学习，才能够发展学生的情境学习力和应变力。所以增强课程实施的情境性和实践性，促进学习方式变革，是课程实施的一个重要理念。

5. 倡导课程评价的过程性和整体性，重视评价的导向作用

课程评价是判断学生在课程学习中的价值以及所起到的作用。长期以来，我国的课程评价基本上是由考试代替的，发挥的是评价的甄别和选拔的功能，这就导致了评

价的片面性。而且，考试反映的主要是学生对基本知识和基本技能的掌握，对于高层次认知能力和情意能力却很少顾及。2022版新课标关于课程评价的理念主要体现了以下几个重要思想。

首先，发挥课程评价的导向功能，使语文课程评价能改进教师的教与学生的学，改善课程设计，从而有效地促进学生的发展。

其次，课程评价的取向应摒弃片面的、以终结性为主的评价观，改变过去只关注学习的结果而忽视学习的过程与方法的观念，课程评价的范围不仅限于认知领域，还要从过程与方法、态度情感和价值观的角度进行整体性评价，使课程评价能准确反映学生的语文学习水平和学习状况。

再次，课程评价的内容应整体考查学生的语言文字运用能力、思维过程、审美情趣和价值立场，关注学生学习过程和学习进步。另外，课程评价的方法和手段要多样化。根据不同年龄学生的学习特点和不同学段的学习目标和内容，选用恰当的方式进行评价。

最后，在评价的主体上应将教师的评价和学生的自我评价、学生之间的相互评价、家长评价结合起来，加强学生的自我评价和相互评价，突出学生是学习主体的现代评价观。

第二章　小学语文课程目标

2022 版新课标指明："语文课程围绕核心素养，体现课程性质，反映课程理念，确立课程目标。"[①] 新课程目标由核心素养内涵、总目标、学段要求三部分组成。2022 版新课标将课程目标从与课程内容的合并中独立出来，构建了素养型目标体系，并通过删减、整合与增补内容，实现了总分呼应的总体目标与学段目标的有机衔接，明晰了在语文实践中培养学生语言文字运用能力的进阶路向。

第一节　课程目标概述

一、语文课程目标的概念界定

以语文课程目标是语文课程的出发点和归宿，指导和制约着语文课程的一切活动，规定了语文课程人才培养的个体规格和质量要求，是在语文学科领域内展开的全部教学活动要达到的预期的具体要求。

二、语文课程目标的变化

以 2022 版新课标为依据，有不少研究者对语文课程目标的相关内容进行了探讨，如郑桂华在《2022 年版语文课程标准中课程目标的价值追求》一文中指出，语文课程目标修订的基本出发点为：义务教育阶段的语文学科"应该培养什么人？为谁培养人？怎样培养人？"。回答这个中心问题可以考虑一段时期内的社会生活背景特点、义务教育阶段学生的基本情况以及语文学科的发展逻辑这三个参照。该文还论述了课程

① 《义务教育语文课程标准（2022 年版）》，北京师范大学出版社 2022 年版，第 4 页。

目标与核心素养、课程总目标、学段目标三者之间的联系，认为核心素养培养是课程目标体系的中心，而总目标是核心素养在主要学习领域的展开，它受核心素养引领又指向核心素养培养，学段要求则是总目标在不同学段的具体化。该文认为，三个层次目标功能明确又相互依存，构成一套立体、有机的目标体系。①

研究者们还从课程理念的角度来解读课程目标的变化。董小玉和李林原在《〈义务教育语文课程标准（2022 年版）〉的“不变”与“新变”》一文中指出，课程目标反映出社会对人才素质的期待和人们对教育价值的理解。作者还整理并分析了新旧两版语文课程标准的课程理念变化（见表 2—1）。②

表 2—1　课程理念变化对比简表

2011 年版课程理念	2022 年版课程理念
1. 全面提高学生的语文素养	1. 立足学生核心素养发展，充分发挥语文课程育人功能
2. 正确把握语文教育的特点	2. 构建语文学习任务群，注重课程的阶段性与发展性
3. 积极倡导自主、合作、探究的学习方式	3. 突出课程内容的时代性和典范性，加强课程内容整合
4. 努力建设开放而有活力的语文课程	4. 增强课程实施的情境性和实践性，促进学习方式变革
	5. 倡导课程评价的过程性和整体性，重视评价的导向作用

2022 版新课标在“课程理念”的第一条即明确提出：“以促进学生核心素养发展为目的，以识字与写字、阅读与鉴赏、表达与交流、梳理与探究等语文实践活动为主线，综合构建素养型课程目标体系。”③ 这一要求直接影响了语文课程目标的制订与体系构建。申宣成在《义务教育语文课程标准修订：背景、内容与实施》中对这一变化进行了具体阐述：“教育部明确要求各门学科均需提炼、描绘本学科核心素养的表现样态，建构素养型的目标体系，以突出学科的育人导向。”他还认为在 2022 版新课标中，课程目标体系的变化主要体现在“确定了素养型课程”这一方面，并体现在“对接核心素养，突出育人导向”这一宏观层面上。④

三、语文课程目标的主要特点

从我国语文课程目标历史发展角度来看，荣维东、唐玖江二人在《〈义务教育语

① 郑桂华：《2022 年版语文课程标准中课程目标的价值追求》，《中学语文教学》2022 年第 5 期。
② 董小玉、李林原：《〈义务教育语文课程标准（2022 年版）〉的“不变”与“新变”》，《语文建设》2022 年第 9 期。
③ 《义务教育语文课程标准（2022 年版）》，北京师范大学出版社 2022 年版，第 2 页。
④ 申宣成：《义务教育语文课程标准修订：背景、内容与实施》，《全球教育展望》2022 年第 6 期。

文课程标准（2022 年版）〉的主要变化、学理依据与实施策略》一文中提出：“我国的语文课程目标经历了 20 世纪五六十年代的‘双基’（基础知识和基本技能）目标体系，八九十年代的‘双力’（能力、智力）目标体系，以及 2001 年版和 2011 年版义务教育语文课程标准的‘三维目标’体系，而今构建起一个以核心素养为核心，以‘三种文化’（中华优秀传统文化、革命文化和社会主义先进文化）为主要载体，以四类语文实践活动（识字与写字、阅读与鉴赏、表达与交流、梳理与探究）为主线的素养型课程目标体系。与过去的语文知识和听说读写技能目标不同，与用‘五大语文学习领域’（识字与写字、阅读、写作、口语交际、综合性学习）描述课程内容不同，‘四类语文实践活动’进一步突出了课程内容的真实性、整合性和实践性。这种整合取向的语文课程目标更符合核心素养教育的应然状况。”① 总体来说，2022 版新课标课程目标的改革和创新主要体现在以下两点。

（一）构建素养型课程目标

2022 版新课标课程目标体系以语文课程核心素养为统领，构建素养型课程目标。相对于 2011 年版“三维目标”的思路与表述，本次修订的课标基于核心素养文化自信、语言运用、思维能力和审美创造四个方面凝练关键要素，统领并呈现义务教育语文课程总目标。同时，在 2011 年版“识字与写字”“阅读”“写作”“口语交际”“综合性学习”学段目标基础上，根据素养型课程目标的综合性、整体性特点和要求，以“识字与写字”“阅读与鉴赏”“表达与交流”“梳理与探究”四类语文实践活动呈现学段要求。

（二）凸显育人价值取向

课程目标体系强调热爱国家通用语言文字，树立对中华文化的自豪感和自信心。这一变化强化语文课程内容的育人价值取向，突出中华优秀传统文化、革命文化、社会主义先进文化主题，同时选择反映世界文明优秀成果、科技进步、日常生活特别是儿童生活等方面的主题，以学生生活为基础，以语文实践活动为主线，设计“语言文字积累与梳理”等六个语文学习任务群。坚持以文化人，培根铸魂，启智增慧，彰显语文课程育人功能。同时加强语文课程的基础性，引导学生在学习运用语言文字的过程中，掌握适应社会生活和终身发展需要的语文知识和关键能力。

---

① 荣维东、唐玖江：《〈义务教育语文课程标准（2022 年版）〉的主要变化、学理依据与实施策略》，《课程·教材·教法》2022 年第 9 期。

第二节 语文课程核心素养

在目标的定位上，2022 版新课标构建了素养型的语文课程目标。2022 版新课标中对核心素养内涵作出了明确阐述：“核心素养是学生通过课程学习逐步形成的正确价值观、必备品格和关键能力，是课程育人价值的集中体现。义务教育语文课程培养的核心素养，是学生在积极的语文实践活动中积累、建构并在真实的语言运用情境中表现出来的，是文化自信和语言运用、思维能力、审美创造的综合体现。”①

一、《义务教育语文课程标准（2022 年版）》核心素养内涵解读

（一）文化自信

第一个方面是文化自信，文化自信位于核心素养首要位置，可见其重要程度。从 2022 版新课标对文化自信内涵的阐释中，我们可以提炼出四组动词。第一组是感受与热爱，第二组是继承与弘扬，第三组是关注与参与，第四组是了解与借鉴。我们在核心素养这一方面，重点培养的是学生在这些方面的行为表现，希望学生通过这些方面的行为表现能够增强文化自信。

（二）语言运用

第二个方面是语言运用，语言运用是四个方面当中的核心内容。在这一方面，我们需要关注三组名词。第一组是语感和经验，学生要在日常生活当中，在语文学习当中培养自己的语感，在语感丰富、语感逐渐敏感的过程当中，让自己的语言经验变得丰富，进而提升自己的语言品质。第二组是意识和能力，发展语感、丰富语言经验，需要学生有自觉的意识，有自觉的能力。第三个方面是内涵和情感，要感受的是语言文字的内涵，就需要学生培养自己对国家通用语言文字的情感。这三组名词可以视为我们理解语言运用的三个重要的方面。

（三）思维能力

第三个方面是思维能力，思维能力与语言运用密不可分。在思维能力的发展上，我们更关注学生思维品质的提升与发展，以及在这个过程中培养学生求真的态度，这种求真、求实的态度是非常重要的。另外思维和语言的发展是密不可分的，学生在语

① 《义务教育语文课程标准（2022 年版）》，北京师范大学出版社 2022 年版，第 4 页。

言运用的过程中通过思维和语言的互动关系，会关注到语言的思维表现，语言里边的思维逻辑。应该说语言运用和思维能力是共生共长的。

（四）审美创造

第四个方面是审美创造。这一方面我们需要关注三点内容。第一点是学生审美经验，学生的审美经验是在不断的审美活动当中积累和丰富起来的。在语文学习过程中，语言文字的美，语言文字所表现出来的生活的美、自然的美、思想的美，都是帮助学生积累审美经验的良好载体。第二点是学生的审美能力，学生要能够感受美、发现美，还要能够表现美和创造美。第三点是学生的审美观念，学生的经验和能力都要在正确的审美观念的指导下进行发展和提升。当然审美经验和审美能力也有助于树立学生正确的审美观念，这三者也是一个循环互动、互相促进的关系。

义务教育语文课程要求培养的核心素养与普通高中语文课程标准提出的语文学科核心素养有所区别。同样为构建素养型的语文课程目标，义务教育语文课程培养的核心素养，我们把它概括为文化自信、语言运用、思维能力、审美创造四个方面。对比普通高中语文学科素养的四个方面——语言建构与运用、思维发展与提升、审美鉴赏与创造、文化传承与理解，我们能够看到在义务教育阶段，我们期待培养的核心素养相对宽泛，涵盖的内容更广，更强调学生的行为表现。而在普通高中阶段，我们关注的内容更专一，更强调学科内在的逻辑规律，强调学生在这样的一个学科学习过程当中，能够为下一阶段的深造奠定基础。所以在这样两组素养型课程目标的对照下，我们能看到核心素养发展的阶段性和连续性。

二、《义务教育语文课程标准（2022年版）》核心素养的主要特点

《义务教育语文课程标准（2022年版）》首次提出义务教育阶段语文课程培养的核心素养，它是构建新型语文课程目标体系的重要理念，因此明晰核心素养的主要特点对于教师针对性开展课程教学具有积极意义。

（一）强调学生的核心素养

《义务教育语文课程标准（2022年版）》对核心素养与语文课程需要培养的核心素养的阐释基本沿用了《普通高中语文课程标准（2017年版2020年修订）》的说法，不同之处为：2022版新课标将“学科核心素养”中的“学科”二字删去，采用核心素养来表达，这是对之前表述不合理之处的反思和纠正，核心素养强调的是学生的核心素养，而非学科的核心素养。

（二）强调语文课程的育人价值

《义务教育语文课程标准（2022年版）》将《普通高中语文课程标准（2017年版2020年修订）》中核心素养包括的“语言建构与运用”“思维发展与提升”“审美鉴赏与创造”“文化传承与理解”四个方面，凝练为“文化自信”“语言运用”“思维能力”“审美创造”四个方面，强调了语文课程的育人价值。

（三）强调语文课程的文化价值

2022版新课标中更改了核心素养四个具体内容的排序，将“文化自信”放在首要位置。这是对新时代语文教育要求的调整和适应，此修订不仅体现语文课程的文化内涵和文化品性，而且强化了语文课程以文化人的价值引领作用。

（四）强调语文课程目标与人的发展的统一性

从2011版课标到2022版新课标，语文课程目标经历了从“三维目标”到“核心素养目标”的变化。三维目标相比于更早的双基目标来说，加大了对“人”尤其是人的非智力因素的关注，具有明显的进步。然而，三维目标并不等同于人的发展，尤其在实践中，三维目标常被人为割裂为并列的三类目标，导致课堂教学游离于人的发展之外。为了解决三维目标与人的发展的统一性问题，2022版新课标将人的发展具体转化为学生核心素养的发展，以此实现对知识、技能、情感等的有效统整。结合核心素养与育人目标来说，正确价值观指人具有愿意做成某事的理想，必备品格指人具有坚持做成某事的担当，关键能力指人具有正确做成某事的本领。素养型课程目标是相对于“知识型课程目标”或“能力型课程目标”而言的，是一种具有整合性、情境性、实践性、反思性等特征的课程目标形态，需要学生在做事中来实现和达成。[①]

第三节 语文课程总目标

2022版新课标课程总目标一共有九条，覆盖了五个方面。其中第一条目标是关于立德树人的相关要求，后边的八条目标分别是文化自信、语言运用、思维能力和审美创造的相关要求，这样从总目标角度构建了素养型语文课程目标的基本特征。

① 刘飞、黄伟：《新课程理念下语文课堂教学体系重建——基于〈义务教育语文课程标准（2022年版）〉的分析》，《天津师范大学学报（基础教育版）》2022年第4期。

一、《义务教育语文课程标准（2022年版）》课程总目标条款

1. 在语文学习过程中，培养爱国主义、集体主义、社会主义思想道德，逐步形成正确的世界观、人生观、价值观。

2. 热爱国家通用语言文字，感受语言文字及作品的独特价值，认识中华文化的丰厚博大，汲取智慧，弘扬社会主义先进文化、革命文化、中华优秀传统文化，建立文化自信。

3. 关心社会文化生活，积极参与和组织校园、社区等文化活动，发展交流、合作、探究等实践能力，增强社会责任意识。感受多样文化，吸收人类优秀文化的精华。

4. 认识和书写常用汉字，学会汉语拼音，能说普通话。主动积累、梳理基本的语言材料和语言经验，逐步形成良好的语感，初步领悟语言文字运用规律。学会使用常用的语文工具书，运用多种媒介学习语文，初步掌握基本的语文学习方法，养成良好的学习习惯。

5. 学会运用多种阅读方法，具有独立阅读能力。能阅读日常的书报杂志，初步鉴赏文学作品，能借助工具书阅读浅易文言文。学会倾听与表达，初步学会用口头语言文明地进行人际沟通和社会交往。能根据需要，用书面语言具体明确、文从字顺地表达自己的见闻、体验和想法。

6. 积极观察、感知生活，发展联想和想象，激发创造潜能，丰富语言经验，培养语言直觉，提高语言表现力和创造力，提高形象思维能力。

7. 乐于探索，勤于思考，初步掌握比较、分析、概括、推理等思维方法，辩证地思考问题，有理有据、负责任地表达自己的观点，养成实事求是、崇尚真知的态度。

8. 感受语言文字的美，感悟作品的思想内涵和艺术价值，能结合自己的经验，理解、欣赏和初步评价语言文字作品，丰富自己的情感体验和精神世界。

9. 能借助不同媒介表达自己的见闻和感受，学习发现美、表现美和创造美，形成健康的审美情趣。①

二、《义务教育语文课程标准（2022年版）》课程总目标解读

2022版新课标从语文课程核心素养出发，构建了素养型的目标体系。该体系由“总目标”和“学段要求”两个层次构成，第一层次为“总目标”，即义务教育阶段学

① 《义务教育语文课程标准（2022年版）》，北京师范大学出版社2022年版，第6—7页。

生通过九年学习最终应该达成的质量标准，属于语文课程的终极目标；第二层次为“学段要求”，即义务教育阶段的四个学段具体应该达成的学业质量水平，属于语文课程的过程目标。终极目标统领和决定过程目标，过程目标支撑和指向终极目标，两个层次的课程目标统一于语文课程核心素养这一根本目的。

义务教育语文课程总目标，紧紧围绕语文课程核心素养制定，是对核心素养的具体化、类别化。因此，语文课程总目标居于桥梁地位，是理解核心素养的抓手，也是把握各学段要求的依据。课程总目标有九条内容，九条目标的侧重点和逻辑关系如下：

1. 总目标第 1 条直接对应立德树人这一根本目标，凸显正确价值观的灵魂地位。

2. 总目标的第 2 条、第 3 条，与语文课程核心素养的“文化自信”相对应。第 2 条侧重于在语言实践活动中对中华文化的传承，主要涉及“中华优秀传统文化”“革命文化”“社会主义先进文化”，建立文化自信；第 3 条侧重于在语言实践活动中对当代文化生活、人类优秀文化的关注与理解，强调文化视野和文化参与。

3. 总目标的第 4 条、第 5 条，与语文课程核心素养的“语言运用”相对应。第 4 条侧重于在语言实践活动中对语言文字的积累与梳理，初步领悟语言文字的运用规律，奠定语言运用的基础；第 5 条侧重于阅读与交流表达，在具体语言知识与规律的认知过程中对语言文字的实践运用，包括运用策略有效阅读、运用口语有效交流、运用书面语有效表达等。

4. 总目标的第 6 条、第 7 条，与语文课程核心素养的“思维能力”相对应。第 6 条侧重于在语言实践活动中发展感性思维，强调语言的直觉经验与想象创造，其核心是提升形象思维能力；第 7 条侧重于在语言实践活动中发展理性思维，强调思维过程中的思辨特性，以及崇尚真知的思维态度，其核心是提升逻辑思维能力。

5. 总目标的第 8 条、第 9 条，与语文课程核心素养的“审美创造”相对应。第 8 条侧重于在语言实践活动中促进审美鉴赏能力的发展，注重对语言文字的美的感受，强调对语言文字的美的感悟和鉴赏，其核心是丰富审美体验；第 9 条侧重于在语言实践活动中促进审美创造能力的发展，注重多种形式的审美表达与表现，其核心是创造美感对象。

以上内容可以简要列表如下：

表 2—2 义务教育语文课程总目标简要说明

总目标	对应的语文课程核心素养	对应的核心素养要素
第 1 条	立德树人	凸显正确价值观
第 2 条	文化自信	侧重于文化传承
第 3 条		侧重于文化参与
第 4 条	语言运用	侧重于语言梳理
第 5 条		侧重于语言表达
第 6 条	思维能力	侧重于感性思维
第 7 条		侧重于理性思维
第 8 条	审美创造	侧重于审美鉴赏
第 9 条		侧重于审美表现

当然，语文课程核心素养的每一个方面既是一种相对独立的存在，又与其他几个方面相互依存，呈现一种多维关联、有机统一的状态。与之相应，总目标的每一条也都与语文课程核心素养的各个方面存在关联。例如，总目标第 1 条直接对应的是“立德树人”，但同时也对应着语文课程核心素养的其他方面。因为，立德树人在语文课程中主要是通过以文化人来落实的，文化自信是立德树人在语文课程中最基本的途径，也是最重要的载体；而语文课程的立德树人，必须遵循文道统一的原则，在丰富多彩的语言理解和运用中加以实现。同时，立德树人需要提高认识事物的能力，需要对具体问题的分析、比较、辨识、判断，又跟思维能力息息相关。而语言文字的审美价值则是立德树人的重要内涵，也是重要内驱力，因此，它们同审美创造也密不可分。总之，就内在逻辑看，总目标的每一条都对应着语文课程核心素养的所有方面，只是在发展核心素养过程中，它们各有其侧重的价值和使命。

三、《义务教育语文课程标准（2022 年版）》课程总目标的主要特点

课程总目标的主要特点可以从四个方面来理解。

（一）突出育人导向

2022 版新课标强调语文课程立德树人功能，重视思想品德和价值观教育；凸显文化育人价值，建立文化自信；提倡实践中育人：鼓励学生参与各种语言实践活动等。这些既体现了国家教育方针和政策，也凸显了语文课程的育人价值，总的意图是培养德智体美劳全面发展的人，培养有终身发展学习能力和发展动力的人。

（二）体现学生立场

学生立场就是从学生的角度考虑语文课程设置。学生立场是由教育方针和教育规律共同决定的，2022版新课标从三个方面来保证其学生立场。一是出发点的确立。该版课程标准虽然将课程总目标分为九条具体内容，但这九条均指向核心素养，而核心素养培养又指向一个归结点，就是学生的全面发展、未来发展。二是学习内容选择。课程总目标的学习内容都注意到了学生生活特点和心理特点。三是表述角度。进入课程标准时代后，课程标准中的目标，均注意从学生角度进行表述，2022版新课标也继承了这一合理做法，这对编写教材单元目标、设计教学方案，都有引领作用。①

（三）强调课程整合

在很长的一段时间里，我国语文课程所采用的是一种科学思维主导的模式，其特点和趋势是“不断分解”，在一定程度上催生了语文学习的知识化和碎片化。从20世纪80年代末开始，追求课程整合渐渐成为一种潮流。2022版新课标在追求课程整合上则更进一步，围绕核心素养阐述目标体系，强调“核心素养的四个方面是一个整体”，九条总目标和四个学段要求都按核心素养为线索组织，以保证课程目标的整体性。

（四）彰显时代特点

教育领域是社会生活的有机组成部分，课程理念、课程内容以及课程实施和评价方式，都会在一定程度上反映社会生活的变化，体现教育教学的新理论和教育技术的进步。相比于2011版课标，2022版新课标的课程目标主要变化是围绕核心素养建构目标体系。基于核心素养组织学科课程是近一二十年里国际课程理念的基本共识，是基础教育对社会背景和人才观念变化作出的积极应对，其时代特色突出。近几十年来，国际交往日益频繁、不同文化间的交流增多带来了民族文化认同问题。2022版新课标从多个维度强化了文化育人目标，体现出鲜明的时代特色。

第四节　语文课程学段要求

一、《义务教育语文课程标准（2022年版）》学段要求

2022版新课标依据“六三”学制设定学段要求。“五四”学制第二学段（三～五

① 郑桂华：《2022年版语文课程标准中课程目标的价值追求》，《中学语文教学》2022年第5期。

年级）主要参照“六三”学制第三学段（五～六年级）确定，适当降低要求。“五四”学制第三学段（六～七年级）在“六三”学制第三学段（五～六年级）基础上合理提高要求，并结合“六三”学制第四学段（七～九年级）确定，使“五四”学制六～九年级进阶更加科学。

（一）第一学段（一～二年级）

【识字与写字】

1. 喜欢学习汉字，有主动识字、写字的愿望。认识常用汉字1600个左右，其中800个左右会写。

2. 学会汉语拼音。能读准声母、韵母、声调和整体认读音节。能准确地拼读音节，正确书写声母、韵母和音节。认识大写字母，熟记《汉语拼音字母表》。

3. 掌握汉字的基本笔画和常用的偏旁部首，能按基本的笔顺规则用硬笔写字，注意间架结构，初步感受汉字的形体美。努力养成良好的写字习惯，写字姿势正确，书写规范、端正、整洁。

4. 学习独立识字。能借助汉语拼音认读汉字，学会用音序检字法和部首检字法查字典。

【阅读与鉴赏】

1. 喜欢阅读，感受阅读的乐趣。学习用普通话正确、流利、有感情地朗读课文。学习默读。

2. 结合上下文和生活实际了解课文中词句的意思，在阅读中积累词语。认识课文中出现的常用标点符号，在阅读中体会句号、问号、感叹号所表达的不同语气。借助读物中的图画阅读。

3. 阅读浅近的童话、寓言、故事，向往美好的情境，关心自然和生命，对感兴趣的人物和事件有自己的感受和想法，并乐于与他人交流。诵读儿歌、儿童诗和浅近的古诗，展开想象，获得初步的情感体验，感受语言的优美。

4. 尝试阅读整本书，用自己喜欢的方式向他人介绍读过的书。养成爱护图书的习惯。

5. 积累自己喜欢的成语和格言警句。背诵优秀诗文50篇（段）。课外阅读总量不少于5万字。

【表达与交流】

1. 学说普通话，逐步养成说普通话的习惯，有表达交流的自信心。

2. 能认真听他人讲话，努力了解讲话的主要内容。听故事、看影视作品，能复述大意和自己感兴趣的情节。能较完整地讲述小故事，能简要讲述自己感兴趣的见闻。

与他人交谈，态度自然大方，有礼貌。积极参加讨论，敢于发表自己的意见。

3. 对写话有兴趣，留心周围事物，写自己想说的话，写想象中的事物。在写话中乐于运用阅读和生活中学到的词语。

4. 根据表达的需要，学习使用逗号、句号、问号、感叹号。

【梳理与探究】

1. 观察字形，体会汉字部件之间的关系。梳理学过的字，感知汉字与生活的联系。

2. 观察大自然，热心参加校园、社区活动，积累活动体验。结合语文学习，用口头或图文等方式整理、表达自己在活动中的见闻和想法。

3. 对周围事物有好奇心，能就感兴趣的内容提出问题，结合其他学科的学习和生活经验交流讨论，尝试提出自己的看法。

在落实以上要求过程中，注重引导学生关注中华优秀传统文化在日常生活中的表现，初步感受中华优秀传统文化的重要价值；初步懂得幸福生活是革命前辈浴血奋战、艰苦奋斗换来的，激发对革命领袖、革命家、英雄人物的崇敬之情。

（二）第二学段（三～四年级）

【识字与写字】

1. 对学习汉字有浓厚的兴趣，养成主动识字的习惯。累计认识常用汉字 2500 个左右，其中 1600 个左右会写。有初步的独立识字能力。能用音序检字法和部首检字法查字典、词典。

2. 写字姿势正确，养成良好的书写习惯。能用硬笔熟练地书写正楷字，做到规范、端正、整洁。用毛笔临摹正楷字帖，感受汉字的书写特点和形体美。

3. 能感知常用汉字形、音、义之间的联系，初步建立汉字与生活中事物、行为的联系，初步感受汉字的文化内涵。

【阅读与鉴赏】

1. 用普通话正确、流利、有感情地朗读课文。初步学会默读，做到不出声，不指读。学习略读，粗知文章大意。

2. 能联系上下文，理解词句的意思，体会课文中关键词句表达情意的作用。能借助字典、词典和生活积累，理解生词的意义。在理解语句的过程中，体会句号与逗号的不同用法，了解冒号、引号的一般用法。

3. 能初步把握文章的主要内容，体会文章表达的思想感情。学习圈点、批注等阅读方法。能对课文中不理解的地方提出疑问，乐于与他人讨论交流。

4. 能复述叙事性作品的大意，初步感受作品中生动的形象和优美的语言，关心作品中人物的命运和喜怒哀乐，与他人交流自己的阅读感受。诵读优秀诗文，注意在诵读过程中体验情感，展开想象，领悟诗文大意。

5. 阅读整本书，初步理解主要内容，主动和同学分享自己的阅读感受。

6. 积累课文中的优美词语、精彩句段，以及在课外阅读和生活中获得的语言材料。背诵优秀诗文 50 篇（段）。养成读书看报的习惯，收藏图书资料，乐于与同学交流。课外阅读总量不少于 40 万字。

【表达与交流】

1. 乐于用口头、书面的方式与人交流沟通，愿意与他人分享，增强表达的自信心。

2. 能用普通话交谈，学会认真倾听，听人说话时能把握主要内容，并能简要转述。能就不理解的地方向人请教，就不同的意见与人商讨。

3. 能清楚明白地讲述见闻，说出自己的感受和想法。讲述故事力求具体生动。能主动参与日常生活中的文化活动，根据不同的场合，尝试运用合适的音量和语气与他人交流，有礼貌地请教、回应。

4. 观察周围世界，能不拘形式地写下自己的见闻、感受和想象，注意把自己觉得新奇有趣或印象最深、最受感动的内容写清楚。能用便条、简短的书信等进行交流。尝试在习作中运用自己平时积累的语言材料，特别是有新鲜感的词句。

5. 学习修改习作中有明显错误的词句。根据表达的需要，正确使用冒号、引号等标点符号。课内习作每学年 16 次左右。

【梳理与探究】

1. 尝试分类整理学过的字词。尝试发现所学汉字形、音、义和书写的特点，帮助自己识字、写字。

2. 学习组织有趣味的语文实践活动，在活动中学习语文，学会合作。结合语文学习，观察大自然，观察社会，积极思考，运用书面或口头方式，并可尝试用表格、图像、音频等多种媒介，呈现自己的观察与探究所得。

3. 能提出学习和生活中的问题，有目的地搜集资料，共同讨论，尝试运用语文并结合其他学科知识解决问题。

在落实以上要求过程中，注重感悟国家通用语言文字的文化内涵，初步认识中华优秀传统文化蕴含的思想和智慧；感悟革命英雄、模范人物的爱国主义情怀和高尚品质，激发向英雄模范学习的意愿和行动，培养对中国共产党和中华人民共和国的朴素情感，增强民族自豪感。

（三）第三学段（五～六年级）

【识字与写字】

1. 有较强的独立识字能力。累计认识常用汉字3000个左右，其中2500个左右会写。感受汉字的构字组词特点，体会汉字蕴含的智慧。

2. 写字姿势正确，有良好的书写习惯。硬笔书写楷书，行款整齐，力求美观，有一定的速度。能用毛笔书写楷书，在书写中体会汉字的优美。

【阅读与鉴赏】

1. 熟练地用普通话正确、流利、有感情地朗读课文。默读有一定的速度，默读一般读物每分钟不少于300字。学习浏览，扩大知识面，根据需要搜集信息。

2. 能联系上下文和自己的积累，推想课文中有关词句的意思，辨别词语的感情色彩，体会其表达效果。在理解课文的过程中体会顿号与逗号、分号与句号的不同用法。

3. 在阅读中了解文章的表达顺序，体会作者的思想感情，初步领悟文章的基本表达方法。在交流和讨论中，敢于提出看法，作出自己的判断。

4. 阅读叙事性作品，了解事件梗概，能简单描述印象最深的场景、人物、细节，说出自己的喜爱、憎恶、崇敬、向往、同情等感受；阅读诗歌，大体把握诗意，想象诗歌描述的情境，体会作品的情感。受到优秀作品的感染和激励，向往和追求美好的理想。

5. 阅读说明性文章，能抓住要点，了解文章的基本说明方法。阅读简单的非连续性文本，能从图文等组合材料中找出有价值的信息。尝试使用多种媒介阅读。

6. 阅读整本书，把握文本的主要内容，积极向同学推荐并说明理由。

7. 背诵优秀诗文60篇（段），注意通过语调、韵律、节奏等体味作品的内容和情感。扩展阅读面，课外阅读总量不少于100万字。

【表达与交流】

1. 听人说话认真、耐心，能抓住要点，并能简要转述。乐于表达，与人交流能尊重和理解对方。注意语言美，抵制不文明的语言。

2. 表达有条理，语气、语调适当。参与讨论，敢于发表自己的意见，说清自己的观点。能根据对象和场合，稍作准备，作简单的发言。

3. 懂得写作是为了自我表达和与人交流。养成留心观察周围事物的习惯，有意识地丰富自己的见闻，珍视个人的独特感受，积累习作素材。

4. 能写简单的记实作文和想象作文，内容具体，感情真实。能根据内容表达的需要，分段表述。学写读书笔记，学写常见应用文。

5. 修改自己的习作，并主动与他人交换修改，做到语句通顺，行款正确，书写规范、整洁。根据表达需要，正确使用常用的标点符号。习作要有一定速度。课内习作每学年16次左右。

【梳理与探究】

1. 分类整理学过的字词，发现所学汉字形、音、义和书写的特点，发展独立识字能力和写字能力。

2. 感受不同媒介的表达效果，学习跨媒介阅读与运用，初步运用多种方法整理和呈现信息。

3. 初步了解查找资料、运用资料的基本方法。利用图书馆、网络等渠道获取资料，解决与学习和生活相关的问题。尝试写简单的研究报告。

4. 策划简单的校园活动和社会活动，对所策划的主题进行讨论和分析，学写活动计划和活动总结。对自己身边的、大家共同关注的问题，或影视作品中的故事和形象，通过调查访问、讨论演讲等方式，开展专题探究活动，学习辨别是非、善恶、美丑。

在落实以上要求过程中，注重了解中华优秀传统文化的源远流长、丰富多彩，提升自身中华优秀传统文化修养；感受先贤志士的人格魅力，感悟老一辈无产阶级革命家的英雄气概、优良作风和高尚品质，体会捍卫民族尊严、维护国家利益和世界和平的伟大精神。①

二、语文课程学段要求的解读

（一）语文课程“总目标”与“学段要求”的关系

语文课程的“总目标”与“学段要求”是总分关系，“各个学段相互联系，螺旋式上升，最终全面达成总目标”。这就要求我们在理解语文课程目标时，既要注意语文课程“总目标”的整体性，也要具体把握“总目标”达成的阶段性。

（二）《义务教育语文课程标准（2022年版）》学段要求解读

2022年版新课标依据“六三”学制设定了义务教育阶段语文课程的四个学段要求，学段要求是对课程总目标的进一步具体化、体系化。与总目标的分类标准有所不同，2022版新课标对每个学段具体要求的表述，不再依照语文课程核心素养的四个方面分类设定，而是参考了语文学习任务群的分类标准，并适度归并、简化了六个语文学习任务群，将每个学段要求分成四个板块加以表述，包括“识字与写字”“阅读与鉴

① 《义务教育语文课程标准（2022年版）》，北京师范大学出版社2022年版，第7—13页。

赏”“表达与交流”“梳理与探究”。在分块表述的基础上，最后提出每个学段在立德树人、以文化人上的总体要求，凸显学段任务的育人功能。

要正确把握义务教育语文课程的学段要求，必须关注以下几个要点：

1. 学段要求是对总目标的具体化

2022 版新课标将义务教育语文课程目标一共分成四个学段，每个学段分成四个板块，每个板块又分成若干要素。所有这些板块与要素，都紧扣课程总目标，是对九条总目标的具体化、操作化。以“阅读与鉴赏”板块为例，该板块以阅读学习为中心，涉及“语言文字积累与梳理”“实用性阅读与交流”“文学阅读与创意表达”“思辨性阅读与表达”“整本书阅读”“跨学科学习”等学习任务群。而其中所设置的学习要求，涵盖了义务教育语文课程的所有总目标。

阅读革命文化教育文本，提升学生的革命文化修养，有助于第 1 条目标的达成；阅读中华优秀传统文化文本，提升自身的文化底蕴，有助于第 2 条目标的达成；阅读优秀的儿童文学和外国文学作品，感受文化的多样性和包容性，有助于第 3 条目标的达成；在阅读与鉴赏的过程中，逐步形成良好的语感，初步领悟语用规律，有助于第 4 条目标的达成；在阅读与鉴赏的过程中，学会运用多种阅读方法和策略，形成独立阅读能力，有助于第 5 条目标的达成；以文本的阅读与鉴赏为基础，发展学生的联想和想象能力，激发学生的创造潜能，有助于第 6 条目标的达成；以文本的阅读与鉴赏为基础，引导学生初步掌握比较、分析、概括、推理等思维方法，提升思维品质，有助于第 7 条目标的达成；通过阅读与鉴赏，感受语言文字的美，感悟作品的思想内涵和艺术价值，有助于第 8 条目标的达成；通过阅读与鉴赏，学习发现作品的形象美、情感美、意蕴美，涵养健康的审美情趣，有助于第 9 条目标的达成。在对总目标的具体化、操作化上，其他板块同样如此。

2. 学段要求在横向间具有高度的关联性

正因为学段要求是对总目标的具体化，所以，从横向的角度看，学段要求的四个板块之间有着高度的逻辑关联性。2022 版新课标将每个学段要求分成四个板块加以设置，其中，“识字与写字”是其他三个板块的基础。一方面，没有一定的识字量作支撑，阅读与表达就无法进行；另一方面，没有对一定数量的汉字进行观察与积累，就无法按一定类别对其进行梳理，更不可能深入探究汉字所蕴含的文化和智慧。“阅读与鉴赏”板块，一方面巩固了“识字与写字”，因为只有在真实的阅读情境中，在不断复现的汉字阅读过程中，识字量才能进一步扩大，识字能力才能进一步提升；另一方面，该板块也为“表达与交流”“梳理与探究”提供了一定的语言素材与相关经验，有助于学生以读促写、梳理并发现语言文字运用的基本规律，提升文化素养，丰富精神世界。“表达与交流”板块，则是在口头语言和书面语言的真实运用和交际过程中，进一步巩固了“识字与写字”的收获，促进了“阅读与鉴赏”的深化；同时，也为“梳理与探究”提供了语言运用经验的积淀、语言文字知识的储备以及跨学科学习能力的支撑。而最后设置的“梳理与探究”板块，则是对其他三个板块的知识梳理、问题探究和能力拓展，有助于学生在反思、梳理语文学习过程中，使掌握的语文知识结构化、习得的语文能力体系化，综合提升自身的语文核心素养。因此，学段要求的四个板块，既相对独立，各自承载着明晰的阶段性学习任务和目标，又相互联结，共同支撑着各类学习任务和目标形成合力，指向语文课程核心素养的形成与发展。

3. 学段要求在纵向间具有明晰的层次性

从纵向的角度看，四个学段分成四大板块，每个板块的层次性是非常明晰的。第一学段的每个板块处于奠基层次，强调的是语文课程最基础的知识、最基本的能力、最必需的习惯、最常用的方法、最根本的情感与态度；第二学段的每个板块处于承接层次，既是对第一学段要求的巩固与升华，又是对第三学段要求的铺垫与支撑；第三学段的每个板块处于相对熟练、基本掌握层次，也有部分板块的要求处于进一步深化与提高的层次。从具体维度上看，每个板块在每个方面的要求设定上，具有非常清晰的梯度性。以“阅读与鉴赏”板块中的“默读能力”为例，第一学段的具体要求是“学习默读”，难度和要求都是最低的，属于默读的起步阶段；第二学段的具体要求是“初步学会默读”，难度和要求显然有所提高，但属于初步掌握阶段；第三学段的具体要求则是“默读有一定速度”，这是在初步掌握基础上的更高要求，因为速度不仅跟默读方法和技巧有关，也跟默读目的和专注度有关，还跟默读前背景的理解有关，属于默读的较高阶段。

三、语文课程学段目标的主要特点

（一）注意体现学习目标的阶段性和连续性

学段目标十分明确，阶段性十分明显，同时注意体现各个学段之间学习目标的连续性。特别是五～六年级的学习目标与七～九年级的学习目标自然衔接，这就从学习目标上克服了长期存在的小学和初中脱节的问题，避免了难易倒置、重复训练、各自为政等弊端，使九年的教学目标彼此衔接，浑然一体。

（二）正确处理基础性与发展性的关系

阶段目标十分重视从“情感、态度、价值观”“知识、能力”“过程、方法”等方面，为学生打好语文学习的基础，同时面向未来，力求做到有力地促进学生的发展。所以，各个学段的目标既体现了基础性，又体现了发展性。如第一学段的目标不仅详细而且全面，力求对初入学的儿童进行比较全面的语文启蒙教育，为他们今后的语文学习夯实基础，以利于持续发展。又如，写作方面的学习目标，第一学段重点是“对写话有兴趣，写自己想说的话”，第二学段重点是“乐于书面表达”，“能不拘形式地写下见闻、感受和想象”，第三学段重点是“能写简单的记实作文和想象作文”，能写“常见应用文”。这样的写作方面的目标，由乐于写话到自由表达，再到能写简单的记实作文、想象作文，再到学会常见文体的写作，不仅符合学生学习写作的实际，体现基础性和发展性的有机联系，而且反映了贯穿课程标准的语文学习整体推进、螺旋式上升的指导思想。

（三）首次提出“综合性学习”的目标

“综合性学习”既有不同层次的要求，又有共同的要求。它是在提倡自主、合作、探究学习方式这一课程理念的指导下提出的。综合性学习，更能发挥学习的主动性和创造潜能，更能不断提高学生的语文综合运用能力。在阶段目标中，体现了和综合性学习不同层次的要求，但有以下几方面的要求是共同的：一是有探究兴趣和问题意识，能提出学习的专题；二是自主实践，亲身体验，有所感受，有所发现，尝试解决问题；三是与人合作，共同探究，使研究的问题或拓宽或深入，最终在大家的共同努力下，用适当的方式展示学习成果；四是学习利用各种资源进行丰富多彩的实践活动（包括融入其他学科的学习实践），来实现综合性学习的目标。

总之，语文课程核心素养是一个整体，由此演绎、细化而成的语文课程总目标和学段要求，同样是一个相互关联、秩序清晰的整体，它们贯通课程内容和学业质量水平，是课程实施、课程评价、课程改进的质量标准和衡量尺度。

第三章　小学语文课程内容

课程内容是课程研究的基本问题。从一定意义上可以说，全部课程问题就是内容问题，课程的设计、课程的目的、课程的评价以及课程的实施，都可以理解为围绕着课程内容的安排及其结果展开的：课程设计是关于内容的组织安排，课程目的是选择和决定内容的依据，课程评价是判断内容产生的结果，课程实施是内容的逐步实现。[①]因此，对于课程内容的讨论是课程研究中必不可少的话题。

第一节　课程内容

一、课程内容及课程内容选择的内涵

课程内容在课程论中一般被称为课程要素，指各门学科中特定的事实、观点、原理和问题，以及处理它们的方式。1859年英国教育学家斯宾塞基于对英国传统教育虚饰无用的批判，立足于实现人的完满生活，在对知识比较价值的考察中，振聋发聩地提出了“什么知识最有价值，一致的答案就是科学”这一命题，由此引发了课程领域中对课程内容价值的追问和对课程内容选择的思考。1949年，美国课程研究专家拉尔夫·泰勒（Ralph W. Tyler）在他的名著《课程与教学的基本原理》中提出了“怎样选择有助于达到教育目标的学习经验”后，课程内容的选择问题成为课程论的基本问题之一。

课程内容的选择和组织，是课程编制过程中的一项基本工作，它涉及方方面面，也是许多课程问题的集结点。由于内容直接指向“应该教什么”的问题，因而课程内容的选择被表述为人们依据特定的价值观及相应的课程目标，从学科知识、当代社会

① 丛立新：《课程论问题》，教育科学出版社2000年版，第284页。

生活经验、学习者的特点及经验中选择课程要素。

不同的课程论流派，对于课程内容往往持有不同的看法。在选择和组织课程内容时，除了要考虑到与目标的相关性外，还要考虑到内容的科学性和有效性，它们对学生和社会的实际意义，它们能否为学生所接受，以及是否与学校教育的基本任务相一致等问题。人们对课程内容的解释，往往是与各自对课程所下的定义联系在一起的。[①]人们对课程的本质有不同的理解，如第一章中提到的课程即学科、课程即社会文化的再生产、课程即学习者的经验，以及课程内容的基本来源是学科知识、当代社会生活经验、学习者的特点及经验，因此，课程内容的基本取向也是学科知识、当代社会生活经验、学习者经验。

二、课程内容的取向

（一）课程内容即学科知识

当把课程看成是学科，课程目标的基本来源是学科知识时，学科知识就成为课程内容的主要来源，人们在传统上历来将由事实、观点、原理和问题等组成的学科知识看作课程内容。这种观点由来已久，影响也最为深远。我国古代的课程有礼、乐、射、御、书、数六艺；欧洲中世纪初的课程有文法、修辞、辩证法、算术、几何、音乐、天文学七艺。这实质上确定了课程内容即系统化了的知识的观点，并把这些有价值的知识系统化为一定的科目或学科，然后将这些学科的知识传授给学生。

将课程内容看成是学科知识，有利于考虑到学科知识的系统性，使课程内容体系严格按照科学的逻辑进行组织，使师生明确教与学的内容，从而使课堂教学工作有据可依。然而，该取向关注的重点均是向学生传授知识，从而限制了教师的视野：过分强调学科知识而不关注学生的情感陶冶、创造思维、个性发展；只关注学科知识的体系、结构、逻辑，不关注学生的需要、兴趣、动机及所学知识对于学生个人的意义；只关注学科知识学习中学生的认知发展，不关注学生“完整人格”的发展。同时，也忽视了师生对课程内容开发的积极性与主动性。这样教师很容易把课程内容当成事先规定好的东西而被动地传授，从而忽略了对学生“完整人格”发展有重要影响的其他课程资源或隐性课程。

（二）课程内容即社会生活经验

当把课程看成是社会文化的再生产，课程目标的基本来源是当代社会生活的需求

① 施良方：《课程理论：课程的基础、原理与问题》，教育科学出版社1996年版，第106页。

时，当代社会生活经验就成为课程的主要内容。人是社会性的人，教育是社会性的活动，把课程内容看成是当代社会生活经验是毋庸置疑的。

实际上，选择社会经验的根本问题是如何认识学校课程与社会生活的关系问题。在课程论发展史上，关于学校课程与社会生活的关系问题存在三种典型的观点，即被动适应论、主动适应论、超越论。①

被动适应论认为教育只是社会生活的准备，学校课程是使学习者适应当代社会生活的工具。这种观点的典型代表是美国著名课程论专家博比特与查特斯。20世纪初，科学化课程开发运动的早期倡导者博比特、查特斯等人主张将当代社会生活经验作为课程的主要内容。他们认为，学校课程应当以适应当代社会的需要为根本宗旨，教育在本质上是为有效的成人生活作准备。为了确认当代社会的需要，他们采用“活动分析法”和“工作分析法”分析成人的职业领域和非职业领域，用一种行为主义的立场将有效率的成人的典型活动转化为课程目标，进而将课程目标转化为儿童的学习活动。儿童的学习活动即是以当代社会生活经验为基本内容。

主动适应论认为，个人与社会是互动的、有机统一的，教育与社会是互动的、有机统一的，学校课程不仅适应着社会生活，还不断改造着社会生活。20世纪的课程理论中，典型的主动适应论包括约翰·杜威（John Dewey）的经验自然主义课程理论和社会改造主义课程理论。

在杜威的整个教育思想体系中，一个一以贯之的基本理念是：个人与社会是有机统一的，教育是一个社会的过程，教育即生活本身，而不是成人生活的被动准备。杜威认为，教育问题在本质上是一个使个人特性与社会目的和价值协调起来的问题。为了实现这种协调，学校教育应按照民主社会的要求加以组织，并且应对儿童进行社会指导。

关于怎样实现学校课程对社会生活的主动适应，杜威认为，学校课程应是“经验课程”，“经验课程”的基本形态是“主动作业”，即把社会生活中的典型职业（如烹调、缝纫、木工、金工、纺织等）加以提炼概括，使之成为学生在学校中从事的活动。学生在从事“主动作业”的过程中，在与教师和其他学生互动合作的过程中，会不断生成社会情感、社会态度和社会价值观。

杜威的这种“学校课程积极适应社会生活”的理念是现代课程理论发展的重要里程碑，这种理念直接启发了社会改造主义课程理论的发展。社会改造主义课程理论主张把重视个人经验的课程改造为重视集体经验、社会经验的课程，把重视个人智能发

① 张华：《课程与教学论》，上海教育出版社2000年版，第200—205页。

展的课程改造为重视集体意志统一的课程，把指向当前社会经验的课程改造为指向未来社会经验的课程。这种理论虽然更强调课程通过对当前社会生活经验的改造而指向社会的未来发展，但其本质上仍是课程主动适应社会生活的一种策略。

20世纪70年代以来，受现象学、存在主义、哲学解释学、社会批判理论、后现代主义等哲学思潮的影响，课程理论界开始重新审视教育与社会、学校课程与社会生活之间的关系。与被动适应论相比，主动适应论在对学校课程与社会生活之关系的认识上作出了重大的历史性进步。但是，不论杜威的课程理论还是改造主义的课程理论，都没有从根本上改变教育及课程的工具地位。于是，在重新审视下，超越论应运而生。

超越论认为，教育是社会的一种主体，学校课程不是对社会生活经验的被动选择。学校课程不是被动地传递某些流行的社会生活经验的工具，其本身就是社会生活经验。儿童在生活，教师也在生活，儿童与教师的交往是整个社会生活经验的有机构成。学校课程应在时代精神的建构中贡献自己的力量。当教育及课程的主体地位真正确立起来之后，学校课程与其他社会生活经验的关系就是一种对话、交往、超越的关系。学校课程要主动选择社会生活经验，并不断批判与超越社会生活经验，而且还要不断建构新的社会生活经验。

（三）课程内容即学习者的经验

当把课程看成是学习者的经验，课程目标的基本来源主要是学习者的需要的时候，学习者的经验就成为课程的主要内容。历史上，凡倡导经验课程的课程理论流派大都把学习者的经验置于课程内容的核心或重要地位。如18世纪法国让-雅克·卢梭（Jean-Jacques Rousseau）倡导的“自然教育论”及相应的浪漫自然主义经验课程理论，20世纪上半叶杜威倡导的“进步教育论”及相应的经验自然主义经验课程理论，20世纪70年代以来流行的当代人本主义经验课程理论。

泰勒在《课程与教学的基本原理》中使用“学习经验”这个术语，是为了区别那些把课程内容等同于学科知识或学习活动的观点。在他看来，学习经验既不等同于一门课程所涉及的内容，也不等同于教师所从事的活动，而是指学生与外部环境的相互作用。因为，学习是通过学生的主动行为而发生的，学生的学习取决于他自己做了些什么，而不是教师呈现了些什么内容或要求做些什么。所以，坐在同一课堂上的两个学生，可能会有两种不同的学习经验。

学习经验取向强调的是：决定学习的质和量的是学生而不是教材，学生是主动的参与者。学生之所以参与，是因为环境中某些特征吸引他们，学生是对这些特征作出反应。所以，教师的职责是要构建适合于学生能力与兴趣的各种情境以便为每个学生提供有意义的经验。把课程内容视为学生的学习经验，必然会突破外部施加给学生的东西，因为学生是否真正理解课程内容，取决于学生的心理建构。从某种意义上说，学生已有的认知结构和情感特征对课程内容起着支配作用，它们是受学生控制的，而不是由学科专家支配的。知识只能是“学”会的，而不是“教”会的。

当然，把课程内容看成是学生的学习经验，这必然增加课程与教学的编制与开发的难度。学习经验是学生的心理体验，具有一定的主观性、模糊性与不易把握性，只有学生本身才能体验这种经验并了解自己感受与体验的程度，即真正的体验结果。而教师则无法全面清楚地了解每一个学生的真实体验，也无法全面清楚地把握学生的心理特点、感受及影响心理的特定的环境及其他因素。

三、课程内容的组织

泰勒在《课程与教学的基本原理：英汉对照版》中说道：为了使教育经验产生累积效应，就必须将它们组织起来，使之互相强化。这样组织就成了课程编制过程中的一个重要问题，因为它会极大地影响教学的效果，同时又会影响学习者发生主要教育变化的程度。① 课程组织指在一定的教育价值观的指导下，依据学生的心理特征，将课程要素或学习经验进行恰当的编排与整合，使其在动态运行的课程系统中产生合力，以便有效实现课程目标的过程。

关于如何组织课程内容的问题，泰勒提出了三个基本准则：连续性、顺序性和整合性。连续性是指课程要素的直线式重复；顺序性是强调每一后继内容要以前面的内容为基础，同时又对有关内容加以深入、广泛地展开；整合性是指各种课程内容之间横向联系，有助于学生获得统一的观点，并把自己的行为与所学的课程内容统一起来。②

在课程论发展史上，课程内容的组织，是教育家普遍关心的问题。关于课程内容的组织方式，主要有以下几种。

（一）纵向组织与横向组织

在教育史上，关于课程内容的组织方式，最有影响的是纵向组织。纵向组织，也称序列组织，指的是按照课程组织的某些准则，以先后顺序排列课程内容。纵向组织一般是根据学生的年龄特点和课程内容特点，由浅入深、由易到难、由具体到抽象、由简单到复杂地组织课程内容。

---

① ［美］泰勒：《课程与教学的基本原理：英汉对照版》，罗康、张阅译，中国轻工业出版社 2008 年版，第 73—74 页。

② 同上书，第 74—75 页。

《学记》中“不陵节而施”“先其易者，后其节目”，就是强调纵向组织课程内容。扬·阿姆斯·夸美纽斯（J. A. Comenius）也告诫教师要按由简至繁的序列安排内容。一般来说，强调学习内容从已知到未知，从具体到抽象，是历史上教育家们的一贯主张。

横向组织指的是按“广义概念”组织课程内容，即打破传统学科的界限和传统的知识体系，使课程内容与学生的生活连为一体。横向组织强调各种知识之间、知识与儿童的经验之间形成有机的联系，帮助学生统整和贯通知识与经验。该组织方式强调的是知识的广度而不是深度，关心的是知识的应用而不是知识的形式。但是，横向组织也面临许多现实的问题，如教师要精通或熟悉各门学科的内容。目前的教师队伍尚不具备这样的条件。

（二）逻辑顺序与心理顺序

课程内容是按逻辑顺序组织还是按心理顺序组织，或许是教育史上争论最激烈的课程问题，也是所谓的“传统教育”与“新教育”的最大分歧所在。所谓逻辑顺序，就是指根据学科本身的系统和内在的联系来组织课程内容；所谓心理顺序，就是指按照学生心理发展的特点来组织课程内容。

在课程史上，“传统教育”主张根据学科的逻辑顺序来组织课程内容，也就是说，把课程内容的重点放在逻辑的分段的顺序上，强调学科固有的逻辑顺序的排列，至于这种逻辑对学生有什么意义则不在考虑范围内。“新教育”则强调要根据学生身心发展的特征，以及他们的兴趣、需要、经验背景等来组织课程内容。学生是课程的中心，是目的。对于学生的生长和发展来说一切学科的逻辑都处于从属地位。

现在几乎没有人会固执一端，越来越多的人倾向于学科的逻辑顺序与学生的心理顺序的统一。因为，一方面，课程内容应该考虑到学科本身的体系。学科体系是客观事物的发展和内在联系的反映。学习科学的体系可以使学生了解自然界和人类社会的发展过程。况且每门学科各部分内容之间都有其内在的逻辑关系，某一部分内容总是既以另一部分内容为基础，同时又作为其他部分内容之基础。一门学科本身就是一个概念体系。另一方面，课程内容是为学生安排的，如果不符合学生认识的特点，学生就难以接受，那么再科学的内容也是无效的。这里需要指出的是，心理顺序是指青少年学生的心理而不是成人的心理。因为成人的心理已习惯于接受按逻辑顺序组成的事实，以致往往看不到一门学科已对众多事实经过了许多分析和重新组合。这也许是对心理顺序和逻辑顺序理解上出现分歧的最主要的原因之一。①

① 施良方：《课程理论：课程的基础、原理与问题》，教育科学出版社 1996 年版，第 116—117 页。

（三）直线式与螺旋式

直线式就是把一门课程的内容组织成一条在逻辑上前后联系的直线，前后内容基本上不重复。螺旋式（或称圆周式）则要在不同阶段上使课程内容重复出现，但逐渐扩大范围和加深程度。

直线式和螺旋式这两种课程组织方式在课程与教学理论中仍以不同的方式出现。赞可夫主张教师所讲的内容只要学生懂了就可以往下讲，不要原地踏步。因为过多地重复同一内容，会使学生感到厌倦。不断呈现新内容，学生总觉得在学习新东西，能使学生保持学习的兴趣。杰罗姆·布鲁纳（Jerome Seymour Bruner）则明确主张采用螺旋式组织课程内容，他认为，课程内容的核心是学科的基本结构，应该从小就开始教各门学科最基本的原理，以后随着学年的递升而螺旋式地反复并逐渐提高。即课程内容要向学生呈现学科的基本概念和基本原理，以后不断在更高层次上重复它们，直到学生全面掌握该门学科为止。

直线式与螺旋式都有其利弊。直线式可以避免不必要的重复；螺旋式则容易照顾到学生认识的特点而使学生加深对学科的理解。两者对学生思维方式有不同的要求，直线式要求逻辑思维；螺旋式要求直觉思维。逻辑思维是按直线一步一步地思考问题，注重构成整体的部分和细节，它只是接受确切的和清楚的内容；直觉思维是要在理解细节之前先掌握实质，它考虑到整个形式，是以隐喻方式运演的，能作出创造性的跳跃。两者各有特点。但现在的问题是，学校几乎只重视逻辑思维的方式，这就值得我们注意了。因此，在组织课程内容时，要注意“非此即彼”的思维方式，注意两者的结合。

第二节　小学语文课程内容

一、语文课程内容与语文教材内容、教学内容的辨析

在课程研究中，课程内容、教材内容、教学内容属于不同的研究层面，分别拥有各自的研究范围和内容。语文课程内容是课程层面的概念，回答的是语文课程“教什么”的问题。由于长期以来我国受凯洛夫教育学的影响，语文教学改革关注较多的是教学层面的问题，加上课程问题的抽象性，人们对课程层面的关注较少。

另外，我国长期以来实行国家统一的课程教材编制体制，课程和教材这两个本来不同的研究层面便重叠了起来，致使分属课程、教材和教学不同层面上的问题缠绕在

一起，混杂不清。

上述情况反映在教师的日常话语中，最为典型和普遍的便是课程内容、教材内容和教学内容之概念的辨别不清。长期以来，人们或者将语文教材内容混同于“语文课程内容”，或者将它混同于“语文教学内容”。术语纠缠，意味着理念的混乱，而混乱理念中的实践运作，不但盲目，而且可能南辕北辙。长期以来，“教材就是教什么”“语文教学就是教教材”这种说法甚为流行，语文教材（语文教科书），成了“语文教学（课程）内容”的代名词。一方面，这种混乱乃至错误的说法，强化了“教教材”的传统观念，使教师习惯于、安心于灌输式的教学；另一方面，也堵塞了语文教材的革新、繁荣之路。①

语文课程内容、教材内容、教学内容三者之间是相互联系和相互制约的，但它们可以相对独立地存在。在理论上辨明语文课程内容与教材内容、教学内容的概念、范围和任务，可以帮助我们认清语文教育在课程、教材、教学不同层面的问题。

（一）语文课程内容与语文教材内容

语文课程内容是指为了达到语文科特定的课程目标而选择的事实、概念、原理、技能、策略、态度、价值观等要素。语文课程内容，回答的是语文课程“教什么”这一问题；从学生学的角度，它是学习的对象，因而也是对“学什么”的规定。语文课程内容属于课程层面的概念，它在课程标准中得到了明确规定和表述，具有法定的地位。如我国对于语文课程内容的探索，如基本知识与基本技能、阶段目标与内容、学习任务群等内容，都在教学大纲或课程标准中有具体体现。

对于任何学习领域，课程标准解决的是“教什么”的问题，而“如何教”的问题则留待教材层面和教学层面了。“如何教”不仅包含“用什么素材教”，也包括“用什么方法教”。尽管课程标准十分重要，但它不能直接作用于教师和学生，成为学生学习的直接对象。课程内容只有“教材化”，即通过具体的事实、现象、素材表现出来，学生的学习内容才是现实而生动的。从内容到材料的过程是物化的过程，因此，教材是课程标准的物化形态。② 语文教材是语文课程内容的载体。教材内容必须反映、体现课程内容。

2022 版语文课程标准提出了语文课程内容分为三个层次的学习任务群：基础型学习任务群（包括语言文字的积累与梳理）、发展型学习任务群（包括实用性阅读与交流、文学阅读与创意表达、思辨性阅读与表达三个学习任务群）、拓展型学习任务群

① 王荣生：《语文科课程论建构》，博士学位论文，华东师范大学课程与教学论专业，2003 年，第 163 页。

② 俞红珍：《课程内容、教材内容、教学内容的术语之辨——以英语学科为例》，《课程·教材·教法》，2005 年第 8 期。

（包括整本书阅读、跨学科学习），用六个学习任务群呈现了义务教育阶段的语文课程内容。这些课程内容只是从大的方面规定了语文课程"教什么"的问题，并不能直接作用于学生，须以教材为载体，通过教材中的图文传递课程内容。

再如，对于思辨性阅读与表达这一个课程内容，统编版教材按单元主题的方式编排课文，六年级下册第五单元以"科学之光"为主题，编排的四篇课文有对生活哲理的思考，有对自然现象的探索，有对身边事物的研究，有对科学真理的发现，还有对未来的奇思妙想，呈现了人们不同的思考与探索。思辨类选文单元整合编排的特点与2022版新课标"思辨性阅读与表达"学习任务群步调一致，将文本阅读和自主探究结合起来，为学生提供广阔的思考、表达和交流空间，在任务实现中促进学生语文核心素养的整体提升。

因此，"用什么教"说的是教材内容，属于教材层面的概念。语文教材内容是指为了有效地反映、传递课程内容诸要素而组织的文字与非文字材料及所传递的信息。虽然前面指出，课程内容要"教材化"，但仅仅有"教材化"还不够，课程内容还须"心理化"，即教材内容要符合学生的认知特点和发展规律。

（二）语文教材内容与语文教学内容

上文指出，课程内容要"教材化、心理化"，因此教材成为课程内容的载体。但教材内容无论多么"教材化、心理化"，也不能直接成为教学内容。教材内容是静态的，从某种意义来说，教材内容是教学内容的预设和规定。但教学是复杂的、多变的，教师以教材内容为凭借时需要考虑具体的情境和学生的需求，从而形成相应的教学内容。

因此，教学内容指在教学活动中由教师提供给学生去学习的对象，是要求学生在教师的指导下掌握的人类文明成果的精华。语文教学内容，从教的方面说，指教师在教的实践中呈现的种种材料及所传递的信息，它既包括在教学中对现成教材内容的沿用，也包括教师对教材内容的"重构"——处理、加工、改编乃至增删、更换；既包括对课程内容的执行，也包括在课程实施中教师对课程内容的创生。[①] 教学内容是在教学过程中创造的，因此，教学内容是动态的、开放的系统，在实践运作中，同样的教材内容可以衍生出不同的教学内容。

如面对同一篇课文，不同的老师会形成不同的教学内容。教学内容的生成取决于具体的课程和教学目标以及具体的教学情境，同样也包含教师对教材内容的理解、个性化的演绎和创造。这实际上是教师对教材内容的"二次开发"。

综上所述，语文课程内容、语文教材内容、语文教学内容既有区别又有联系。语

① 王荣生：《语文科课程论建构》，博士学位论文，华东师范大学课程与教学论专业，2003年，第168页。

文课程内容是课程层面的概念，回答的是语文课程“教什么”的问题，规定了语文学科学生要学习的事实、概念、原理、技能、策略、态度、价值观等要素。语文教材内容是语文课程内容的载体，回答的是“用什么去教”的问题，体现了语文课程内容教材化，属于教材层面的问题。语文教材内容是语文教学内容的一个重要成分，因为语文教学内容是对教材内容的教学化，语文教学内容属于教学层面的问题，它不局限于教材内容，而具有一定的开放性和动态性，是教师根据具体的教学目标和教学情境对教材内容进行教学法处理的种种结果。

二、小学语文课程内容的历史演变

语文课程内容是语文课程研究的重点和难点，语文课程中明确“教什么”，是语文设科以来必须解决的问题。自新中国成立以来，我国的小学语文课程内容经历了以下几次探索。

（一）20世纪50年代初期。中央成立语文教学问题委员会，着手进行语文课程改革。20世纪50年代受苏联俄语课的影响，苏联的模式是文学和俄语分科教学，我国便将汉语、文学分科教学，这是新中国成立后小学语文课程的第一次重大改革。如1956年小学语文教学大纲规定，语文学习内容有识字、写字、阅读、写作，还有汉语。

（二）20世纪60年代初期。时任教育部副部长的林砺儒发表文章，陈述“基本知识”和“基本技能”的关系。此后，时任江苏教育厅厅长的吴天石发表了“常州会议讲话”，提出“加强语文基础知识教学和基本训练”。语文课程内容中“基本知识”和“基本技能”的提出，对以往偏重语文知识传授的思想来说，是一个很大的进步。

（三）20世纪70年代末至80年代。改革开放后，我们引进了西方的一些教育思想，小学语文课程朝着“加强基础，培养能力，发展智力”的方向前进。当时老师们都认可一句话：最有价值的知识是关于方法的知识。因此，从1978年开始一直到2001年，语文课程内容注重“双基”的同时也强调方法，直到新课程标准出来以后才改变。

（四）21世纪初。世纪之交，我国开启第八轮课程改革，2001年3月教育部颁布《全日制义务教育语文课程标准（实验稿）》，明确规定语文课程的性质是工具性与人文性统一，在强调语文知识工具性的同时，提出语文课程的人文性和思想性。但遗憾的是，2001版语文课程标准中并未对语文课程内容进行专门说明，只规定了课程目标和阶段目标，分为“识字与写字、阅读、写话（习作、写作）、口语交际、综合性学习”五个内容领域，呈现了阶段目标。后经过10年课改，2011版语文课程标准修订后，在课标的表述中增加了学段目标与内容，依然按照五大内容领域呈现了学习内容，但经认真研读后我们知道，2011版语文课程标准修订版是对课程内容的一次尝试性探索。因为学段目标与内容中，目标偏多，语文课程内容偏少。

（五）21世纪20年代。2022年，教育部颁布了义务教育语文课程的2022版新课标，在2022版新课标中不仅提出建构素养型的课程目标，还首次单独设定了语文课程内容。语文课程内容，分为三个层次的学习任务群：基础型学习任务群（包括语言文字积累与梳理）、发展型学习任务群（包括实用性阅读与交流、文学阅读与创意表达、思辨性阅读与表达三个学习任务群）、拓展型学习任务群（包括整本书阅读、跨学科学习），用六个学习任务群呈现了义务教育阶段的语文课程内容。语文课程内容以任务群的方式来呈现和组织，这是我们国家课程标准历史上首次明确呈现语文课程内容，是语文课程内容的一大突破，是语文课程改革新的突破，是语文课程教学新的探索，是研究的进步，也是实践的进步。据统计，2022版新课标总共有33000字，仅课程内容的描述就占了一万多字。将语文课程内容以学习任务群的方式来呈现和组织，目的是将静态的听说读写语文知识点学习转化为动态的语文实践过程，在综合性语文实践过程中提升学生的语言能力。

第三节　作为语文课程内容的学习任务群

一、义务教育语文课程内容体系

《义务教育语文课程标准（2022年版）》规定，义务教育语文课程内容主要以学习任务群的方式来组织与呈现，具体如图3−1所示。

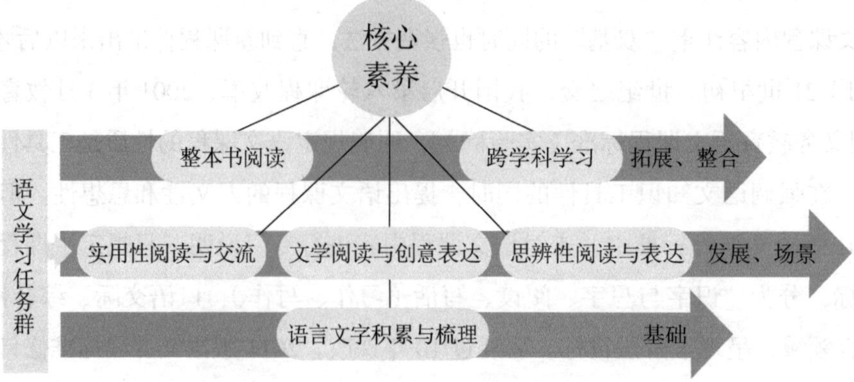

图3−1　义务教育语文课程内容体系

从上图可知，义务教育语文课程内容以核心素养为目标，构建了三个层面六个学习任务群。第一个层面属于基础的层次，即语言文字积累和梳理；然后第二个层面是实用性阅读与交流、文学阅读与创意表达、思辨性阅读与表达，这是发展型的；最后，整本书阅读和跨学科学习是拓展型的。

二、语文课程内容的特点

（一）语文课程内容具有综合性、实践性的特点

《义务教育语文课程标准（2022年版）》开宗明义地指出："语文课程是一门学习国家通用语言文字运用的综合性、实践性课程。"语文课程的内容反映了语文学习的规律。

语文课程内容用三个类别来组织和呈现六个学习任务群，基础型学习任务群（包括语言文字积累与梳理）、发展型学习任务群（包括实用性阅读与交流、文学阅读与创意表达、思辨性阅读与表达三个学习任务群）、拓展型学习任务群（包括整本书阅读、跨学科学习），这六个学习任务群围绕特定学习主题，确定具有内在逻辑关联的语文实践活动。语文学习任务群由相互关联的系列学习任务组成，六个学习任务群是交叉渗透的关系，形成了一个完整的整体，体现了语文课程内容的综合性。同时，语文课程内容是对课程目标的呼应，语文核心素养的四个方面是一个整体，具有综合性的特点，作为课程目标载体的课程内容，是文化自信、语言运用、思维能力、审美创造的综合体现。如学生在阅读鉴赏的过程中，可以去梳理探究社会语言运用的一般规范，去发现作家作品个性化的语言运用风格。在这个过程中，学生可以逐渐修正自己对语言运用规范的认识，逐渐探寻属于自己的个性化的语言风格。所以语言的积累梳理、语言的阅读鉴赏以及表达交流，都是密不可分的。从实践活动的内在关联上说，它们是一个整体，从核心素养四个方面的发展来说也是一个整体。因此课程内容具有综合性。

另外，义务教育语文课程培养的核心素养，是学生通过积极的语言实践活动进行积累建构，并在真实的语言运用情境中表现出来的。语文课程内容的六个学习任务群都属于语文实践活动，包括听，说，读，写，思等多种方式，这些实践活动能够沟通内部语言和外部语言，共同实现学生语言经验和语言能力的发展，共同提高学生的语言品质。

（二）语文课程内容是工具性与人文性的统一

工具性与人文性的统一，是语文课程的基本特点。语文课程是一门学习国家通用

语言文字运用的课程，语文课程目标与课程内容必须聚焦于语言文字运用。语文学习任务群中第一个基础型的学习任务即“语言文字积累与梳理”。语言文字是人类社会最重要的交际工具和信息载体，是人类文化重要的组成部分，语言文字的运用包括学习、工作和生活中的听说读写活动以及文学活动，存在于人类社会的各个领域。语言运用有助于学生在丰富的语言实践中积累语言材料和语言经验，形成良好的语感，具有正确、规范运用语言文字的意识和能力，能在具体语言情境中有效交流沟通。通过观察、分析、整理发现汉字的构字组词特点，掌握语言文字的运用规范，感受汉字的文化内涵，奠定语文基础。

语文课程具有丰富的人文内涵。人类的知识是以语言文字的形式保存下来的，语言是人类文化心理结构的外化。我们的语言文字不仅是祖国优秀文化的组成部分，还负载并传播着中华民族的文化和中华民族的精神。语文课程内容以中华优秀传统文化、革命文化和社会主义先进文化为主要学习内容，同时还包含对外国的优秀文化的学习，实际上语文课程就是以世界文明的优秀成果为学习内容，兼具科技进步和日常生活等方面的学习。课文课程以弘扬民族文化、发扬民族精神为主，注重熏陶感染，强化课程以文化人、以人育人的价值取向。

（三）语文课程内容是语言、思维、审美、文化的交融

上文提到，语文课程内容用六个学习任务群进行组织和呈现，即语言文字的积累与梳理、实用性阅读与交流、文学阅读与创意表达、思辨性阅读与表达、整本书阅读、跨学科学习。六个学习任务群是对课程目标的反映，体现了课程目标中对文化自信、语言运用、思维能力、审美创造方面的要求。

这六个学习任务群是互相关联的一个整体。语言文字积累与梳理是课程内容的基础，它可以使学生在语文实践活动中积累语言材料和语言经验，建构语言运用机制，增进语文学科素养，加深对祖国语言文字的理解与热爱。其他五个方面也都与语言文字的运用有关，在语言文字积累与梳理的基础上，学生通过阅读与表达交流可以推进思维能力的发展，提高思辨能力，增强思维的严密性、逻辑性；学生通过文学阅读和形象的独特魅力，可以获得个性化的审美体验，并能欣赏和评价语言文字作品，培养审美意识和审美情趣，提高审美品位；语言文字是文化的载体，又是文化的重要组成部分，学习语言文字的过程也是文化获得的过程，学生通过语言文字作品学习和理解文化的多样性，继承和弘扬中华优秀传统文化、革命文化、社会主义先进文化，关注和参与当代社会生活，有助于具有比较开阔的文化视野和一定的文化底蕴，加深对中华文化的热爱。因此，小学语文课程内容是语言、思维、审美、文化的交融。

三、语文课程内容的组织

（一）九年一贯整体设计，与高中语文课程内容衔接

义务教育阶段分四个学段设置了六个学习任务群，各个学习任务群在每一个学段均有所体现，形成“九年一贯整体设计”，实现了九年义务教育阶段语文教育内容的整合，也体现了语文课程内容的整体性和阶段性。

义务教育语文课程内容与普通高中语文课程内容具有一定的衔接和延展，义务教育语文课程内容有六个学习任务群，普通高中语文课程内容共有 18 个学习任务群，义务教育语文课程内容在数量上和内容的安排，突出了义务教育阶段的基础性和阶段性特征，特别是在语言文字积累与梳理，还有文学阅读与创意表达方面，凸显出义务教育阶段的特点，这与普通高中语文课程内容的学习任务群都有所呼应，义务教育阶段为普通高中阶段的课程内容作出了铺垫。具体内容见表 3－1。

表 3－1 义务教育语文课程内容与部分普通高中语文课程内容学习任务群的对照

学段	义务教育	普通高中
语文学习任务群	语言文字积累与梳理	语言积累、梳理与探究
	实用性阅读与交流	实用性阅读与交流
		跨媒介阅读与交流
	文学阅读与创意表达	文学阅读与写作
	思辨性阅读与表达	思辨性阅读表达
	整本书阅读	整本书阅读与研讨
	跨学科学习	当代文化参与

（二）相近学习内容重复出现，螺旋式上升

《义务教育语文课程标准（2022 年版）》在课程内容部分明确提出，义务教育语文课程内容的主题与载体形式，包括这样五个方面：中华优秀传统文化、革命文化、社会主义先进文化、外国优秀文化、日常生活和科技进步。在这五个方面当中，前三个方面占 60%～70%。

以文学阅读与创意表达这一学习任务群为例，在小学的三个学段中，课程内容的主题都围绕革命文化、有着自然之美的诗歌、散文等文学作品呈螺旋式上升（具体见表 3－2）。如对于革命文化的阅读和表达，内容要求是从阅读并学习讲述到阅读并讲述，再到阅读、欣赏；学习内容从革命领袖、革命英雄、爱国志士的童年故事到革命

故事、爱国故事、历史人物故事，再到革命领袖、革命先烈创作的文学作品，以及表现他们事迹的诗歌、小说、影视作品；情感要求从表达敬仰之情和向他们学习的愿望到表达自己对美好生活的向往，以及对革命英雄、仁人志士的崇敬之情，再到感受革命领袖、革命先烈伟大的精神世界和人格力量，认识生命的价值，运用讲述、评析等方式，交流自己的情感体验。

从三个学段的第一个内容要求可以看出，文学阅读与创意表达在学段要求上内容大致相同，但根据小学生儿童语言心理发展的特点和语文课程内容的特点，在不同学段对同一个内容的难度由浅入深、由简到繁、循序渐进，不断重复且不断强化。

表 3—2　文学阅读与创意表达学习内容 ①

第一学段	第二学段	第三学段
(1) 阅读并学习讲述革命领袖、革命英雄、爱国志士的童年故事，表达敬仰之情和向他们学习的愿望。 (2) 诵读表现自然之美的短小诗文，感受大自然的美景与变化。 (3) 学习儿歌、童话，阅读图画书，体会童真童趣，感受多姿多彩的生活，初步体验文学阅读的乐趣。	(1) 阅读并讲述革命故事、爱国故事、历史人物故事，感受幸福生活来之不易，表达自己对美好生活的向往，以及对革命英雄、仁人志士的崇敬之情。 (2) 阅读描绘大自然、表现人类美好情感的诗歌、散文等文学作品，结合自己的生活体验，尝试用文学语言表达自己热爱自然、珍爱生命的情感。 (3) 阅读富有想象力和表现力的儿童文学作品，欣赏富有童趣的语言与形象，感受纯真美好的童心，学习用口头或者图文结合的方式创编儿童诗和有趣的故事，发展想象力。	(1) 阅读、欣赏革命领袖、革命先烈创作的文学作品，以及表现他们事迹的诗歌、小说、影视作品等，感受革命领袖、革命先烈伟大的精神世界和人格力量，认识生命的价值；运用讲述、评析等方式，交流自己的情感体验。 (2) 阅读表现人与自然的诗歌、散文等优秀文学作品，感受大自然的奇妙，体会人与自然和谐相处的意义；用口头或者书面的方式表达对自然的观察与体验，抒发自己的情感。 (3) 阅读表现人与社会的优秀文学作品，走进广阔的文学艺术世界，学习品味作品语言、欣赏艺术形象，复述印象深刻的故事情节，积累多样的情感体验，学习联想与想象，尝试富有创意地表达。 (4) 阅读反映少年成长的故事、小说、传记等，交流自己获得的启示；学习运用细节描写等文学表现手法，描述自己成长中的故事。

① 《义务教育语文课程标准（2022 年版）》，北京师范大学出版社 2022 年版，第 26—27 页。

第四章　小学语文课程实施与评价

第一节　课程实施

自2001年第八次课程改革以来，课程实施受到了人们的广泛关注。课程实施对于课程变革来说非常重要，因为设计得再好的课程方案和计划，如果并未得到实施或在实施的过程中走样，则无法成为学习者的“经验课程”，课程改革的成效也会大打折扣，而这种情况，在国内外的课程改革史上均出现过。因此，对课程实施的关注是落实课程计划的重要保障。

一、课程实施的涵义

课程实施（curriculum implementation）是指将某项课程计划或课程方案付诸实践的具体过程，也即教师依据课程计划组织课程活动的过程。那么何为课程计划呢？“课程计划”（curriculum planning）是指制定课程变革的理想及实现这种理想的具体方案。因此，课程实施就是将计划形态的课程转化为学生所接受的课程，从而实现课程内在的教育意义。

课程计划与课程实施之间的关系是理想与现实、预期的结果与实现结果的过程之间的关系，这种关系是极其复杂的，对这种关系的不同认识形成了课程实施的不同价值取向。

二、课程实施的取向

课程实施取向是指对课程实施过程本质的不同认识以及支配这些认识的相应的课程价值观。课程实施的取向集中表现在对课程计划与课程实施过程之关系的不同认识上。根据美国课程学者辛德尔（J. Snyder）、波林（F. Bolin）和扎姆沃特（K. Zumwalt）

的归纳，课程实施有三个基本取向，即“忠实取向”、“相互适应取向”和“课程创生取向”。①

（一）忠实取向

课程实施的忠实取向（fidelity orientation）指的是把课程实施过程看成忠实地执行课程计划的过程。这种取向的基本假设是：课程实施是否忠实地反映课程设计者的意图。因此，衡量课程实施成功与否的基本标准是课程实施过程实现预定的课程计划的程度。实现程度高，则课程实施成功；实现程度低，则课程实施失败。

忠实取向是课程实施研究最初的也是主流的取向。忠实取向认为，课程是指体现在学程、教科书、指导用书、教师的教案或课程革新方案中的有计划的内容，课程实施就是教师忠实地执行这些课程计划和方案的过程。教师之所以需要忠实地执行课程计划，是因为持忠实取向的课程学者认为，课程计划是由课程专家、学科专家、教育行政部门等组织编写的，而教师则没有较丰富和完整的课程知识，教师只能忠实地执行课程专家制订好的课程计划。

在忠实取向的视野下，教师这一角色的实质是课程专家制订好的课程计划的忠实执行者。教师就是课程的“消费者”，他应当按照专家对课程的“使用说明”，循规蹈矩地实施教学。作为课程传递者，教师对课程的成功起着关键作用。如果教师不能按照预期的计划实施教学，那么课程的目的就不能达到，教师也不能对课程进行公正评价。

课程实施的忠实取向使课程变革成为一种线性的过程：课程专家在课堂外制订课程变革计划，教师在课堂中实施课程变革计划。人们根据是否达到预先规划来评价课程。但随着课程理论与实践的发展，人们发现课程实施与其说是忠实地执行课程计划的过程，不如说是“讨价还价”的过程。因为，课程实施是一个过程，而非一个事件。当教师采用一项课程计划或方案后，总是在实施的过程中对相应的情境进行调整和改变，故产生了相互适应取向。

（二）相互适应取向

课程实施的相互适应取向（mutual adaptation orientation）指的是把课程实施过程看成是课程计划与班级或学校实践情境在课程目标、内容、方法、组织模式各方面相互调整、改变与适应的过程。

相互适应取向认为，课程不仅包括体现在学程、教科书、指导用书、教师的教案或课程革新方案中的有计划的内容，而且还包括学校和社区中由各种情境因素构成的

① 张华：《课程与教学论》，上海教育出版社2000年版，第335—336页。

谱系，这些情境因素会改变课程变革方案。课程实施绝不是教育计划或技术在课程实践中的简单“装备”，它应当包括变革方案在目标和方法上的调整，参与者在需要、兴趣和技能方面的变化，以及对组织的适应。课程实施过程中的“相互适应”现象是必然的、不可避免的，也是必要的。

如果说忠实取向视野中的教师不过是预定课程计划的被动的“消费者”的话，那么，相互适应取向视野中的教师则是主动的、积极的“消费者”。为了使课程计划适合具体实践情境的需要，教师理应对之进行改造。教师对预定课程方案积极的、理智的改造是课程实施成功的基本保证。

（三）课程创生取向

课程创生取向（curriculum enactment orientation）是课程实施研究中的新兴取向。这种取向认为，课程实施是教师与学生联合创造教育经验的过程，课程计划只是为经验创生过程提供了一种工具。

在课程创生取向视野中，课程是教师与学生联合创造的并且是教师与学生实际体验到的经验，这种课程就是典型的经验课程。这种课程是情境化的、人格化的，因此，课程实施技术化、程序化的特性被彻底消除了，课程实施再也不是就原初的课程计划“按图索骥”或稍加修改的过程，而是一个真正的创造过程。这使得“课程实施”一词在某种意义上说已经背离了其原初的涵义。

在课程创生取向视野中，教师是课程的开发者。教师连同其学生成为建构积极的教育经验的主体。教师、学生均是课程实施的主体。

（四）三种取向的比较

课程实施的忠实取向、相互适应取向、课程创生取向的差异，主要体现在其对课程、课程实施、教师观、学生观以及哲学观的认识方面。总体来看，三种取向各有其存在的价值，它们都从不同的方面揭示了课程实施的本质，也各有其局限性。具体见表 4—1。

表 4—1 课程实施的取向比较

课程实施取向	忠实取向	相互适应取向	课程创生取向
内涵	忠实地执行课程计划的过程。	课程计划与实践情境相互调整、改变与适应的过程。	教师与学生联合创造教育经验的过程。
教师观	教师是课程计划的忠实执行者，是课程的被动“消费者”。	教师是课程的主动的“消费者”。	教师是课程的开发者。
学生观	学生被孤立于课程实施之外，是被动的接受者。	学生不再是课程实施中等待加工的对象，而是与教师相互适应。	学生是课程的开发者。

（续表）

课程实施取向	忠实取向	相互适应取向	课程创生取向
课程哲学观	技术理性。	实践理性。	解放理性。
评价	具有存在的价值；将课程视为一个封闭的系统，忽视了教师和学生的主体价值，对课程设计和实际使用的认识过于简单。	将课程视为相互适应的过程，关注到教育情境的复杂性，但本身具有模糊性，具有折中主义的色彩。	主张课程是一个开放的系统，课程是教师与学生联合创造的教育经验；强调教师和学生的主体价值；但对教师的要求较高，推行的范围有限。

三、课程实施的影响因素

上文提到，课程实施是将某项课程计划或课程方案付诸实践的具体过程。但在实践中，设计好的课程方案，有的得到了实施，有的却并没有实施，甚至有的在实施中走了样，这是由于课程方案在实施的过程中会受到各种各样因素的影响。著名的教育改革专家迈克尔·富兰（Michael Fullan）于1982年归纳了影响课程实施的主要因素，包括四类15个因素。

第一类是变革的特征（characteristics of change），包括课程变革的需要和迫切性、课程变革目标与意义的清晰性、课程变革的复杂性、课程变革计划的质量与实用性。

第二类是学区的特征（characteristics of the school district），包括学区从事课程变革的历史传统、学区对课程计划的采用过程、学区对课程变革的行政支持、课程变革人员的发展水平和对变革的参与程度、课程变革的时间安排与信息渠道、学区教育委员会与社区的特征。

第三类是学校的特征（characteristics of school），包括校长的角色、教师之间的关系、教师的价值取向。

第四类是外部环境的特征（characteristics external to the local system），包括政府机构的作用、外部社会的支持。

我国学者陈侠将影响课程实施的因素分为人和物两大类，人的因素主要指学生和教师，物的因素主要指教科书和教学设备。①

综合国内外学者的研究，结合我国课程实施的现状，我们认为，影响课程实施的主要因素有以下三个方面：

（一）课程计划的特征

课程计划是课程实施的依据和蓝图，因而不可避免地对课程实施发挥着重大的影

① 陈侠：《课程论》，人民教育出版社1989年版，第266页。

响。课程计划本身的一些特征是影响课程实施的重要因素。第一，课程计划设置的合理性。如课程计划包含了哪些主要的因素，各因素间是否协调一致，课程计划有没有体现良好课程的要求，是否确实改进了已有的课程。第二，课程计划的明确性。课程计划本身如果缺乏明确性，就容易造成使用者的混淆，增加在使用上的困惑并产生挫折感，导致课程实施不完全。第三，课程计划的复杂性。若课程计划过于复杂，如在教育哲学观、教学方法、师生关系、学校组织、行政措施等方面作了大的调整，课程内容关联的范围和深度大幅度增加，则不易为使用者所理解，不容易完全吸收，或让使用者无法接受，或是造成转化上的困难和问题。第四，课程计划的实用性。在某些情况下，课程计划能不能顺利实施还取决于计划本身是否符合实际的需要和具有效用，如是否方便教师的操作、能否配合正常的教学活动、是否满足了教学实践的需求并引起师生的积极反应。①

（二）学校的特征

学校是课程计划的使用单位，成功的课程实施离不开学校对课程改革方案的管理、领导以及教师的使用。具体表现为：

第一，校长的角色。校长越是积极支持课程变革，课程实施的成效就越高。在课程实施的过程中，校长对课程变革的态度、支持与否都将在很大程度上影响课程实施的成效。一般来说，校长在课程实施中主要有三种领导风格：反应者、管理者和发起者。具有反应者领导风格的校长将教师视为专业人员，认为校长的主要作用在于维持学校的正常运作，校长是民主的，教师和其他工作人员应当有参与学校决策的机会；具有管理者领导风格的校长认为，校长的职能是以管理为核心的，其作用在于有效管理教师、学生以及学校的日常事务，忠实地实施国家或学区的课程变革计划；具有发起者领导风格的校长认为，校长应有自己的教育价值观、教育理想、教育信念，校长是在这种价值观指引下的课程变革的发动者，应具有教育创新意识，能够与教师、学生一起不断创生新的课程，对国家发动的课程变革，也应创造性地实施，为此应制定清晰、果断而长远的教育政策与目标。毋庸置疑，如果校长的领导形象能由“反应者”发展成为“发起者”，课程变革与实施的效率便会大大提高。但有研究指出，在新课程改革的实施过程中，校长同时面临着行政部门的压力、家长的忧虑与期望、教师素质的参差不齐以及外部支援匮乏等不利因素。② 因此，校长领导风格的转变并非易事，试

① 钟启泉主编：《课程与教学论》，华东师范大学出版社2008年版，第172页。

② 马延伟、马云鹏：《课程改革实施中校长角色的转变——对当前课程改革的一点思考》，《课程·教材·教法》2003年第1期。

图使校长都成为“发起者”还有很长的一段路要走。

第二，教师的特征。许多研究表明，教师在课程实施过程中起着关键作用，特别是在课堂教学层面，教师会成为课程实施的核心。对课程产生影响的其他因素，一般都要通过教师这个因素发挥作用。所以教师参与课程变革的积极性和主动性越高，课程实施的程度就越大。教师对课程实施的影响主要体现在以下几个方面：第一，教师的参与。课程实施的必要前提，是教师自觉以课程计划为依据，设计教学活动，确定教学策略。通过把课程的实施直接作为课程的一部分，教师始终参与课程计划的拟定，就可以增强这种自觉性。换言之，如果使用课程的教师参与了课程计划的设计工作，就能促进课程的实施。第二，教师的课程决策。在课程实施过程中，教师不是一个被动的执行者，而是一个主动的决策者，他们要面对许多与课程有关的问题，需要依据不同的情况随时作出相应的专业判断。这种专业判断就形成了教师在课程实施过程中的决策，其决策的正确性与准确性直接影响着课程实施的质量。第三，教师的态度。教师在教学中拥有一定的自主权，对待这种自主权，有的教师会采取开放式的态度，关注改革的进程，愿意投身于改革，乐意接受新课程、新方法，对改革怀有信念。还有的教师则采取封闭式的态度，不愿观察别人的教学，不愿被别人观察，不愿影响别人的教学，也不愿教学被影响。对课程改革缺乏关注，不愿意投入，也不易接受新的理念和方法，具有明显的惰性。对新课程的实施，往往缺少热情和动力，形成对活动开展的无力感，影响课程的有效实施。第四，教师的能力。教师的成长背景、智力水平、知识才能也存在差异，这样就会形成不同的教师在实施同一个课程计划过程中的差别。有的教师具备承担课程实施职责的能力，将课程内容有效地传达给学习者。那些能力不足的教师显然就难以承担起课程实施的责任。①

第三，教师文化。哈格里夫斯（Hargreaves，A.）将教师文化分为四类：（1）个人主义文化。教师拥有强烈的独立成功观，很少干涉其他教师，他们不喜欢变革，也不愿与同事合作，避免与他人讨论变革。（2）派别主义文化。学校分裂为许多独立的团体，教师忠诚于、归属于某一个派别。派别内部成员之间联系紧密，但派别之间教师则漠不关心甚至相互竞争，因此学校中教师很难有共享的目标，革新也难以在全校范围内进行。（3）人为合作文化。教师之间的合作是由外在行政控制的，这是由某种正规而特定的科层程序强制的、可以预测的、局限于特定时空条件的合作。合作的主要目的在于满足科层制度的要求，而不是学校实践的要求和个人的本意。（4）自然合作

① 钟启泉主编：《课程与教学论》，华东师范大学出版社2008年版，第172页。

文化。这是经过人为合作文化阶段后的更高级的合作文化。它是渗透在日常教学中的教师之间自发的、自然而然的合作。教师之间相互观摩学习、互相帮助，共同克服困难。① 由此可见，教师之间相互合作、信任和支持越理想，课程实施的程度越大。

（三）外部环境的特征

外部环境是指课程计划使用的地区和社会的总体氛围，这种外部氛围与学校的课程实施有着千丝万缕的联系。校外环境大致可分为两层：第一，学区或地区，即学校所在的行政区域。一般来说学区或地区的支持及政治的稳定性越高，课程实施的程度则越高。迈克尔·富兰通过研究指出，若学区或地区注意做好五个方面的工作，就能极大地推动课程实施工作。这五项工作是：确立目标并提供训练和跟踪计划，允许并鼓励校长负起校内实施教育创新的责任；按变革的需要，建立教师帮助制度，并不断在实施期间给予技术上的指导，包括提供良好的教材、教学资源、在职训练，如有需要，可给予个别帮助；获得家长及校董会对变革方向的支持，包括让校董会愿意为实施活动投入经费；理解实施过程需要假以时日，放宽时间限制，并且配合实施，建立一整套监管系统和信息收集系统；采取必要的措施，减轻教师的工作负担。第二，社会。从外部大环境来说，课程的实施需要社会各界的支持，如政府机构、新闻媒体、家长、社会团体等。社会各界的理解、支持以及帮助，可能成为课程实施的巨大推动力。②

一项课程变革计划能否成功地实施，取决于该课程变革本身的特征、学校的特征、外部环境的特征这三类因素间交互作用的状态与水平。课程实施取得成功的基本条件是：第一，三类因素缺一不可；第二，三类因素间交互作用的状态和水平是理想的，即三类因素的内在一致性越好，则课程实施的效果越好。

第二节 课程评价

一、课程评价的涵义与功能

课程评价是课程研究领域的重要问题。在课程的发展史上，第一次把课程评价纳

① 尹弘飚、李子建：《基础教育新课程实施的影响因素分析——重庆北碚实验区的个案调查》，《南京师大学报（社会科学版）》2004 年第 2 期。

② 钟启泉主编：《课程与教学论》，华东师范大学出版社 2008 年版，第 174 页。

入课程开发过程并使之成为课程开发的核心环节的是美国课程论专家拉尔夫·泰勒。泰勒把课程评价看成是衡量课程目标实现程度的重要依据，但随着课程评价概念的提出，关于课程评价的涵义却颇有争议。

（一）课程评价的涵义

“评价”一词，从词源上看，英语中的 evaluation 意为引出和阐发价值。在汉语中，评价关涉价值、判断等活动。因此，就本质而言，评价是一种价值判断的活动。

所谓课程评价，是根据一定的课程价值观或课程目标，运用一定的科学手段，通过系统地收集信息、资料，分析、整理，对课程方案、课程实施过程和结果等的价值或特点作出判断，从而为课程决策提供可靠信息的过程。

若对该定义作具体分析，可揭示课程评价的实质：第一，课程评价是对价值或优点的判断，不是纯技术性的工作，也不单是现象的客观叙述。第二，课程评价不只是针对个人特质，即所谓“对人不对事”，也是针对课程方案或行政措施的。第三，课程评价既包含对评价对象的量的描述，也包含对评价对象的质的描述，即定量评价与质性评价兼容并蓄，并趋向于以定性评价为主；第四，课程评价除了为评定成就、结果，也是为了作出决定。①

（二）课程评价的功能

克龙巴赫（L. J. Cronbach）曾经指出，一般而言，课程评价主要有三种功能：（1）课程改进。判定哪种教材和教法是适当的，需要在何处加以改进。（2）针对学生的决定。诊断学生的需要，以便规划适用于学生的教学；判断学生的成绩，以便对学生进行选择和分组，了解学生的进步或不足。（3）行政法规。判断良好的学校体制是什么，良好的教师有什么特征。克龙巴赫的说法基本上概括了评价的主要功能。具体来说，在理论上和实践中，评价的功能大体可以归纳为以下几项。②

1. 需要评估

在一项课程计划拟订之前，应首先了解社会或学生的需要，以作为课程开发的直接依据。这项任务可由评价来承担。此外，如教师对进修的需要、学生对某一时段和某一学科教学的需要等，都可通过评价来完成。

2. 诊断与修订课程

对正在形成中的课程计划，可以通过评价有效地找出其优缺点及成因，为修订提

① 钟启泉主编：《课程与教学论》，华东师范大学出版社 2008 年版，第 251—252 页。

② 张华：《课程与教学论》，上海教育出版社 2000 年版，第 394—395 页。

供建议。这种过程的反复可使课程达到尽可能完善的程度。评价还可以诊断学生学习的缺陷，为矫正教学提供依据。

3. 比较与选择课程

对不同的课程方案，可以通过评价比较其在目标设置、内容组织、教学实施以及实际效果等方面的优劣，从整体上判断其价值，再结合需要评估，对课程作出选择。

4. 了解目标达成程度

对一项实施过的课程计划，评价可以判定其结果，并通过与预定目标的比较对照，判断其达成目标的程度。

5. 判断成效

一项课程或教学计划在实施后究竟有哪些成效，可以通过评价进行全面衡量，作出判断。这种判断不同于上述对目标达成程度的了解，而是对效果的全面把握，包括对预定目标之外的效果的把握。

二、课程评价的类型

根据不同的分类标准可以把课程评价划分为不同的类型。

（一）根据评价的功能和进行的时间的不同，把课程评价分为形成性评价与终结性评价

形成性评价也称过程评价。形成性评价是在课程开发或课程实施尚处于发展或完善阶段时所进行的评价，它是在课程系统运作、发展过程中收集课程各个要素的相关材料，加以科学分析和判断，以此调整和改进课程方案，使正在运作中的课程更为完善的一种评价方式。

终结性评价也称总结性评价、结果评价。终结性评价是在课程开发或课程实施完成之后所施行的评价，它是一种对课程实施以后所获得的实际效果进行验证的评价方式，旨在验证课程的成功程度和推广价值。终结性评价一般只涉及课程实施的结果，不涉及课程实施的过程，是事后的评估。

形成性评价和终结性评价的划分是相对的，它们并不存在基本逻辑和方法论上的区别，只是根据评价的时间以及评价结果的用途，才能辨别一项评价是形成性的还是终结性的。

（二）根据评价主体的不同，可以将课程评价划分为内部人员评价和外部人员评价

内部人员评价又称自我评价，是课程设计者或使用者自己对课程实施状况与效果作出分析和判断的一种评价方式。内部人员评价可以使评价者及时了解课程实施的效果，从而将评价结果用于修订和完善课程方案。

外部人员评价也称他人评价，是由课程设计者或使用者以外的其他人组成评价小组，对课程实施的整体状况作出判断的一种评价方式。外部人员评价相较于内部人员评价，其评价结果更具有客观性，通常为教育主管部门有效管理课程提供决策信息。

一般情况下，一项完备的评价应该同时包含内部人员和外部人员参与。

（三）根据对目标的关注不同，可以将课程评价划分为目标本位评价和目标游离评价

目标本位评价即以课程或教学计划的预定目标为依据而进行的评价。目标本位评价通常要判断的是目标实现的程度，因此，这类评价往往针对精心描述可以辨别的目标。这种评价类型最典型的代表是泰勒的评价模式，本杰明·布鲁姆（Benjamin Bloom）的评价体系也属于这类评价。

目标游离评价要求脱离预定目标，以课程计划或活动的全部实际结果为评价对象，尽可能全面客观地展示这些结果。

目标本位评价在课程评价实践中运用广泛，它的特点是标准清晰、任务重点集中、易于把握。但同时它也有一个突出的弱点，即只强调目标，往往使得评价的范围过于狭窄，而使一些有教育意义的结果落在了评价范围之外；此外，目标本位评价只强调对目标实现程度的评价，忽视了对目标本身的评价。针对目标本位评价的这些缺陷，迈克尔·斯克瑞文（Michael Scriven）于1967年提出了目标游离评价。由于目标游离评价抛开目标对评价的约束，试图通过对课程计划的全面评价来判断该计划是否符合教育者和学生的需要，因此，目标游离评价也被看作是“需要本位的评价”。尽管目标游离评价不是一种完善的评价模式，它没有正式的定义，没有组织结构的详细说明，没有数据采集与发布的体制，没有进行的程序等，但是作为一项指导评价的思想原则，它强调评价相对于课程计划的独立性，强调对所有结果进行考察的重要性，强调对预定目标进行价值判断的必要性，这些都拓展了评价的视野，对后来评价的发展产生了重要的影响。①

三、课程评价的方法

课程评价的方法大致可分为两大类：量化评价方法和质性评价方法。②

---

① 张华：《课程与教学论》，上海教育出版社2000年版，第397页。

② 钟启泉主编：《课程与教学论》，华东师范大学出版社2008年版，第251—252页。

（一）量化评价方法

量化评价方法又称定量评价方法，是一种以数字和度量来描述、说明教育现象、课程实践进而从数量的分析与比较中推断评价对象成效的方法。量化评价方法的认识论基础是科学实证主义、实验心理学和精神测量学，偏重事实、关系和原因，强调大量的样本、控制，一般化的推论等，同时对结果或产品予以极大的重视。该方法自然具有的演绎性，使其从开始便更倾向于以理论为基础。在评价过程中，该方法常将事实与价值分离，更注重评价的标准化程序和预先设计。量表评级与测验，或者说数字、计算、统计分析是量化评价方法采取的主要手段。

课程评价是教育科学化运动的产物，也可以说课程评价从产生之日起，就是与整个教育对科学化的追求联系在一起的。以量化形式表征事物的性质被认为是科学化的特征之一，因此，量化评价范式一直占据着评价领域的主导地位。量化评价方法的长处在于：（1）量化评价的设计是预先确定的，比较概括和具体，易于控制和操作；（2）量化的结果便于数学处理，有助于提高评价的精确性；（3）量化的指标往往是客观化的指标，因而有助于提高评价的客观性；（4）量化评价有助于对评价对象作出明确的等级区分，如对学生的学业成绩。

但是，量化评价也受到了许多学者的批评，他们认为其局限性是：（1）教育情境被特定化为许多相关的指标，然后利用大量的样本和严格的控制加以研究，这是十分人工化的，不用于教室中的现实，预设的评价指标忽视了参与者和制度，使研究脱离了真实的世界。（2）量化评价多采用前测—实验—后测的程序，其基本假设为课程方案在实施过程中变化很少，或几乎没有改变。事实上，这是不可能的，课程与教学情境是动态的，而不是静态的。（3）量化评价方法窄化了评价的范围，它只关注可测量的课程与教学因素，忽略了那些不可测量的重要方面。（4）量化评价方法利用大量的样本，追求统计上的准确，却忽视了个体之间的差异和非预期的影响，这种非典型的、非预期的影响对课程改善有重大意义，但在量化评价方法之下，未得到重视。（5）量化评价方法完全依赖于由客观的工具获得的量的信息，因而容易出现忽视其他资料的情况，像那些被认为是“主观的”“印象”和“记录”等资料。但评价者若要解释评价结果，判断其重要性，并将其置于特定背景之中，这些资料是不可或缺的。

于是，在人们对量化评价进行批判和反思的同时，质性评价方法逐渐兴起，并受到重视。

（二）质性评价方法

质性评价方法是力图通过自然的调查，全面充分地提示和描述评价对象的各种特质，以彰显其中的意义，促进理解。因此，质性评价方法也被称为自然主义的评价方法，评价者需要与评价对象有直接的接触，需要在评价情境中进行观察、了解和交流。质性评价的方法是描述性的，评价资料的收集内容多以文字或图片说明，而不转化为数字，即使采用统计数据，也是为了描述现象，而不是对数据本身进行相关分析。

质性评价方法坚持整体观，要求评价者注重现象的整体性和相关性，对评价对象进行整体的、关联式的考察。任何现象都不能脱离其情境而被理解，理解涉及整体中各个部分之间的互动关系。对部分的理解必然依赖于对整体的把握，而对整体的把握又必然依赖于对部分的理解。

质性评价采取的是归纳的方法，评价者在收集和分析评价资料时走的是自下而上的路线，在原始资料的基础上建立分析类别。分析资料与收集资料同时进行。由于没有固定的预设，评价者可以识别一些事先预料不到的现象和影响因素。

总之，质性评价方法与量化评价方法有着不同的目的、逻辑、设计、功能和技巧。前者更侧重于全面反映教育现象和课程现象的真实情况，为改进教育和课程与教学实践提供真实可靠的依据。20 世纪 70 年代以后，质性评价方法开始受到人们的欢迎，并逐渐取代量化评价的主导地位。到 20 世纪 90 年代，质性评价方法已经在课程与教学研究领域奠定了牢固的基础，在质性评价的大旗下已集结了一批各有特色的评价形式，如应答评价、档案袋评定、解释性评价、教育鉴赏和教育批评、苏格拉底式研讨评定等。

我们认为，量化评级方法虽然有较多的局限性，但如果使用恰当，量化评级方法也能为揭示教育现象和教育问题提供有说服力的证据。而且，二者各有其特点，在课程评价中应把二者结合起来，按照评价目的与评价对象的不同特点，选择适当的评价方法。

第三节　小学语文课程实施与评价

一、小学语文课程实施的建议

《义务教育语文课程标准（2022 年版）》在课程实施建议中指明，教师要准确理解义务教育语文课程的基本理念，把握学生核心素养发展的基本规律，课程实施应注意从课程目标、课程内容、学科特点及教学方式四个方面创造性地开展语文教学。①

① 《义务教育语文课程标准（2022 年版）》，北京师范大学出版社 2022 年版，第 44—46 页。

（一）立足核心素养，彰显教学目标以文化人的育人导向

教师应理解核心素养的内涵，全面把握语文教学的育人价值，突出文以载道、以文化人。把立德树人作为语文教学的根本任务，清晰、明确地体现教学目标的育人立意。引导学生在学习语言文字运用的过程中，逐步树立正确的世界观、人生观、价值观，体认和传承中华优秀传统文化、革命文化、社会主义先进文化，积淀深厚的文化底蕴，增强文化自信。

教师应充分认识语文课程工具性与人文性是统一的，从培养核心素养出发，把握四个方面整体交融的特点，设定教学目标时既有所侧重，又融为一体。注意在识字与写字、阅读与鉴赏、表达与交流、梳理与探究的过程中，整体提升学生的核心素养。注意教学目标之间的关联，避免将核心素养四个方面简单地罗列出来。

（二）体现语文学习任务群特点，整体规划学习内容

教师要明确学习任务群的定位和功能，准确理解每个学习任务群的学习内容和教学提示。在此基础上，综合考虑教材内容和学生情况，设计不同类型的学习任务，依托学习任务整合学习情境、学习内容、学习方法和学习资源，安排连贯的语文实践活动。注重语文与生活的结合，注重听说读写的内在联系，追求语言、知识、技能和思想情感、文化修养等多方面、多层次发展的综合效应。

关注不同学习任务群之间的内在联系，以及同一学习任务群在不同学段的连续性和差异性；关注不同地区学校和学生的差异，合理安排学习内容，把握学习难度，组织学习活动。根据学生需求提供学习支持，引导学生在完成任务、解决问题的过程中积累语文学习经验，发展未来学习和生活所需的基本素养。注意减轻学生学习负担，避免死记硬背、机械训练；注意幼小衔接，减缓坡度，降低难度，增强学习的趣味性和吸引力。

（三）创设真实而富有意义的学习情境，凸显语文学习的实践性

学习情境的设置要符合核心素养整体提升和螺旋式发展的一般规律。语文学习情境源于生活中语言文字运用的真实需求，服务于解决现实生活的真实问题。创设情境，应建立语文学习、社会生活和学生经验之间的关联，符合学生认知水平；应整合关键的语文知识和语文能力，体现运用语文解决典型问题的过程和方法。

创设学习情境，教师应利用无时不有、无处不在的语文学习资源与实践机会，引导学生关注家庭生活、校园生活、社会生活等相关经验，增强在各种场合学语文、用语文的意识，建设开放的语文学习空间，激发学生探究问题、解决问题的兴趣和热情，引导学生在多样的日常生活场景和社会实践活动中学习语言文字运用。

（四）关注互联网时代语文生活的变化，探索语文教与学方式的变革

教师要关注互联网时代日常生活中语言文字运用的新现象和新特点，认识信息技术对学生阅读和表达交流等带来的深刻影响，把握信息技术与语文教学深度融合的趋势，充分发挥信息技术在语文教学变革中的价值和功能。

积极利用网络资源平台拓展学习空间，丰富学习资源，整合多种媒介的学习内容，提供多层面、多角度的阅读、表达和交流的机会，促进师生在语文学习中的多元互动。充分利用网络平台和信息技术工具，支持学生开展自主、合作、探究性学习，为学生的个性化、创造性学习提供条件。发挥大数据优势，分析和诊断学生学业表现，优化教学，提供及时、准确的反馈和个性化指导。积极关注教学流程、教学方法、资源支持、学习评估等新变化，探索线上线下相结合的混合式语文学习。要正确认识信息技术对阅读习惯、写字能力、深度思考等可能产生的影响，扬长避短，使用适度，避免网络沉溺。

二、小学语文课程评价的问题与改进

（一）小学语文课程评价中存在的问题

长期以来，我国的课程评价实际上是由考试来代替的。自近代教育以来，普通学校语文教育质量的评价也落在升学考试上，教学过程中的评价往往是指“小型化”的模拟升学考试。考试的形式，基本上是回忆式的纸笔测验。这种考试丢失了学习过程中的许多重要内涵，如高层次的认知能力和情意能力，以及学生完整人格的培养等。而且，这种未经合理论证的分数，却被理所当然地视作区分“优生”“差生”的唯一依据，因而导致出现“一次考试定终身”，甚至不乏“一分定终身”的不合理现象。就传统语文课程评价而言，其弊端主要表现在以下四个方面：①

1. 评价目的片面

过分强调学生的学业成绩在评价中的作用，把学生的学业成绩作为衡量学习结果的唯一指标，把考试与评价等同起来。强调评价的甄别和选拔功能。这与多年来形成的“片面追求升学率”的倾向是分不开的。在“升学”这个指挥棒营造的氛围下，自然会出现这种以考试代替评价的倾向。并且这种观念会在人们的头脑中根深蒂固地存在，人们往往会自觉不自觉地用这样一种方式来看待评价，并选择与之相适应的方法来进行评价。

---

① 倪文锦主编：《新编语文课程与教学论》，华东师范大学出版社 2006 年版，第 267—268 页。

2. 评价范围狭窄

把评价的范围局限于基础知识和基本技能，也就是强调知识和技能取向。语文学习是一个长期积累的过程，不可能一蹴而就。同时，语文学习的效果与学习方法也直接相关，所以我们评价学生的语文学习不能像以往那样，只看学习的结果而不关注学习的过程和方法，而要把学生语文学习的“过程和方法”作为评价的一个重要方面加以考虑，以尽可能反映学生语文学习的真实面貌。

3. 评价手段单一

过多地强调定量化的评价手段，而忽视定性的研究，认为只有定量化研究、量化的数据才是科学的，才能得出客观可信的结论。在课程评价上运用量化的方法固然重要，但并不是只有量化的方法才可以反映课程的实质。事实恰恰相反，如果过分地强调量化方法，而排斥其他方法，甚至把定性的方法说成是简单化、不科学的方法，势必会造成评价者选择的方式越来越少，而所能得到评价的内容也就越来越少，最终使评价走进“死胡同”。

4. 评价主体局限

传统语文课程评价中，只有教师是评价主体。作为学习主体的学生，他们只能充当被评价的对象，而无法参与评价过程。例如在以往的考试评价中，只有教师进行试题设计、阅卷评分和试卷分析，致使评价过程变成只有教师参与的单向评价活动。这样就使评价的结果带有很大的局限性。而任何一种非全面的、客观的评价结果，都会对学生的学习产生负面的影响。这种状况严重违背了以主体性培养为特征的现代教育思想，也不符合世界课程评价发展的大趋势。

（二）课程标准中的课程评价基本原则

《义务教育语文课程标准（2022年版）》在课程评价建议中提出，语文课程评价包括过程性评价和终结性评价。过程性评价贯串语文学习全过程，终结性评价包括学业水平考试和过程性评价的综合结果。① 通过课程评价促进学生的语文学习，改进教师的教学，从而全面落实语文课程目标。

第一，评价的目的要有利于促进学生学习，改进教师教学，全面落实语文课程目标。课程评价不能仅为了考查课程目标的实现程度，更是为了改进师生的教与学，改善课程设计，从而有效地促进学生的发展。

第二，评价的内容应准确反映学生的语文学习水平和学习状况，注重考查学生的

① 《义务教育语文课程标准（2022年版）》，北京师范大学出版社2022年版，第46页。

语言文字运用能力、思维过程、审美情趣和价值立场，关注学生的学习过程和学习进步情况。拓宽评价的范围，倡导学科融合。把学生参与社会实践、志愿服务和跨学科主题活动的表现纳入评价范畴，着重考查学生在真实情境中表现出的情感态度和语言能力。注重校内外评价的结合，关注学生在家庭生活和社会生活中的语言发展情况。

第三，评价的主体应多元。教师应为不同年级学生和不同学习内容选择恰当的评价方式，采用有针对性的评价工具。要充分尊重学生的主体地位，关注学生在兴趣、能力和学习基础等方面的个体差异，引导学生开展自我评价和相互评价。鼓励学校管理人员、班主任、家长参与过程性评价，通过多主体、多角度的评价反馈，帮助学生处理好语文学习和个人成长的关系，让学生发掘自身潜能，学会自我反思和自我管理。

第四，评价应综合运用多种评价方法，增强评价的科学性、整体性。可通过课堂观察、对话交流、小组分享、学习反思等方式，收集和整理学生语文学习的过程性表现，如学生日常写字、读书、习作、讨论、汇报展示、朗读背诵、课本剧表演等方面的材料，记录学生核心素养发展的典型表现；了解学生的学习态度和个性特点，考查其内在学习品质的发展；鼓励有条件的地区和学校采取信息技术手段丰富评价资料搜集和分析的途径；应重视增值评价，关注学生个体的进步幅度，避免过度评价、无序评价对日常学习造成干扰，避免用评价结果的简单比较衡量学生的学业表现；注意一年级适应期学生的特点，科学确定评价起点。

第五章　小学语文教材中的汉字文化分析

第一节　汉字文化概述

一、汉字文化的内涵

文字是文化的产物，是文化的组成部分。而汉字作为记录汉语的载体，亦是中华文化的载体。汉字与中华文化之间存在着密切的关系，二者本就水乳交融，难分难舍。汉字字形的取象深深植根于中国文化的广袤土地，汉字字义的范围包罗社会文化的方方面面。一个个小小的方块字将几千年前的景象多维重现，投射出中华文明的倒影。而汉字文化，简单来说就是汉字的音、形、义中所包括的中华文化内涵。根据王立军的观点，“汉字文化”可以从宏观和微观两个角度分析：“宏观的汉字文化是指汉字的起源、演变、构形等基本规律所体现的文化内涵；微观的汉字文化是指汉字自身所携带的、通过构意体现出来的各种文化信息。宏观的汉字文化是建立在微观的汉字文化基础之上的。”① 汉字文化与小学语文识字教学的密切关系，《义务教育语文课程标准（2022 年版）》指出：语言文字既是文化的载体，又是文化的重要组成部分，学习语言文字的过程也是学生文化积淀与发展的过程。② 在小学语文识字教学中渗透一些汉字文化的教学，有助于促进小学生的语文素养的提高；有助于培养学生热爱祖国语言文字的感情；有助于中华文化的传承延续。

二、汉字文化的表现

（一）汉字的起源

汉字是用来记录汉语的符号体系。由此得出，汉字的产生是要在语言之后的。而

① 王立军：《有关汉字文化研究的几个基本理论问题》，《陕西师范大学学报（哲学社会科学版）》2002 年第 5 期。
② 《义务教育语文课程标准（2022 年版）》，北京师范大学出版社 2022 年版，第 5 页。

汉字是如何起源的？有这样几种说法：八卦起源说、结绳记事说、契刻记事说、仓颉造字说、图画记事说等。八卦是上古巫人用作占卜吉凶的一种特殊符号，传说是远古时期一位名字叫伏羲的神奇人物画出来的。汉字中的确有个别文字采用了原始八卦符号作为构字偏旁，但绝不能因此认为汉字起源于八卦，因为八卦与汉字是两种性质完全不同的符号系统。之后又出现了结绳记事说，结绳记事是一种比较简单的记事方法，通过在绳子上打大小不同的结来记事，大事就打一个大结，小事就打一个小结。在我国一些少数民族也有结绳记事的风俗，表明汉字在产生之前确实存在结绳记事这一事实。但是结绳记事有其局限性，结绳记事打出的绳结，不是人人都能看得懂的记号，因而它是不具备文字性质的。后来发展出了比较先进的契刻记事，也就是在竹片或者木片、骨片上刻画一些线条或者符号来记事和记数，从而传递信息。这种方法也有缺点，如果不是记事的双方事先约定好，凭空来想象这些刻画的线条和符号具体是什么意思是比较困难的。另外，史书中还记载了仓颉造字说。《荀子·解蔽篇》："故好书（古代把文字叫作'书'）者众矣，而仓颉独传者，一也。"《吕氏春秋·君守》："奚仲作车，仓颉作书，后稷作稼，皋陶作刑，昆吾作陶，夏鲧作城，此六人者，所作当矣。"《韩非子·五蠹》："仓颉之作书也，自环者谓之私，背私谓之公。"《淮南子·本经训》："昔者仓颉作书，而天雨粟，鬼夜哭。"《说文解字·叙》："黄帝之史仓颉，见鸟兽蹄迒之迹，知分理之可相别异也，初造书契。"从这些典籍的记述可以看出，他们都把汉字产生与仓颉联系在一起，但汉字绝不是仓颉一人一时一地独造，他只是整理文字的一个代表人物。正如郭沫若在《古代文字之辩证的发展》一文中说："任何民族的文字，都和语言一样，是劳动人民在劳动生活中，从无到有，从少到多，从多头尝试到约定俗成，所逐步孕育、选炼、发展出来的。它绝不是一人一时的产物。它随着社会的发展而发展，有着长远的历程。"① 所以后来人们又创造了在石头、墙壁上刻画图形、图画的方法来记事和表达思想，这就是图画记事说。"图画是文字的唯一源泉，余者皆非。"② 著名的文字学家唐兰在《中国文字学》中也曾说道："文字的产生，本是很自然的，几万年前旧石器时代的人类，已经有很好的绘画，这些画大抵是动物和人像，这是文字的前驱。"③

（二）汉字的演变

汉字形体的演变过程十分漫长，从几千年的发展过程来看，汉字形体的演变经历

---

① 郭沫若：《古代文字之辩证的发展》，《考古》1972年第3期。

② 梁东汉：《汉字的结构及其流变》，上海教育出版社1959年版，第26—33页。

③ 唐兰：《中国文字学》，上海古籍出版社1979年版，第20页。

了甲骨文—金文—篆书—隶书—楷书这样一个轨迹。

从殷商周朝时期出现的甲骨文和金文来看，当时的文字带有很强的图画性，甲骨文多是拿刀刻在龟甲兽骨上，因此笔画线条以直线为主，弯曲的笔画较少。金文是刻铸在青铜器上的文字，它的形体结构和甲骨文十分接近，只是笔画比甲骨文更为圆润丰满。篆书分为大篆和小篆，大篆是周宣王时期所造，形体与金文类似，笔画较为繁多。而小篆是由大篆简化而来，产生于秦，又叫秦篆，笔画上较之前的大篆来说简化了不少，形体上也开始改变之前图画的特性，开始有线条感，结构上相对平整，字形呈现方正之感，基本上打下了汉字“方块字”的基础。秦代除了使用小篆，同样也使用隶书。在当时，比较重要的官方文件才用篆书书写，但是字体变成方形舒展的字体，曲线化为直线，提高了书写的速度，所以隶书很快就替代了篆书的位置。由篆书演变到隶书这一过程被称为“隶变”，而“隶书”这个叫法始于汉代，也盛行于汉代，所以隶书也被称为“汉隶”。隶书对之前汉字的改变是空前的，它把古汉字从象形文字变为纯线条的方块汉字，增强了汉字的符号性，因而“隶变”也就成为古今汉字的分水岭。再说楷书，楷书产生于汉末，成熟于魏、晋、南北朝，完善于唐，由隶书演变而来。楷书横平竖直，形体端正四方，已经再看不见之前隶书的波磔之感。楷书形成了自己完整的笔画系统并沿用至今，成为标准字体。顺着汉字形体演变的脉络，我们可以发现每一种新的字体的出现，都是对前一种字体的化简，总体趋势就是“由繁至简”，不断改进着前一种字形烦琐、难记忆的特质。另外一点，在这个过程中，汉字由产生之初的象形字为主，逐步发展出指事字、会意字，再到以形声字为主，汉字原本的图画性在逐渐削弱，而符号性与日俱增。面对这样的改变，我们发现，单从现在简化了的字形去看，我们是很难看出汉字原本的意思的，很多字符也失去了它们象形的意义。当我们想进一步去了解这个汉字所表达的深层含义时，我们就需要对这个汉字溯源，还原它最开始的形态。

（三）汉字的构字规律

中华民族历经几千年的发展，汉字依旧被人们传承使用，从最初为数不多的常用字到现在近十万字的庞大体系，充分体现了先民们的造字的智慧。然而如此数量繁多的汉字是如何被创造出来的呢？先秦和汉代的学者通过对古文字的结构分析，总结出古人造字的几种方法，即称为“六书”。“六书”是指象形、指事、会意、形声、转注和假借六种造字方法。“六书”一词最早见于战国时代的《周礼·地官·保氏》，但只是有所提及并没有加以解释。东汉时期，许慎《说文解字·叙》中详细地阐释了六书的含义：“周礼八岁入小学，保氏教国子先以六书。一曰指事。指事者，视而可识，察而见意，上下是也。二曰象形。象形者，画成其物，随体诘诎，日月是也。三曰形声。

形声者，以事为名，取譬相成，江河是也。四曰会意。会意者，比类合谊，以见指㧑，武信是也。五曰转注，建类一首，同意相受，考老是也。六曰假借。假借者，本无其字，依声托事，令长是也。”实际上“六书”中真正的造字方法只有象形、指事、会意、形声四种，转注和假借实际上只是用字的方法。

象形字，就是依照实物的外貌特征，用线条、笔画把它的外形轮廓勾画出来，文字像实物的形状，以形表义，比较容易辨认和区别。例如：（人），（口）（门），（山）。指事字，是在象形字上添加抽象的标记符号进行造字。因此，指事字需要依靠符号进行“指点”，增加了表意的标志，指事字一般表达的是抽象的概念或者是当已有的文字形象或符号不足以表达抽象概念时，就在这成文的形象上，加些点画以引出概念。例如：“刃”字，在表示刀的刃口处加上一点，这里加的一点就是指事符号，指出这里是刀刃，构成新的汉字“刃”。会意字，即根据汉字的意义关系，把两个或两个以上的字组合起来，表示一个新的、通常是带有抽象意义的文字。运用这样的方法创造出的汉字就是会意字，例如：“日”和“月”组在一起创造出一个光明的“明”字，“鸟”和“口”合在一起组成一个鸟鸣叫的“鸣”字。形声字，是由形旁和声旁共同组合成文字的造字方法。“形”即形旁，表示汉字的意义；“声”即声旁，表示汉字的发音。形声字便是由形旁和声旁两部分组成的，常见的形声字组合方式即：左形右声、上形下声、内形外声、左声右形、上声下形、内声外形六种。形声字占汉字总数的80%以上，在汉字的造字法中形声是被使用最多的方法。同一声旁加上不同形旁或者同一形旁加上不同声旁，都能组成多个汉字，例如：“方”作声旁，加不同形旁组成新字“防、仿、坊、坊、房、放”等；“木”作为形旁配不同声旁时，组成新字“机、枫、柏、枪”等。

（四）汉字本身的形义音带有明显的文化性

有学者曾谈道，我们几乎可以通过每个汉字的音形义来解读一部中国文化史。汉字是汉民族文化的活化石，透过汉字的字音字义字形，我们不仅可以窥探中华民族祖先的社会生活与民风习俗，还可以感受古人的道德规范和思维方式。

远古时期，生产力低下，人要想存活下来，首先就要解决温饱问题。祖先们开始以采摘野果饱腹，后来学会了打猎。我们可以通过“畜”字的形体来窥视远古时代的狩猎生活。“畜”金文“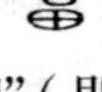”：上面的“”和我们日常生活中的绳子相似，即用绳子猎杀野兽；下面的“”（即“田”字）表示饲养野兽的空地。通过这个字，我们可以体会到先民逐渐意识到当捕猎到的动物吃不完时，可以圈养一些猎物，以备在饥饿的时候可以随时宰杀的生活方式。汉字的形体结构蕴含古代的精神文明，古人造字时，

把自己的道德规范也融入了构字之中。如“忠”字，从心，中声，许慎曾对其解释为“忠，敬也”。封建社会的统治者推崇“一臣不事二主”的忠君思想，在古代君王是国家的象征，忠君就是爱国的表现，或许“忠君爱国”一词就是由此而来。“忠”还包含对人忠诚的意思，“吾尝三省吾身：为人谋而不忠乎？与朋友交而不信乎？传不习乎？”曾子把“为人谋而忠”作为每天反省的第一件事，可见对人忠诚是多么重要。又如：“孝”字，从金文字形“”看，“孝”字上半部分，代表着年老力衰的老人；下半部分“子”，代表后辈子女；“老”在上，“子”在下，会合其字即意味着：做子女的，顺承父母，敬重和扶助长者，那就是孝。从行动上来看，“子”背着“老”，即表示父母等长辈年老体衰行动不便时，后辈子女需背着代步，其中充满着子女感恩、报恩、关怀之情。再如“信”字，“信”是古人非常崇尚的重要礼仪准则之一，“信”字从人从言，指说话算数。《说文解字》解释说，“信，诚也”。意思是说话要有信用。如《论语·子路》中所说：“言必信，行必果。”即说话要有信用，行动一定要有结果。

汉字的读音携带独特的文化信息，值得一提的是谐音汉字。汉语中同音字较多，读音相同而字形、字义不同。谐音就是利用汉语字词的音同或音近的语音条件，在一定的语音情景中，有意地使话语发出“言外之意，弦外之音”的特殊表达技巧。例如“鱼”与“余”谐音，远古时期的先民最初靠采摘植物的果实来果腹，后来慢慢学会了捕鱼，于是鱼就成了先民乃至现今人们餐桌上的美味佳肴。鱼又是一道具有独特意义的美味佳肴，逢年过节或款待亲戚朋友时，鱼在餐桌上必不可少，但一般情况下人们不能吃光餐桌上的鱼，因为在人们的观念里，餐桌上有鱼，象征生活有富余，所以餐桌上的鱼不能全部吃光，必须有所剩余。人们以这种饮食习惯，来寄托自己追求富足的物质生活条件的愿望。除此以外，“鱼”还映射出先民们对于子孙后代生生不息、繁衍不绝的祈求与期盼。还有“柳”与“留”谐音，有“挽留”“留下”之义，“折柳送别”由此而来，因此“柳”成为古代文人墨客抒发离别时依依不舍之情的信物。我们常见的“丝”字，在诗词中常有“思”义。古诗经常运用的“莲”“藕”“琴”等字，使之具“怜”“偶”“情”之义。[1]

三、汉字文化的价值

（一）激发学习兴趣，提高识字质量

目前小学识字教学中教师仍然注重于生字字音、结构、笔画的讲解，忽视了汉字

① 李燕：《语言文化十五讲》，南开大学出版社 2015 年版，第 123—124 页。

本身的文化内涵，小学生学习汉字更多的也是机械地死记硬背，学生大部分只是记住了汉字读音和笔画，却不理解字的意义，在运用中更是容易混淆、写错，导致学习效果不佳、学习兴趣低下，甚至很少有学生能够积极主动地去识字。因此必须摆脱这种困境，提高学生学习兴趣，激发学生学习汉字动机，使其快速学会汉字并能够掌握学习汉字的方法和技能。把汉字的文化因素融入汉字教学内容中，渗透汉字中的文化因素，使学生依据汉字的构字规律，以“六书”理论为指导进行汉字学习，① 让学生在听故事、看图画、动手写，亲自画中学习生字词，激发学生对学习汉字的兴趣，提高识字质量。例如：在教“休”字时，教师可以告诉学生，因为古代劳动人民在劳动之后，往往喜欢在树木下休息，即“人”在“木”下，所以“亻”加“木”组成“休”字。那么，当这个字出现在学生面前时，它就不会是抽象的笔画符号，而是一幅生动形象的图画，学生可以想象出古代人民劳作后，在树荫下休憩的场景。又如：“发誓”的“誓”，一些小学生常常将上面的“折”写成“拆”，如果教师在教这个生字时，从字形方面分析一下它的文化内涵，就可让学生很轻松地区分开来：“誓”字本义是告诫约束战士的言辞，将士接受后，往往要表态，引申为立誓、发誓。即言如箭折断，折断后则不能复原，而自己已出口之言则绝不能反复。这样分析后，学生就不容易再把“誓”字写错了。且学生从老师的讲解中也会受到诚实守信，言行一致的道德教育。再如：咳嗽的“嗽”字为什么是口字旁，许多学生弄不明白，所以常常把“咳嗽”写成“咳漱”。小学语文识字教学中，教师可以向学生展示人在咳嗽时的画面，即人咳嗽时往往是先把气憋住“束”起，然后张开“口”，向外猛然喷出气息痰液，且“欠”的甲骨文“”的形态正与一个人呼气的样子相似。这样的讲解能让学生记忆犹新。所以古人造“嗽”字时用了口字旁。对汉字溯源、拆分解读可以挖掘与汉字相关的丰富的故事，故事识记有助于对汉字的认识、储存和再现。

教师这样分析讲解字形的结构，有助于学生辨认汉字，巩固汉字的基础。学生的汉字基础牢固后，写错、用错别字的机会就自然减少了。

（二）丰富教学内容，促进知识拓展与迁移

汉字作为一种表意文字，不同于表音文字，因此汉字教学不能只是机械地将每个字进行笔画和部件的拆解、分析。所谓汉字教学，是教师教学生学习、认识汉字，进行知识拓展与迁移。传统的教学中，认为汉字只是由点横竖撇捺等笔画及各种偏旁部首、构字部件组合而成的，汉字仅是传递信息、辅助人们交流的工具。汉字教学只注

① 林睿：《浸·润：构筑汉字文化浸润的语文课堂》，海峡文艺出版社 2019 年版，第 58—59 页。

重字的音、义、形，教学过程基本是教师示范读音和书写，学生反复操练、理解运用、强化记忆，这种汉字教学的方式方法基本从小学低年级一直延续到高年级。教师对学生的教导总是一味地注重每个字的读音，强调字的规范书写，这个字不要多一点，那个字不能少一撇，然而汉字本身所蕴含的丰厚的文化信息却被忽视了。按照这样的方式进行汉字教学，教学内容非常单一、僵化，教师对汉字的讲解也只是就字教字，导致学生学习效果也不理想。

通过挖掘汉字文化，我们对汉字的认识更加全面，我们可以意识到汉字其实不仅是记载中华民族语言的符号，还会在记载中华民族祖先物质财富和精神财富的同时向我们展示出其独特的魅力和优势，汉字更是一种传达中华民族审美意识和人文思想的工具。因此，我们对汉字的认识不应该只是局限于文字本身，更要从文化角度认识汉字，透过汉字了解文化。将汉字文化渗透到识字教学中。那么在识字教学中对汉字的讲解就不会只是单调地分析笔画、部首，规范读写，汉字教学的内容也将得到极大地丰富。在识字教学时恰当地向学生阐述汉字字形中蕴藏的民间习俗、大众审美、思想观念、礼制、制度等方面的文化，使学生认识到汉字中蕴含的无穷的中华民族文化魅力，激发学生探索欲望，提高学生学习汉字的兴趣。另一方面从文化的视角来解释汉字，从汉字的视角介绍文化，可以将识字教学与道德教育、文化教育、审美教育等目标进行多元整合，由此拓展学生的视野，增加了教学的深度。

根据汉字构字规律进行识字教学，可以培养及提高学生的识字能力和思维能力。比如，在汉字教学中通过学习汉字本身隐含的文化意义，引导学生掌握与之相关的一系列汉字，这种教学方法可以提高教学效率。如在讲解“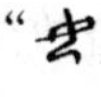（女）”字时，甲骨文中的字，像一个人的跪姿，即双膝着地而臀部压在脚后跟上。这样的动作很明显是古人居家的姿势，所以在“女”字字形中可以看出古人造这个字的时候体现出了妇女操持家务、服务家庭，同时也反映出古时候妇女在社会上的地位。其他在汉字中带有“女”字部件的“妻、妾、妄、妓、妖、奴、奸、嫉、妒”等一系列字，都能体现出当时社会文化深层中对女性的态度、看法。再如：“页”字，作为象形字，字形像人的头部，所以由“页”组成的汉字大多数与人的头部有关，类似字有“须、颈，额、项、颌、颊”等。在小学语文识字教学的课堂上，如果教师在讲解汉字时把汉字文化渗透到教学中，恰当地对字形进行溯源，正确讲解偏旁部首的文化含义，引导学生发现规律，就抓住了汉字的“有意味的形式”，从而达到“学一个，识一串”的效果。

（三）增强人文素养，传承优秀文化

“汉语言文字记载着中华数千年的古老文化，它不是无生命的僵硬的符号，而是蕴含着中华民族独特性格的精灵。”[①]汉字随着几千年的历史发展，虽然在字形上有所改变，但它本身蕴含的文化始终未变。透过每个汉字的字形，挖掘汉字背后的文化依然可以感受到远古人民的生活面貌，体会到古人对所存在的事物的认识和当时的社会体制。每一个汉字都凝结着中华民族的精神、情感特质。探寻汉字演变历程，会使我们惊奇地发现许多充满魅力的文化信息。比如哲学、政治、经济、军事、历史、文学、科技等方面的重大成果。汉字记载着我们民族的文化，文化蕴含于汉字之中，汉字与文化是密不可分的。

汉字的出现造就了古代辉煌的文明，有学者曾论述：“中华民族几千年的文明都浓缩于汉语汉字之中，汉字以其独特的形式，记载和传承着中华文化。每一个汉字几乎就是一个实物的摹写，一幅生活的缩影。同时汉字也是民族整体意识的密码。”[②]汉字与文化这种互相融合、互不分离的关系就要求汉字教学有别于其他语言文字的教学。不能简单地教给学生读音、笔画、部首，一定要将背后涉及的文化因素展现给学生。学生在学习中不仅可以了解到中华民族悠久的历史，同时还会感受到古人的聪明的才智。

把汉字的文化因素融入到汉字教学内容中去，渗透汉字中的文化因素，使学生在学习汉字的过程中可以依据汉字的构字规律，以“六书”理论为指导进行汉字学习，这样不仅可以开阔学生的视野，更能够增强培养学生的人文素养。例如“突”字教学：会意字，从“穴”从“犬”，是古人看到猎犬突然从洞穴中跑出的动作而创造出来的字；会意字“默”也是从“犬”，是源于猎犬见到猎物不出声的场景而出现的汉字。这些字都是古代畜牧生活的写照。我国源于农耕文明，农业技术在早期就达到了较高的水平。因此，许多汉字都有农耕文明的缩影。如“禾”（）的古体字形像是一棵结满了果实的成熟稻苗；“香”字上半部分“禾”表示小麦成熟后散发出馨香，下半部分“日”表示盛麦子的器皿；“稻”（）的左半部分有“禾”也是说明与庄稼有关系，右半部分的“舀”既表示声音，又表示手（爫）拿着杵在石臼里舂米。教学中对“稻”字的讲解便可充分拓展并探寻远古时期农耕文化，给学生呈现一幅生动形象的耕种和丰收的图画，使学生在学习中领悟汉字字理与奥妙。再如，“取”字教学，从“耳”，从“又”。左半部分是指耳朵，右半部分是指手（），两个字合起来是指用手中的利器将人耳割下。这个字源于古代战争中，将士杀死敌人后，便会割取敌人的左

① 于漪：《于漪全集 4 · 语文教育卷》，上海教育出版社 2018 年版，第 11 页。

② 刘一达：《门脸儿》，中国工人出版社 2002 年版，第 138 页。

耳，以此计数报军功。因此，从这个字中又可以引申出一段战争史，让学生了解有关古代战争的文化。

从学习和分析汉字中我们或多或少地都能够挖掘到隐含在汉字形体中的深层意味，体会古人造字时的构想和创意，重现古时候的社会生活画面。学生可以在学习过程中潜移默化地受到文化的熏陶，不断地探寻中华文化的博大精深，久而久之，他们的文化内涵、人文素养便会得到很大的提升，并且由衷地产生对民族的自豪感和爱国热情，将优秀的文化传承下去。

第二节 小学语文教材中汉字文化编排情况分析

一、小学第一学段语文教材中汉字文化编排情况分析①

小学第一学段语文教材中汉字文化主要体现在汉字造字法上，尤其是形声字的构字规律。除了集中识字单元，语文园地中的“识字加油站”和“我的发现”栏目有较多编排汉字文化内容（表5—1）。

表5—1 小学第一学段语文教材中汉字文化编排情况

教材	篇目	呈现主题
一年级上册	《日月水火》 《日月明》 语文园地五“我的发现”、语文园地七“我的发现”	象形字 会意字 形声字
一年级下册	《小青蛙》、《动物儿歌》、语文园地五“识字加油站”“我的发现”、语文园地八“我的发现”	形声字
二年级上册	《树之歌》、《拍手歌》、语文园地五“识字加油站”、语文园地六“我的发现”	形声字
二年级下册	《“贝”的故事》、语文园地三“我的发现”、语文园地五“识字加油站”、语文园地八“识字加油站”“我的发现”	形声字

从表5—1可以看出，统编版小学第一学段语文教材中共编排18篇与汉字文化有关课文，其中一、二年级上册均有四篇，下册均有五篇。从分布情况来看，集中分布

① 杜芳芳：《小学低学段语文教材中汉字文化编排情况及教学策略》，《汉字文化》2021年第1期。

在识字课和语文园地中；从呈现主题来看，包含象形字、会意字和形声字三种构字方法，其中形声字篇目最多。

一年级上册第一个单元就是识字单元，有《天地人》《金木水火土》《口耳目》《日月水火》《对韵歌》五篇充满传统文化气息的识字课。其中《日月水火》以图文结合方式展示“日、月、水、火、山、石、田、禾”这八个象形字，课后练习“猜一猜，连一连”，列举“兔、鸟、竹、羊、木、网”六个象形字并配六幅图，让小学生进一步感受象形字以形表义的特点。第四个单元识字6的《日月明》是一首儿歌，“日月明，田力男；小大尖，小土尘……”通过朗朗上口的短句说明“明、男、尖、尘”四个字的构成，揭示会意字的构字特点；后两句是五字句式，进一步阐述“众、林”的构字含义，说明团结就是力量的道理；课后练习列举“泪、休、歪”三个会意字，让学生分析字的结构来猜字的意思，进一步引导学生理解会意字的构字特点。语文园地五中“我的发现”栏目列举草字头、木字旁的字，语文园地七中“我的发现”栏目列举日字旁和女字旁的字，都展示了形声字的构字规律。

一年级下册识字课《小青蛙》，文中的“睛、清、情、请、晴”虽然都有“青”字，但加上不同的偏旁就组成意义不同、读音不同的汉字；《动物儿歌》中的“蜻蜓”“蝴蝶”“蚯蚓”“蚂蚁”等都有“虫”字旁，表示与昆虫有关。这两篇课文均显示形声字声旁表音、形旁表义的构字特点。语文园地五中“识字加油站”列举“饱”“泡”“跑”“抱”“袍”“炮”六个字、“我的发现”展示口字旁的字；语文园地八中“我的发现”展示反犬旁、鸟字旁和虫字旁的字，均凸显形声字的构字规律。

二年级上册识字课《树之歌》是一首介绍树木特征的归类识字儿歌，从形状、颜色、习性等方面分别描写杨树、枫树、木棉等11种树木，说明木字旁表示与树木有关，揭示形声字的构字特点；《拍手歌》是一首节奏欢快、充满童趣的儿歌，以儿童熟悉的拍手游戏为活动方式，描写孔雀、雄鹰、老虎等八种动物的生活场景，说明鸟字旁和隹字旁的字与鸟类有关。语文园地五中“识字加油站”栏目和语文园地六中“我的发现”栏目，都介绍形声字的构字规律。

二年级下册识字课《“贝”的故事》，以图片展示“贝”字的演变过程，说明其大多与钱财有关，课后练习放置“铜镜”和“珠宝”图片，可以引导学生看图猜测“镜”和“珠”的偏旁与什么有关，进一步深化形声字形旁表义的构字特点；语文园地三中“我的发现”栏目列举火字旁和四点底、心字底和竖心旁、立刀旁和刀字旁所组成的字，反映形声字的构字特点。

二、小学第二学段语文教材中汉字文化编排情况分析

教材中汉字文化主要体现在汉字造字法上，尤其是形声字的构字规律。小学第二学段语文教材中并未安排集中识字单元，但在语文园地中的“识字加油站”和“词句段运用”栏目编排了较多与汉字文化有关的内容，具体如表5−2所示：

表5−2 小学第二学段语文教材中汉字文化编排情况

教材	篇目	呈现主题
三年级上册	语文园地三“识字加油站”“词句段运用”、语文园地六“识字加油站”、语文园地八“识字加油站”	形声字
三年级下册	语文园地一“识字加油站”、语文园地八“识字加油站”	形声字
四年级上册	语文园地二“识字加油站”	形声字
四年级下册	语文园地四“识字加油站”	形声字

从上表可以看出，统编版小学第二学段语文教材中共编排八篇与汉字文化有关的学习内容，其中三年级上册四篇，三年级下册两篇，四年级上下册均为一篇。篇目集中分布于语文园地中的“识字加油站”板块，并且均呈现形声字。

三年级上册语文园地三中“识字加油站”，让学生一组一组读生字，发现每组的第二个字都是第一个字形声字的声旁，每组的前后两个字读音相近，从而发现形声字的构字规律；在“词句段运用”第一题中呈现三组，共21个带口字旁的字，可以引导学生一边读一边做动作去体会字义，从而发现每组字的字义特点：第一组“咬”“叼”“嚼”等七个字与吃的动作有关；第二组“哗”“嗡”“呜”等七个字与叫唤的动作有关；第三组“叫”“喊”“吼”等七个字与声音有关。语文园地六中“识字加油站”呈现“蝌”“蚪”“蛾”“鲤”“鲫”“鲨”六个字和“蝌蚪”“蝴蝶”“螃蟹”“鲤鱼”“鲫鱼”“鲨鱼”六幅图片，学生结合图片发现这些字与“虫”和“鱼”有关，都是形声字，均凸显声旁表音、形旁表义的构字规律。语文园地八中“识字加油站”编排了与“目”字有关的字，进一步巩固形声字构字规律。

三年级下册语文园地一中“识字加油站”编排了三组同偏旁的字，引导学生借助提手旁、绞丝旁、贝字底的意义学习生字，加深对形声字构字规律的认识。语文园地八中“识字加油站”列举“咳”“嗽”“呕”“吐”“唠”“叨”“嘀”七个口字旁的生字和“谚”“谣”“诫”“辩”四个言字旁的生字。让学生做动作体会“咳嗽”“呕吐”“唠叨”“嘀咕”几个词都与嘴巴有关，所以是口字旁；引导学生结合生活经验理解词语意

思，体会“谚语”“谣言”“告诫”“辩论”都与语言相关，所以是言字旁，进一步深化形声字声旁表音、形旁表义的构字特点。

四年级上册语文园地二中“识字加油站”分为两部分。第一部分由六组读音相同的形近字组成，每组汉字的左边为熟字，右边为生字，对于这部分生字的学习，可以引导学生根据偏旁猜测汉字的意思；第二部分由“账、贺”“樟、杠”“狡、猾”三组汉字组成，每一组的两个生字偏旁相同，读音和字义不同，利用形声字的特点认识生字。

四年级下册语文园地四中“识字加油站”设置声旁相同、形旁不同的形声字，共编排了六组词语。让学生了解每一组字都是形声字，偏旁不同，读音相近，偏旁与每个字的意思相关联，并且括号里的词语能帮助理解这个字的意思。如：肝（肝脏），月字旁的字很多和身体部位有关，肝脏正是身体的一个部分；秆（麦秆），禾木旁与农作物有关，麦秆正是农作物小麦的茎，反映形声字的构字特点。

三、小学第三学段语文教材中汉字文化编排情况分析

汉字文化，除了体现在汉字构造法上，也体现在与汉字相辅相成、息息相关的汉字形体演变上。相较于小学第一、第二学段语文教材，汉字文化在第三学段语文教材中编排的内容较少。具体如表 5—3 所示：

表 5—3　小学第三学段语文教材中汉字文化编排情况

教材	篇目	呈现主题
五年级上册	语文园地八：书写提示	楷书
五年级下册	第三单元：综合性学习《汉字真有趣》、综合性学习《我爱你，汉字》、语文园地八：颜真卿《颜勤礼碑》局部	象形字、形声字、甲骨文、小篆、隶书、楷书
六年级上册	口语交际七：王羲之《兰亭集序》(局部)、语文园地八：柳公权《玄秘塔碑》(局部)	楷书
六年级下册	语文园地五：赵孟頫《三门记》(局部)	楷书

从上表可看出，统编版小学第三学段教材中共编排了七篇与汉字文化有关的学习内容，包括汉字构造法和汉字形体演变两大板块。其中，五、六年级上下四本教材都设置了汉字形体演变的内容，共五篇书法作品；五年级下册第三单元的综合性学习活动详细介绍了有关汉字文化内容，旨在让学生通过综合性学习感受汉字的神奇与有趣。从分布情况上看，集中分布于语文园地和综合性学习板块；从呈现主题上看，包含象形字和形声字两种构字方法以及五篇关于汉字形体演变的书法作品。

五年级上册语文园地八中“书写提示”选取了初唐著名的书法家欧阳询的碑帖《九成宫醴泉铭》局部文字，欧阳询的楷书笔法刚劲有力，书写的起、承、转、合之间结构十分考究，通过对欧阳询的楷书艺术风格和表现形态的欣赏，感受汉字和书法的魅力，可以进一步激发学生对欧楷书法的兴趣。

五年级下册第三单元是综合性学习单元，第一个综合性活动《汉字真有趣》中《有趣的形声字》通过典型例子，介绍了形声字的两种构字方式。第一种是在象形字的基础上增加声符。比如，“星”最早使用三个相同的形体来表示，后增加声符“生”强化字音，造出了新的形声字；“凤”最早的字形与其他表示鸟的字近似，后增加声符“凡”，成为新的形声字。第二种是在象形字的基础上增加形符。比如：“蜀”字最早是“蚕”的象形，后增加形符“虫”，成为新的形声字；“祭”字最早的字形描绘古代的血祭，后增加形符“示”，形成了新的形声字。这一部分介绍了形声字的一些来源，阐述了形声字的文化内涵，让学生充分感受汉字悠久的历史和丰富的趣味，传承灿烂的中国汉字文化。第二个综合性活动《我爱你，汉字》中第一部分《汉字字体的演变》，通过表格呈现了“日”“月”“车”“马”四个字在甲骨文、金文、小篆、隶书、楷书等字体中的样貌，直观展现了汉字字体的演变过程；而后简要介绍了五种典型字体的产生时间、字形特点和发展过程，讲述汉字演变的基本知识。第二部分《甲骨文的发展》讲述了甲骨文被发现的大致情形，呈现“秉”“北”“并”“册”四个字的实物和甲骨文的对照图示，形象地反映了甲骨文的构字特点。第三部分《书法欣赏》展示了三幅书法作品，内容均为《千字文》开篇部分的节选，由三位书法家用不同的字体书写。它们分别为南朝书法家智永书写的楷书作品，唐代书法家怀素书写的草书作品，明代书法家文征明书写的行草作品，通过对比可以直观感受到多种字体的风格和艺术特点，充分感受汉字书法的历史文化。语文园地八中“书写提示”简要介绍了著名书法家颜真卿及颜体楷书的基本特点，并展示了其楷书代表作《颜勤礼碑》(局部)，学生可以由此感受颜体书法的魅力。

六年级上册口语交际七中“聊聊书法”呈现王羲之的书法作品《兰亭集序》(局部)。《兰亭集序》是我国东晋时期大书法家王羲之的杰作，被誉为“天下第一行书”，作品中的字飘逸遒劲、婀娜多姿，学生可以进一步感受书法的魅力。语文园地八中“书法提示”展示了柳公权《玄秘塔碑》两张局部图片，并配以对应现代通用规范汉字。图片上方，介绍了柳公权及“柳体”的特点，学生通过图文比较，了解柳公权楷书的特点，提高书法文化的欣赏能力。

六年级下册语文园地五中“书法提示”编排了元代著名书法家赵孟頫的代表作之

—《三门记》，引导学生从字形结构、笔意风格等方面进行赏析，了解赵孟頫楷书作品的特点，提升审美情趣，接受书法文化的熏陶。

第三节　小学语文教学中汉字文化渗透的原则与方法

一、小学语文教学中汉字文化渗透的原则①

（一）追根溯源原则

作为世界上最古老的文字之一，每个汉字有属于自己的图像与故事。传统的汉字学习总是强调笔画与笔顺，却忽略了汉字的图像美与意境美。如果我们能够引导学生从汉字的起源去认识、欣赏汉字，那么学习的过程将会是一种审美熏陶。比如：在学习“看”字时，教师先把“看”的甲骨文“”展示给学生，再引导学生观察这个字上半部分像什么，下半部分像什么。通过观察、讨论，学生发现这个字上半部分极像一个人的“手”，而下半部分明显就是一个人的眼睛。有的学生还会有疑问：“为什么要把手遮在眼睛上方呢？”教师再次引导：“在阳光下看向远方时，你会怎么做呢？”这时，学生恍然大悟：“人们在阳光下，为了看得更清楚，往往会用手遮额而望。”简单的一个过程，学生就非常容易地记住了这个字的音、形、义。更重要的是，学生由此感受到了古人造字的智慧，并进一步由此窥见了中华文明的奥秘。

（二）思想性原则

我们的语文教学不仅仅是知识的传授与学习，更主要的是在学习过程中通过中华优秀传统文化的熏陶与感染，提高学生的思想道德修养和审美情趣。而汉字在这方面恰恰有着得天独厚的优势。

1. 以汉字造字法为切入点，对学生进行思想文化渗透

在教学“孝”字时，教师通过展示“孝”的甲骨文、金文图片，让学生认识到“孝”字很像一个儿子背着老人，在此基础上，通过“卧冰求鲤”“负米养亲”“芦衣顺母”等故事，让学生真正懂得“孝”是“尊敬和顺从父母，尽心奉养”以及“百善孝为先”的道理。

① 张燕：《小学低段识字教学中渗透汉字文化的原则》，《语文教学通讯·D刊（学术刊）》2021年第10期。

2. 根据形近字之间蕴含的文化哲理进行思想文化渗透

教师在组织学生学习汉字时，如果只是孤立地去讲解这个汉字，那么教学效果是很有限的，尤其是思想渗透是很难的。但是，如果我们把某些汉字和其他汉字结合起来教学，就会有不一样的效果。比如：在学生学习“若”“苦”“各”“名”等字时，由于字形相近，学生总是容易混淆。针对这种情况，教师首先让学生仔细观察“若”与“苦”及“各”与“名”在字形上的区别。学生通过细心观察与热烈讨论，得出“若”字草字头下面是一横加一撇，而“苦”字草字头下面是一横加一竖；“各”与“名”区别是“各”字的捺画出头了，而“名”字是一点，没有出头。教师顺势出示了一副对联“若不撇开终是苦，各自捺住即成名”。通过简单讲解，学生懂了“若”字的撇笔，如果不撇出去，就是“苦”字，“各”字的捺笔，只有收得住，才是“名”字；一撇一捺即“人”字。在讨论环节，教师可以再次把思考引向深入：“这几个字对我们小学生学习和做人有什么启发呢？”通过讨论，学生懂得了只有撇开学习和生活中的不良诱惑和欲望，坚守住自己的信念和目标才能不断进步，成为对国家和社会有用的人的道理。

3. 从汉字的构成含义入手，渗透汉字文化

许多汉字的构成本身就极具哲理性和思想性，我们如果深入挖掘其蕴含的哲理并渗透给学生，文化的种子就会在他们心中生根发芽。比如在学习“赢”这个字时，由于笔画很多，结构复杂，学生很难记住这个字。在这种情况下，教师组织学生观察“赢”字的构造，看它是由哪些学过的汉字组成的。学生在观察中很容易就把“赢”拆解成“亡”“口”“月”“贝”“凡”。教师因势利导，告诉学生这些汉字在“赢”中的含义：“亡”代表着危机；“口”代表着沟通能力；“月”字代表着时间，日积月累，厚积薄发；“贝”代表着资本和资源；“凡”字代表着平常心。也就是说，要想赢得一件事，就要先有危机意识、沟通能力，再加上时间的积累、资本操作和一颗平常心，才可以成功。

（三）趣味性原则

低年段学生的心理特点和学情特点决定了汉字的文化渗透必须坚持趣味性原则，采用那些符合儿童心理特点、学生喜闻乐见的识字方式，否则渗透效果就会大打折扣。为此，我们可以用拆字法、谜语法、咏唱法、汉字故事、编歌诀、表演法等，使识字教学更有乐趣，使文化的渗透更加便利。比如，在学习“拜”字时，我们可以先组织学生观察“拜”字在不同时期的书写方法，然后再展示古代不同职业、不同地位的人行拜礼时的图片，让学生充分感知中华民族谦恭知礼的品德修养，然后再找学生在全班同学面前表演各种君子拜礼。通过表演，学生不但会牢牢记住并理解“拜”字，还

会懂得如何去“拜”。这样便在活动中获得了礼仪教育与熏陶。

（四）生活化原则

语文学习应与学生的生活紧密联系。小学低段识字也是如此，教师只有把识字过程中的文化渗透进生活，才能真正激发学生的道德情感与认知。比如，在学习《小蝌蚪找妈妈》时，教师先到河边找到一些青蛙的卵，带回班级与学生一起饲养观察。随着时间的推移，青蛙的卵慢慢变成了小蝌蚪，又变成了小青蛙。在这个过程中，教师会要求学生用学过的字记录变化过程。最后，教师和学生到小河边将青蛙放生，并讲解青蛙对于人类的益处。在这一活动中，学生津津有味地参与了养殖、观察、记录。整个过程就是一项体验生命传奇的教育，一种生态自然保护意识的熏陶，只不过这个过程是在实际生活中完成的。

（五）实践性原则

道德情感与道德认知形成后，只有通过不断的道德实践，才能形成稳固的道德意识和道德行为。小学生在识字过程中所受到的文化浸染，只有通过广泛的实践活动，才能让中华优秀文化在学生心中生根发芽。比如，学了“孝”，就要适时地组织实施孝顺父母的实践活动，让学生体验到父母的“爱”和孝顺父母带给自己的快乐。学了“礼”，组织一些有关“礼仪”的实践活动，就可以从中培养学生知礼、守礼的良好习惯。

二、小学语文教学中汉字文化渗透的方法

（一）研读教材，制定目标

“统编本”全称“教育部编义务教育语文教科书”。2016 年，“统编本”开始在几个省市试用，到 2019 年就覆盖了义务教育阶段的所有年级。根据统编语文教材的编排，在第一学段的识字教学中，除改变以往先学拼音后学汉字的惯例外，还在识字教学中增加了许多与汉字文化相关的板块，因此，教师应该认真研读教材，详细制定将汉字文化融入识字教学的目标。例如，一年级上册《日月水火》利用象形字识字，《日月明》利用会意字识字；一年级下册《小青蛙》《猜字谜》《动物儿歌》《操场上》，以及二年级上册《树之歌》利用形声字识字，引导学生在识字的同时，发现汉字象形、会意和形声的构字规律，体会其音、形、义之间的有机联系，感受汉字的魅力。另外，教材还通过“识字加油站”“我的发现”等栏目，不断强化汉字的构字规律，让学生对汉字的认识从感性提升到理性，形成对汉字构字规律的系统认识。

（二）分析字理，感形知义

汉字有其内在的构字规律，是音、形、义的统一体。在识字教学中，我们可以通过加强字理分析，以加强学生对汉字意义及文化的理解，同时指导学生运用所学的汉字知识和规律，触类旁通，学习新的知识，提高自主识字的能力。目前正在使用中的统编版小学语文教材，在识字部分的设计中无不体现出字理识字的特点。例如，识字顺口溜："日月明，田力男。小大尖，小土尘。二人从，三人众。双木林，三木森。"还有形声字转盘识字、象形字构成的意象图等。这样的设计都较好地体现了遵循汉字造形原理进行识字教学的特点。

从构字规律来讲，汉字分为独体字和合体字，独体字是指象形字和指事字，合体字主要是指会意字和形声字。两者之间联系密切，合体字大多由独体字添加一部分的偏旁部首组成。根据汉字的认知规律和学生的接受心理，在教学中，可先教构字频率高的独体字，后学合体字。教好象形字对学习指事字，特别是合体的会意字和形声字是十分重要的，将有效地提高识字教学的效率，较好地发展学生的自主识字能力。

1. "溯源—对照，教好独体字[①]

（1）象形字教学——图文对照，由形见义

许慎《说文解字》云："象形者，画成其物，随体诘诎。"象形字是通过描摹事物的整个外形或显著特征创制出来的，见其形便可知其义。象形字的教学，可以借用多媒体将该字的演变过程即按照甲骨文、金文、大篆、小篆、隶书、楷书这样的顺序呈现出来，让学生通过古今形体的对照，更好地识记、理解象形字。值得注意的是，考虑到小学生的年龄特点，老师在教学过程中不必过多地讲解文字学知识，只让学生大体了解汉字演变的过程，在头脑中有一个形象的印象便可。

（2）指事字教学——明确符号，察而见意

指事字是一种抽象的造字法，也就是当没有、或不方便用具体形象画出来时，就用一种抽象的符号来表示。《说文解字》云："指事者，视而可识，察而见意，上下是也。"指事字有两类：一类是纯符号性的，例如：一、二、三、四、上、下等，这类指事字很少；另一类是在象形字的基础上加指事符号构成的，如"甘"在口内加一点，表示口中含有甘美的食物。在指事字的教学中，应重点讲清指示性符号所表示的含义。比如"本"字：在"木"的下部加"一"为指事符号，指出树木伸下土壤的部分，即树根。本的引申义指事物的基础或主体部分。在执教该字时，可以一并学习"末"字。

① 崔增亮：《汉字学与小学识字教学》，人民教育出版社 2015 年版，第 272—278 页。

“末”字是在象形字“木”的基础上，将指事符号一小点或一横加于其上而成。“末”本义是树梢，引申义为不重要的、次要的事物。如成语“舍本逐末”和“本末倒置”，其引申义正好相反。

2.“分解—组合”教好合体字

合体字主要指会意字和形声字。它们都是由基本字组成的，所以教学时可以通过先分解其组合的部件（基本字），了解各自的基本含义，然后整体理解组合后的含义。

（1）会意字教学——巧用分解组合法

会意字整体的意义是各个构件意义的总合。在教学时可以按照“从整体到部分再到整体”的原则来展开，即：先让学生初步感知字的形义音，然后分别理解各个构件的意思，最后将几个构件组合起来，让学生整体理解。如：明：由一个日和一个月组成，意思是明亮。莫：甲骨文“莫”字的写法是：“”，上下都是草，中间是个太阳，意思是太阳已落入草丛之中，意为天色已晚。是“草”和“日”两个象形字的会意字。隶变以后简化为“莫”。“莫”的本义是日落的时候。后又引申出“不”、“不要”、“没有谁”、“没有哪一种东西”，以及表示揣测或反问等词义，如：一筹莫展、莫不、莫不是、莫非、莫若等词。

（2）形声字教学——形符得义，声符得音

汉字80%以上是形声字，小学生接触最多的就是形声字。学生只要掌握常用的偏旁和构字能力强的独体字，就可以掌握大量的与之相关的生字。在教学形声字时，应重点引导学生发现形声字的构字规律，即形旁表义、声旁表音的特点，培养触类旁通的自主识字能力。对于同部首的字可以引导学生对字义进行分析，让学生认识到部首的表义类属性。如统编版二年级下册要求认识的字中有不少部首为“火”，如“炒、烤、烧”等。在教学中，就可以进行归类识记，引导学生发现，部首为“火”的字都与火有关。对于有相同部件的字，则可以采用加、减偏旁和换偏旁的形式，以了解字义为突破口，进行比较识记，比如“青”，加“氵”为“清”，指“纯净”；加“讠”为“请”，指“希望对方做某事”；加“忄”为“情”，指“感情”；加“日”为“晴”，指“晴天”；加“目”为“睛”，指“眼睛”。这样的比较会让学生在字义、字形、字音方面产生联系，不仅知其然，而且知其所以然。

（三）巧用汉字文化故事

汉字是世界上最优秀、最具活力的文字之一，它从不同角度沉淀了相应时代的文化信息。每一个汉字都用它生动的构形，向人们讲述着一个个动听而有趣的故事。由于汉字超越时空的广泛使用和不断发展，其中文化意义和信息的蕴含和积淀具有了巨大的空间。如甲骨文和金文的“王”字，除了记录“王”的词汇意义之外，还以其像斧头之形的构形特点告诉人们，古代统治者是靠武力统治天下的。后来“王”字演变成三横一竖的形体，为此人们认为三横代表天、地、人，其中一竖表示通天、地、人之道，其意思是能通天、地、人者才能为“王”，因而“王”在发展过程中又被赋予新的文化意义。另外有些汉字在使用过程中还产生了许多有趣的故事，尽管与字的本义可能有比较大的差别，但因其有趣和历史意义同样可以成为汉字教学的文化资源。

值得注意的是，所选择的故事或意义应符合学生的心理规律和兴趣点。如“川”字的教学。借用多媒体出示“川”字的古文字形“”，学生很容易便能记住该字，并理解“川”就是指河流。还可以进一步引导学生发现，从字形上看，“川”字横躺下来就是“三”字。伺机补充关于这两个字的趣味小故事：传说从前有个教书先生，他其他的字都不会，只认得一个“川”字。一次，一个学生拿着书本向他请教。这位先生只想从书中找一个“川”字教给学生。他在书上翻来翻去，怎么也没有找到“川”字，顿时急得满头大汗。焦急间，他忽然看到一个“三”字，便指着那个“三”字说：“我到处找你找不着，原来你躺在这里！”又如“瓜”字。“瓜”字最早见于金文。作“”，看上去像是藤上长着瓜的形象。瓜的本意就是长在藤蔓上的许多果实。由于累累瓜果结在绵长的藤蔓上，古人常用以比喻世代绵长，象征子孙繁盛。人们吃瓜时，常用刀顺着瓜纹切开吃，因此用“瓜分”比喻分割或分配。“瓜分”后又指若干强国联合起来分割弱小或经济不发达国家的土地。人们为何将愚蠢的人称为“傻瓜”呢？据顾颉刚先生说，“傻瓜”一词来自古代的“瓜子族”。春秋时期生活在瓜州（今甘肃敦煌一带）的姜姓人被称作“瓜子族”。“瓜子族”的人十分勤劳，受人雇用时总是一刻不停地干活儿。可有些人将他们这种老实的品性看成是“傻”，就叫他们“傻瓜子族”，简称“傻瓜”。但在教学时，要加以引导，告知学生“傻瓜”是一个贬义词，不能随便使用。

此外，利用汉字丰富的文化内容而编制的字谜深得学生喜爱，在识字教学中可以加以利用。如，在执教“用”时，就可以用宋代王安石制作的字谜：“一月又一月，两月共半边；上有可耕之田，下有长流之川；一家有六口，两口不团圆。”还有一则与字谜相关的小故事，讲的是一群秀才猜字谜的事，颇有意思。考虑到小学生的年龄特点，老师可以稍作变化为教学所用。古代一群秀才，一日读书之余，在一起聊天，张秀才提议猜字谜。他说：“听者有，看者无；跳者有，走者无；高者有，矮者无。”王秀才马上猜中，说你的谜底是：“右边有，左边无；后面有，前面无；凉天有，热天无。”刘秀才这时明白了，高声喊：“对！哭者有，笑者无；骂者有，打者无；活者有，死者无。”此时，老师可问学生能否猜到。然后揭晓谜底，谜底为“口”字。

除利用古人制作的字谜外，还可以教学生活学活用制作字谜。字谜的制作有很多方法，主要是增损离合法，即增加、减少、分离和组合文字的偏旁部首和笔画，使之相扣合。增加和组合法比较常用。增加的如：“高爷爷的头，李爷爷的脚，郑爷爷的耳朵，你猜猜组成的是什么姓？”谜底是“郭”字。组合的如：“一点一横长，一甩去南洋，南洋两棵树，长在石头上。”谜底是“磨”。

（四）拓宽汉字文化学习的渠道

识字教学不仅要根据汉字的特点，引导学生在课堂上去体味汉字蕴含的文化内容，还应拓宽汉字文化学习的渠道，引导学生在生活中识字，结合现实生活加深对汉字文化的理解。

1. 创设良好的校园文化氛围，使学生受到潜移默化的熏陶

校园是学生学习的乐园，也是学生学习的隐性环境。学生在校园中的所见所闻必定会对其造成潜移默化的影响。学校应该创设良好的文化氛围，使学生在不知不觉中识字，领略到汉字的无穷魅力。

2. 组织丰富多彩的活动

（1）识字乐园

在每个班级教室外墙设立“识字乐园”。学生将课外认识的生字亲手制作成规格统一的生字卡片，卡片中用汉语拼音注音、写明生字并组词，然后统一粘贴到“识字乐园”中，每月更新一次生字卡片。课间同学们可以共同分享别人的学习成果。这样既提高了学生的普遍参与度，又激起了他们生活中识字的兴趣。

（2）识字温度计[①]

“识字温度计”是一个展示识字成果的舞台。在每个教室的墙上都挂着一幅画有一百个格子的表示“温度计”的图，一个格子表示一度。在课内外识字学习的过程中，只要达到一定的识字量，就可以用自己最喜欢的颜色让“温度计”在原有的基础上“升高一度”。每天老师会指派几名在识字活动中表现好的学生让“识字温度计”升温。很快，这个“温度计”的格子就会涂满各种漂亮的颜色。就这样，学生的识字热情被彻底点燃了。为了能在“识字温度计”升温中贡献自己的力量，很多学生不但会在课上集中精力去识字，还养成了在课下主动识字的习惯。每个班里的“识字温度”都会居高不下，学生的识字量迅速增加。

---

① 陈金铭：《小学语文教师一定要知道的180个妙招》，福建教育出版社2013年版，第64—65页。

（3）精心策划“汉字认读大赛”

为了激发学生的识字兴趣，营造良好的识字氛围，检验学生的识字效果，教师可以精心组织策划“汉字识字大赛”，比如每两周举行一次班级初赛，将各班“识字乐园”中的生字作为班级初赛的试题。每次班级初赛选出“班级识字大王”。通过三轮班级初赛的选拔，选出选手参加班级复赛。班级复赛选出选手参加“校级认读大赛”，争夺“校级识字大王”称号。

3. 指导书写，体会汉字形体美

鲁迅曾说过汉字具有三美：“意美以感心，一也；音美以感耳，二也；形美以感目，三也。”而书法艺术将汉字的美无时无刻不表现得淋漓尽致，通过书写汉字可以影响人的品格修养，提高人的文化素养和审美情趣。与以往的小学语文教学大纲相比较，2022 版新课标更加重视写字教学。如，在第一学段提出“初步感受汉字的形体美”“养成正确的写字姿势和良好的写字习惯”“书写规范、端正、整洁”，第二学段要求“用毛笔临摹正楷字帖”，第三学段要求“在书法中体会汉字的美”。因此，教师应重视写字指导，对于结构复杂、难写的字进行重点指导，使学生在书写中受到汉字美的熏陶，养成良好的写字习惯，提高文化素养。

第四节　小学语文教学中汉字文化渗透的教学设计

案例 5—1

统编教材小学语文一年级下册《古对今》第一课时教学设计

【案例作者】

云南省昆明市盘龙区方茹小学语文名师工作室　唐荟

【教材分析】

《古对今》是统编教材一年级下册识字 6 的内容，课文以对对子的形式，将传统文化与现代生活巧妙地融合在一起，既能体现汉字文化的博大精深，又能贴近学生的实际生活，易于激发学生的学习兴趣。

课文内容涵盖自然景观、动植物以及天文气象等方面，语言简洁明了，对仗工整，读起来朗朗上口，便于学生朗读和记忆。

通过本课的学习，学生可以认识更多的生字，并初步感受对仗修辞的魅力。

在教学过程中，教师应注重激发学生的学习兴趣，引导他们通过朗读、背诵、讨论等多种方式深入理解课文内容，感受汉字文化的博大精深，夯实识字基础。

【教学目标】

一、认读生字“严、酷、暑、凉、朝、夕”。书写“古、夕”，重点指导“夕”字的写法。

二、认读词语“严寒、酷暑、朝霞、夕阳、和风细雨”，联系实际并借助图片理解这些词。

三、朗读、背诵第一～二节，感受课文展现的自然之美、和谐之美。

【教学过程】

一、联系旧知，理解课题

（一）勾连旧知，回顾对子特点

1. 课件出示一年级上册课文《对韵歌》，师生合作读。

2. 回顾对子的特点：字数相同；同类事物相对。

（二）揭示课题，学写“古”字

1. 出示“古”的汉字演变，组词。

2. 教师范写“古”字，学生书空，交流需要注意的地方。学生练写，教师相机点评。

3. 说一说哪些事物“古”“今”是有区别的，明确“古对今”是一组时间相对的对子，齐读课题。

【设计意图】首先，通过出示已学过的《对韵歌》并引导学生合作朗读，可以迅速唤起学生对对子这一知识点的记忆，激发兴趣。紧接着回顾对子的特点，可以巩固学生对对子概念的理解，为后续学习新的对子内容做好准备。通过这一环节，学生不仅能够加深对旧知的印象，还能为学习新课内容提供有力的支撑。

二、读通课文，相机正音

（一）初读课文

1. 教师范读，学生听读。

2. 要求学生自由读课文，向学生出示初读要求。

（1）借助拼音读准字音，读通句子。

（2）难读的地方多读几遍。

（3）同桌合作读。不会读或是读不通顺的地方同桌互相帮忙。

（二）多种形式读通课文

1. 先请学生给课文标出小节，提示共有三个小节。

2. 请三名学生各读一个小节，根据朗读情况及时正音。重点提示："今""晨"是前鼻音，"酷暑""朝霞""莺歌"的读音。

3. 多种形式朗读。如分小组读，男女生赛读，师生合作读。

【设计意图】朗读是最好的语文教学法之一。本环节以读代讲，为低段的学生创设了丰富的朗读情境，在一次次的朗读中，深化了学生对韵文朗朗上口特点的理解。

三、分节学习，识记生字

（一）学习第一小节

1. 圆对方。

（1）联系生活：生活中你见过有什么东西是圆的？什么东西是方的？预设：圆桌、圆球、圆盘是圆的。方格、方块、方框是方的。

（2）方和圆是一组形状相对的对子，这两个字组合起来也是一个词语，齐读"方圆"。

【设计意图】通过引导学生联系生活，回忆并列举出生活中常见的圆形和方形物品，可以帮助学生建立起对圆和方这两种形状的直观感知。有助于激发学生的学习兴趣和积极性，还能培养他们的观察能力和思维能力。

2. 严寒对酷暑，春暖对秋凉。

（1）教师提问：这一句里藏着我们一年中的四个季节，你能按季节顺序找一找吗？预设：春暖、酷暑、秋凉、严寒。

（2）这四个词语分别带给你什么样的感觉？

（3）字源识字。出示"寒"的金文和篆书，请学生说一说看起来像什么。教师小结："寒"的古体字像一个人光脚踩在冰上。他在周围放了一些稻草取暖，但依然非常冷，这就是"寒"。"严"指程度很深，所以"严寒"指的是非常冷。

（4）联系生活，识记"酷暑"。先出示"暑"字，请学生回忆，夏天的时候我们会很热，因为天空中烈日炎炎。"暑"的最上面就有一个大太阳，表示炎热。

"酷"也可以表示程度极深，所以非常热就叫"酷暑"。适当拓展：所以很热也可以说是“酷热”，很寒冷可以说是“酷寒”，非常喜爱可以说是“酷爱”。

（5）春天万物复苏，天气开始变得暖和，所以我们说“春暖”。而秋天退去了炎热，但是又没有冬天这么寒冷，秋风吹在我们身上让我们感觉到很凉爽，所以说“秋凉”。

（6）教师提问：既然这四个词都是和季节有关的，我们可以更换这些词的顺序吗？学生自由回答。教师总结：不可以更换，将差别较大的季节相对，各个季节的特点更明确。

3. 尝试背诵。

（1）出示图片和文本，学生拍手读。

（2）隐去文本，只出示图片，学生尝试背诵。

【设计意图】通过多种教学活动，引导学生深入理解并记忆对子中的季节词语，同时培养他们的观察、理解和表达能力。通过展示“寒”字的金文和篆书，让学生直观感受“寒”字的含义和起源，加深对“严寒”这一词语的理解。同时，通过联系生活实际，识记“酷暑”一词，让学生理解“暑”和“酷”的含义，并拓展相关词汇，如“酷热”“酷寒”“酷爱”等，从而丰富学生的词汇量。通过提问和讨论的方式，让学生理解对子中词语顺序的重要性，即按照季节特点相对，使对子的特点更加明确。最后，通过从文本到图片的过渡，降低背诵的难度。

（二）学习第二小节

1. 看来对子是有规律的，我们自己试着来对一对。出示第二节中相关的对子图片（早晨、晚上、下雪、霜降、微风、小雨、朝霞、夕阳），请学生上台根据图片组成对子。

【设计意图】借助直观、生动的画面来引导学生寻找对子，旨在通过视觉的方式阐述对子的内涵。当学生能将所有的图片都精准匹配时，说明他们已经深刻理解了这一节对子的含义，对其内涵有了清晰的认识。

2. 请对对子的学生说一说这么对的原因，教师相机点拨。

（1）晨对暮：借助黑板上的图片，引导学生理解，“晨”中的“日”在最上方，代表一天中太阳升起的时候。“暮”中的“日”在字的最下方，代表太阳已经落下了。

（2）雪对霜：这两个字有什么共同点？都有雨字头，都和天气现象有关。借助图片区分下雪和霜降。

（3）和风对细雨：借助图片，看一看，细雨是什么样的雨呢？是小雨，毛毛雨。同一个对子里的事物会有相同之处，请你猜一猜和风是什么样的风？也就是温和的风。

（4）朝霞对夕阳："朝"字里也藏着一个"日"，但这个日字没有升到最顶端，也还没有落下，而是在中间，并且"朝"的右边还有一个"月"字。所以"朝"指的就是太阳初升，月亮还依然挂在天空中，天刚亮的时候。字源识"夕"字，出示"夕"的金文，引导学生发现"夕"的金文和月亮的形状非常相似，"夕"指的是"月亮刚出现的傍晚"。

【设计意图】在这个环节中，通过借助"日"字部件在不同位置的变化，来识记汉字的字形并理解其字义。这样，原本静止的方块字仿佛被赋予了生命，具象为一幅幅图画，运用多种方式帮助孩子扎实完成识字目标。

3. 这节课我们找出了对子，请同桌合作读，男女生对读，读出韵律。

4. 借助板贴图片，尝试背诵。

四、写字教学，练写展评

（一）教师范写"夕"字，提示：中间的点要写在横中线和竖中线的交叉点上。学生书空。

（二）学生练写，教师相机点评。将优秀作品进行展评，指出共性问题并在上方用红笔直接进行修改。

【设计意图】教师范写并提示重点，旨在通过精细化的指导帮助学生观察字形结构，理解字的构成规律，形成正确的写字姿势和书写习惯。展评并修改能够直观地让学生看到自己的优点和不足，进一步提升写字能力。

案例 5—2

统编语文教材一年级上册语文园地七"识字加油站"教学设计

【案例作者】

方茹名师工作室　陈奕蓉

【教材解读】

“识字加油站”是统编小学语文教材中的认识、学习生字的新模块。一年级上册语文园地七“识字加油站”中表示家人称谓的有10个词语，其中5个是要求会认的字。在这里，教师要引导学生结合生活经验，说一说家中有哪些成员，并且怎么称呼他们，感受汉字的温度与亲情的温暖，创设幸福的家庭氛围，帮助学生树立“生活处处有语文，语文处处有生活”的学习理念。

【教学目标】

一、学生能够流利朗读词语，介绍清楚自己的家人有哪些，并在介绍过程中学习5个生字。

二、通过多读多听强调轻声，指导学生读好轻音。

三、让学生自主观察生字，发现规律，如：“妈妈、姐姐、奶奶、妹妹”都有女字旁，可以用偏旁归类的识字方法识记。

【教学重难点】

读好轻声，读准轻声，让学生能够熟练掌握轻声的读法；能够流利表达家中成员的称谓。

【教学过程】

一、我的家人我来说

（一）和同学们说一说我的家人

教师：同学们，我们的祖国是由56个民族组成的大家庭，这个大家庭其乐融融，充满欢声笑语。而这个大家庭是由许许多多的小家庭共同组成的，同学们的家庭也是这个大家庭里的一员。今天，老师想认识一下同学们的家庭成员，谁能来给大家介绍一下呢？

课件出现一张全家福图片。

预设：

学生：我的家人有我的爸爸妈妈和我。

学生：我的家人有我的爸爸妈妈、我的姐姐和我。

学生：我的家人有我的爸爸妈妈、我的爷爷奶奶，还有我弟弟，我们两个是龙凤胎。

教师：听了大家的介绍，老师都能感受到同学们的家庭很幸福、很和谐。在同学们介绍的家人中，藏着我们今天要学习的5个生字。

课件出示：哥、姐、弟、叔、爷（带拼音）

1. 学生自由读，根据拼音读准字音。

2. 随机点学生读。

学生借助拼音，大声拼读生字。

教师去掉拼音，继续随机点学生读。

（二）激趣，摘苹果

课件出现10个生字样式的苹果动画。

教师：大家把生字读得真准确，字正腔圆，现在老师将家人的称谓做成了拼音苹果，你们有信心成功摘到苹果吗?

利用开火车的方式读准字音。

教师：读得好听、正确。现在请同学们认真观察这些词语的读音，你发现了什么？没有发现的同学多读几遍，说不定你也会发现其中的奥秘。

预设：

学生：每个词的第二字都读轻声

【设计意图】让学生自主探寻汉字的奇妙之处，发现每个词的最后一个字读轻声，推动课堂继续进行。

二、我当小老师，读好轻声词

（一）我是“火眼金睛”

课件出示带拼音的词语：哥哥、姐姐、弟弟、爸爸、妈妈、伯伯、爷爷、奶奶。

教师：我们班的同学都是“小小孙悟空”，观察得真仔细。是的，每个词语的第二个字都是读轻声，那谁来做小老师带着大家读一读呢？先自己准备一分钟，读好字音的同时也要读好轻声。

教师：准备好的同学请举手，带读的小老师要声音洪亮，读对了全班跟读，读错了其他同学举手示意老师。

预设：

1. 全部读得很标准。

2. 有几个词读得不标准，重新选择学生进行领读。

教师：在小老师们的带领下，大家学会读轻声了吗？现在自由朗读，读好轻声。

教师：在叠词中，一般把最后一个字读成轻声，大家自由读一读再练一练。

（二）轻声帮我来识记

1. 教师：现在我们要评选“读轻声小能手”，谁来试一试？

2. 点名让学生来读，读完后让学生们评价，向轻声读得好的同学竖起大拇指表示肯定与支持，然后教师进行点评。

预设：

教师：他读得很流利并且有节奏，把轻声读得也很到位，前一个字读得响亮干脆，后一个字读得轻而短。

教师：他声音洪亮，自信大方，但是在轻声的发音上还需要继续加油，轻声读得太重，应该读得轻而短。

难度升级，去除拼音读一读。

开火车读（多读几个组）。

全班齐读。

小结：利用读音，让学生加强对生字词的记忆，读准轻声同样可以帮助学生加强字词识记，扫清生字障碍。

【设计意图】在《义务教育语文课程标准（2022年版）》背景下，语文课堂中教师要运用丰富多彩的教学手段，以直观具体的方式呈现，培养学生的核心素养，创设舒适有趣的教学情境，贯彻基础性任务群中的语言文字积累与梳理，提高识字教学效率。在识字环节中，教师通过自由读、开火车读、指名读、由学生进行评价、齐读等多种形式的朗读，让学生扫清生字障碍，大声朗读，读准字音和轻声。

三、汉字来分类，能够记得牢

（一）观察这10个词语，你会怎么分一分？

预设：

学生：我会把他们分成男女。

学生：我会按照年龄来分。

学生：我会按照辈分来分。

教师：我们先按照辈分来分一分。

课件呈现表示辈分的不同框。

呈现：

同辈：哥哥、姐姐、弟弟、妹妹

父辈：爸爸、妈妈、伯伯、叔叔

祖父辈：爷爷、奶奶

教师：我们利用辈分的划分记住了这些词，同时也掌握了家庭成员的不同辈分。

教师：按辈分分完后我们再按照性别分一分。

课件出示性别不同的框，请学生分一分。

呈现：

男性：哥哥、弟弟、爸爸、伯伯、叔叔、爷爷

女性：姐姐、妈妈、妹妹、奶奶

教师：男女分开记一记，10 个词语巧妙记。

师：请同学们观察，女性这一组词有什么相同的地方？

全班：都是女字旁。

小结：在分类中，运用不同的分类方法巩固记忆字词，有利于学生逻辑思维的培养和识记方法的增加。

（二）识记，偏旁归类识字

1. 教师：按照性别分类后，女性称谓的一组词都含有“女”这个字，在生活中还有许多字都有女字旁，请同学来补充。

预设：

学生会回答：好、阿姨的姨、姑姑、妇女的妇、娘、娃娃、姓名……

课件出示：阿姨、姑姑、娃娃、大娘（女字旁的字标红）

教师：是的，女字旁的字大多和女性有关。我们将同偏旁的字进行归类识字，这种方法就是偏旁归类识字法。（板书：偏旁归类识字）

小结：学会偏旁归类识字后，在日后的学习中学生也可以运用此方法学习新的生字，同时扩充识字量，巩固之前的学习。

【设计意图】2022 版新课标指出，识字训练需要更新方法，结合学生的生活经验，在生活中寻找语文要素，发现语文生字，留心生活中的语文学问。本环节中，学生调取自己的生活经验，发现女字旁的字多与女性有关，强化了偏旁归类识记，也为学生主动识字、扩充识字量提供了示范指导。

四、儿歌帮我识生字

（一）儿歌摇摇车

课件出示儿歌：

爸爸的爸爸叫什么，爸爸的爸爸叫爷爷。
爸爸的妈妈叫什么，爸爸的妈妈叫奶奶。
爸爸的哥哥叫什么，爸爸的哥哥叫伯伯。
爸爸的弟弟叫什么，爸爸的弟弟叫叔叔。
妈妈的爸爸叫什么，妈妈的爸爸叫外公。
妈妈的妈妈叫什么，妈妈的妈妈叫外婆。
妈妈的兄弟叫什么，妈妈的兄弟叫舅舅。

男女生读。男生读第一句，女生读第二句。

利用儿歌帮助学生识记生字的同时也学习了各个称谓之间的关系，加强学生对生字词的记忆和掌握。

教师：大家还知道哪些称谓呢？和谁又是什么关系呢？

预设：爸爸的姐妹叫姑姑。

预设：妈妈的姐妹叫阿姨。

（也许学生没有办法说出准确的关系，但是能表达清楚称谓即可）

教师：大家可真厉害。今天我们学习了这么多称谓，我们再来好好读读它们吧！把字音读准，把轻声读好。

小结：读音、分类、儿歌都是加强学生识记生字词的有效方法，在教学课堂中可以运用多种形式呈现识记技巧，有利于培养学生识记生字的能力，为日后学习生字词打下良好基础。

（二）中华文化博大精深

教师：孩子们，在我们中国南北方存在各种差异，饮食、性格、服饰等方面都有差异，甚至连称谓也有所不同。南方称呼外婆而北方称呼姥姥，除此之外还有很多不同的叫法。今天下课后，请同学们回家后与爸爸妈妈们共同查阅南北方称谓上的不同，我们明天进行分享。

【设计意图】在 2022 版新课标背景下，在新时代的要求下，传承优秀传统文化是小学语文课堂育人的重要手段，教师应该在语文课堂中向学生展示中华文化的内涵，引导学生学习、传承中华文化。

五、识字有情，共同成长

教师："识字加油站"里的字同学们不仅会认，而且会记，还找到了新的识记生字的方法，同时也了解了不同的称谓，读好了轻声，你们都是小小朗读家！老师相信，在以后的学习中，只要大家能做生活里的小小观察员，一定会发现更多的惊喜与奥秘。希望大家能够继续热爱我们的汉字，传承属于我们的中华浪漫。

案例 5–3

统编语文教材五年级下册第三单元《我爱你，汉字》综合性学习教学设计

【案例作者】

方茹名师工作室　盘龙区联盟小学　陈晓宇

【教学目标】

一、浏览阅读材料，能了解汉字的历史，学习欣赏汉字书法艺术，增强对汉字的自豪感，树立规范使用国家通用语言文字的意识，激发对祖国文字的热爱。

二、通过综合性学习，学习制订活动计划，并能通过独立与合作学习，较好地完成任务。

三、通过讨论和活动调查，能学习写简单的研究报告。

【教学时间】

三节课

【教学过程】

一、准备

（一）明确活动任务，选择研究内容

1. 教师带领学生回顾交流"汉字真有趣"的活动过程。

2. 请学生阅读"活动建议"，了解活动内容。

3. 全班交流：本次综合性学习要完成的活动任务是______________________。

4. 教师提问：读一读阅读材料，材料介绍了汉字哪些方面的历史？通过什么方式呈现了汉字书法艺术？为什么要调查不规范汉字的使用情况？请你完成下面

的学习单，见表5—4：

表5—4

材料	题目	用词语概括内容
1		
2		
3		
4		
5		

5. 教师提问：读了这些资料，你有哪些感兴趣的内容？小组讨论，确定活动内容。

【设计意图】回顾前次学习活动的过程，能更好地促进学生开展本次学习活动，还有助于学生掌握综合性学习的方法和经验。

（二）讨论探究、调查的方法和步骤

1. 请学生根据自己初步确定的活动任务，自由组成小组。

2. 请学生阅读《关于“李”姓的历史和现状的研究报告》，小组内交流自己的发现。

3. 全班交流研究报告的大致流程：发现问题—搜集资料或调查研究—分析问题—解决问题。

4. 请学生各小组结合本组活动内容制订活动计划，按照表5—5商讨。

表5—5

活动时间	
活动地点	
活动内容	
活动过程	
人员分工	

5. 教师组织评价：小组同学在活动中的参与程度如何呢？我们一起来互评一下吧。

表 5-6

项目	评价标准	同学评价
小组活动	积极参与小组活动，与同学密切配合	☆☆☆
搜集、撰写	乐于使用所学到的方式搜集资料，撰写研究报告	☆☆☆
展示交流	积极进行展示交流，与其他同学互动良好	☆☆☆

【设计意图】通过细读“阅读材料”，学生可以从多个角度了解汉字悠久的历史和光辉灿烂的汉字文化，进而了解可以开展研究的内容，打开研究的思路。同时，以完成一份简单的研究报告的总目标倒推本阶段学习活动的过程，可以让学生更快进入学习活动，更准确地把握本次学习活动的方法和步骤，从而高效地完成本次学习活动的任务。

二、搜集资料、调查

（一）各小组开展研究、调查

1. 教师引导学生回顾前次活动中学到的搜集资料的方法。

2. 各小组围绕研究主题搜集资料并填写调查报告单。

表 5-7

调查报告单 组长： 成员：　　　　　　　　　　时间：	
调查主题	
调查对象	
调查方法	
调查准备	
调查内容摘记	
分享收获	

（二）整理研究或调查结果，为写研究报告作准备

1. 教师检查：全班交流资料搜集和不规范用字调查的情况。

2. 请学生依照研究报告的框架整理搜集的资料和调查到的情况。

三、撰写研究报告

（一）学习研究报告的写法

1. 请学生浏览《关于“李”姓的历史和现状的研究报告》，小组内交流研究报

告的内容和格式。

2. 请全班交流：研究报告一般包括哪四个部分？研究报告的每一部分在撰写时有什么具体要求和有哪些注意事项？

（二）撰写研究报告

1. 请学生根据自己搜集的资料或调查的情况，独立完成一份研究报告。

【设计意图】把“阅读材料”当作范文，可以帮助学生快速了解并掌握这一类研究报告的写法，实现一课一得。按照撰写研究报告的思路指导学生整理资料，在梳理内容的同时也渗透了研究报告的写法。

四、展示交流

（一）展示、交流研究报告

1. 请学生在研究小组内相互交换自己写的研究报告，从报告的内容、体例、语言等方面互评，完善自己的研究报告。

2. 请学生在组内讨论交流、展示研究报告的形式。

3. 请学生全班展示并交流。

（1）开展研究报告展览。先在组内评议，推选出一篇优秀的研究报告，张贴在教室宣传栏进行展示，还可以选择一个集中的时间，每个小组一个展台，展出所有同学的研究报告以及研究过程中搜集到的资料、访谈记录、照片等。

（2）举办一场汇报会。每个小组推选出一位同学进行现场汇报，其他同学可以针对报告的内容发表观点、评价互动。

（二）总结、评价本次综合性学习活动

1. 教师引导：请学生回顾这一阶段开展活动的过程，交流自己的收获。

2. 请全班学生自由交流对汉字的看法和感受。

3. 请学生填写评价表5—8，评选出“最佳研究员”“最佳联络员”“最佳撰写员”“最佳搜集员”等。

表5—8

项目	评价标准	同学评价
活动计划	要点齐全，时间、分工安排明确	☆☆☆
搜集到的资料、调查结果	资料丰富，与研究内容关系密切，调查记录清晰，内容翔实	☆☆☆
研究报告	符合体例，阐述清楚，分析得当，语言严谨	☆☆☆

第六章　小学语文教材中的核心素养分析

2022 年 4 月，中华人民共和国教育部重新修订了《义务教育语文课程标准（2022 年版）》。其修订目的之一就是回应时代对课程变革的要求。针对当代社会政治经济形势的发展状况与未来趋势，基于全民终身学习视角、指向 21 世纪社会发展人才培养需要的核心素养教育受到普遍关注。

第一节　小学语文核心素养的表现

要想深入理解小学语文核心素养的核心内涵，我们必须追根溯源理清核心素养相关的基本概念。梳理清楚核心素养和学科核心素养的密切关系，前者关注教育目标的基本导向，后者关注具体学科促进人的核心素养发展方面独特的价值和贡献。

一、核心素养的定义

（一）核心素养

核心素养教育的研究者一致认为“素养”是个体在特定情境下，能够成功地满足情境的复杂要求与挑战，顺利执行生活任务的内在先决条件，是个体在与情境的有效互动中生成的，适应未来社会发展要求的生存能力和竞争实力。例如，经济合作与发展组织（OECD）界定核心素养的逻辑起点是成功的生活和健全的社会。其所组建的“素养的界定与选择：理论和概念的基础”（DeSeCo）研究团队从个体成功与社会成功两个方面来回答个体和社会需要什么样的素养。同时，该团队还论述了个体需要哪些素养才能适应经济全球化、知识经济与技术变革的时代。换句话说，OECD 所选择的素养不是适应当前社会的素养，而是生存与发展于未来经济全球化、知识经济与技术高度发达的社会的素养。[1] 这一界定旨在回答“如何描述新时代新型人才的形象，如何解读新时代期许的学力与‘学习’”的问题[2]。核心素养教育着力于倡导在校教育环境中，学生应积极锻造应对问题、创新求解的能力，并塑造符合未来社会发展需求的精神风貌与品质内涵。近年来，世界各国在推进课程改革的过程中，无不高度关注如何在课程标准体系中体现未来人才素质的发展，聚焦对学生关键能力的培养。这一全球化教育转型的大潮，有力驱动了核心素养教育领域研究与实践的持续深化，进而构建起了课程标准编制与核心素养研究之间良性循环、相互促进的新格局。

所谓核心素养，是人们适应 21 世纪信息时代个人和社会的发展需求，解决复杂问题和适应不确定情境的高级能力和道德意识。它有三个最显著特点：第一，它是一种高层次能力，以批判性思维、创造性思维和复杂交往能力为核心，而不是记忆能力、知识技能熟练等低层次能力；第二，它具有道德感和社会责任感，倡导负责任的创新、创造与批判，不是所有高层次能力都是核心养养；第三，它具有鲜明的时代特征，应信息文明的召唤，区别于工业文明和农业文明时期的人的发展，尽管三种文明之间不是割裂和对立的。发展核心素养，既需要尊重每一个人的个性自由，因以创造性为核心的高层次能力本质上是自由个性的自然表现；又需要转变知识观，让一切知识成为人们探究的对象和使用的工具，每一个人都有权利对任何知识产生自己的理解；还需要转变知识技能的教学与学习方式，让知识的发明创造过程变成教学与学习，因为人只能在创造中学会创造。[3]

（二）中国学生发展核心素养

《21 世纪学生发展核心素养研究（修订版）》从基础理论研究、国际比较研究、传统文化研究、实证调查研究、课程标准研究、教育实践探索、核心素养总框架建构等角度系统化地展开对核心素养的探索与分析，全方位阐释了中国学生发展核心素养的内涵。

学生发展核心素养主要指学生应具备的，能够适应终身发展和社会发展需要的价值观念、必备品格和关键能力。中国学生发展核心素养，以科学性、时代性和民族性为基本原则，以培养“全面发展的人”为核心，分为文化基础、自主发展、社会参与三个方面：

1. 文化是人存在的根和魂。文化基础，重在强调能习得人文、科学等各领域的知

---

① 崔允漷：《追问“核心素养”》，《全球教育展望》2016 年第 5 期。
② 钟启泉：《基于核心素养的课程发展：挑战与课题》，《全球教育展望》2016 年第 1 期。
③ 张华：《正确处理核心素养与“双基”的关系》，《人民教育》2016 年第 19 期。

识和技能，掌握和运用人类优秀智慧成果，涵养内在精神，追求真善美的统一，发展成为有宽厚文化基础、有更高精神追求的人。

2. 自主性是人作为主体的根本属性。自主发展，重在强调能有效管理自己的学习和生活，认识和发展自我价值，发掘自身潜力，有效应对复杂多变的环境，成就出彩人生，发展成为有明确人生方向、有生活品质的人。

3. 社会性是人的本质属性。社会参与，重在强调能处理好自我与社会的关系，养成现代公民所必须遵守和履行的道德准则和行为规范，增强社会责任感，提升创新精神和实践能力，促进个人价值实现，推动社会发展进步，发展成为有理想信念、敢于担当的人。①

（三）语文学科核心素养

基于核心素养的课程教学理念，我国又采取了更细化的指导模式，“先建立核心素养框架体系，进而把整个核心素养框架作为培养目标全部嵌入课程体系，即基于核心素养框架研制课程标准、设立课程目标、开发课程资源，由核心素养支配整个课程建构与实施”②。为充分发挥核心素养对课程的整体指导作用，我国普通高中课程标准的修订要求学科设置、教学与评价都要面向核心素养的培养目标，凝聚合力促进学生核心素养的形成：

中国学生发展核心素养是党的教育方针关于人的全面发展要求的具体化、细化。为建立核心素养与课程、教学的内在联系，充分发挥各学科课程、教学在全面贯彻党的教育方针、落实立德树人根本任务、发展素质教育等方面的独特育人价值，各学科基于学科本质凝练了学科核心素养，明确了学生学习相应学科课程后应达成的正确价值观念、必备品格和关键能力，并围绕学科核心素养的落实，精选、重组教学内容设计教学活动，提出考试评价的建议，目的是切实引导各学科教学在传授学科知识过程中，更加关注学科思想、思维方式等，克服重教书轻育人的倾向。③

学科核心素养在普通高中各学科课程标准中被正式提出，成为新时代课程教学变革的关键概念。《普通高中语文课程标准（2017年版2020年修订）》中将其界定为：“学科核心素养是学科育人价值的集中体现，是学生通过学科学习而逐步形成的正确价值观、必备品格和关键能力。语文学科核心素养是学生在积极的语言实践活动中积累

① 林崇德：《21世纪学生发展核心素养研究（修订版）》，北京师范大学出版社2021年版，第273—276页。

② 许祎玮、刘霞：《基于核心素养的课程教学改革——基本模式、国际经验及启示》，北京师范大学学报（社会科学版）2017第5期。

③ 王湛：《普通高中课程修订后的主要变化》，《基础教育参考》2018年第3期。

与构建起来，并在真实的语言运用情境中表现出来的语言能力及其品质；是学生在语文学习中获得的语言知识与语言能力，思维方法与思维品质，情感、态度与价值观的综合体现。主要包括‘语言建构与运用’‘思维发展与提升’‘审美鉴赏与创造’‘文化传承与理解’四个方面。”①

（四）义务教育阶段的核心素养

《义务教育语文课程标准（2022年版）》明确了义务教育阶段语文课程培养的核心素养，旨在体现义务教育语文课程的特点，关注义务教育阶段学生的发展路径与学习内容。

核心素养是学生通过课程学习逐步形成的正确价值观、必备品格和关键能力，是课程育人价值的集中体现。“义务教育语文课程培养的核心素养，是学生在积极的语文实践活动中积累、建构并在真实的语言运用情境中表现出来的，是文化自信和语言运用、思维能力、审美创造的综合体现。”②

义务教育语文课程培养的核心素养，在基本要求上降低了专门化的程度，更符合义务教育阶段的课程特点。与普通高中课程相比，义务教育阶段课程更关注学生的全面发展，强调课程覆盖面要宽，希望能够基于语文学科整合各个学科的内容领域，初步体现出学科融合的特点。例如，义务教育阶段只设置文学阅读与创意表达，旨在“引导学生在语文实践活动中，通过整体感知、联想想象，感受文学语言和形象的独特魅力，获得个性化的审美体验；了解文学作品的基本特点，欣赏和评价语言文字作品，提高审美品位；观察、感受自然与社会，表达自己独特的体验与思考，尝试创作文学作品”③，与高中语文课程相比，义务教育语文课程弱化学科结构，强化文学体验。

二、核心素养的内涵

《义务教育语文课程标准（2022年版）》明确了语文课程的性质：语言文字是人类社会最重要的交际工具和信息载体，是人类文化的重要组成部分。语言文字的运用，包括生活、工作和学习中的听说读写活动以及文学活动，存在于人类社会的各个领域。④

语文课程是一门学习国家通用语言文字运用的综合性、实践性课程。工具性与人文性的统一，是语文课程的基本特点。语文课程应引导学生热爱国家通用语言文字，

---

① 《普通高中语文课程标准（2017年版2020年修订）》，人民教育出版社2020年版，第4页。

② 《义务教育语文课程标准（2022年版）》，北京师范大学出版社2022年版，第4页。

③ 同上书，第26页。

④ 同上书，第1页。

在真实的语言运用情境中，通过积极的语言实践，积累语言经验，体会语言文字的特点和运用规律，培养语言文字运用能力；同时，发展思维能力，提升思维品质，形成自觉的审美意识，培养高雅的审美情趣，积淀丰厚的文化底蕴，继承和弘扬中华优秀传统文化、革命文化、社会主义先进文化，增强对习近平新时代中国特色社会主义思想的理解和认识，全面提升核心素养。①

语文课程致力于全体学生核心素养的形成与发展，为学生学好其他课程打下基础；为学生形成正确的世界观、人生观、价值观，形成良好个性和健全人格打下基础；为培养学生求真创新的精神、实践能力和合作交流能力，促进德智体美劳全面发展及学生的终身发展打下基础。语文课程在推广普及国家通用语言文字、增强凝聚力、铸牢中华民族共同体意识，建立文化自信、培育时代新人，实现中华民族伟大复兴等方面具有不可替代的优势。语文课程的多重功能和奠基作用，决定了它在九年义务教育中的重要地位。②

义务教育语文课程围绕立德树人根本任务，充分发挥其独特的育人功能和奠基作用，以促进学生核心素养发展为目的，以识字与写字、阅读与鉴赏、表达与交流、梳理与探究等语文实践活动为主线，综合构建素养型课程目标体系；面向全体学生，突出基础性，使学生初步学会运用国家通用语言文字进行交流沟通，吸收古今中外优秀文化成果，提升思想文化修养，建立文化自信，德智体美劳得到全面发展。③

因此，语文课程要围绕核心素养，体现课程性质，反映课程理念，确立课程目标。其核心素养表现为以下四个方面：

（一）文化自信

1. 课标定位

文化自信是指学生认同中华文化，对中华文化的生命力有坚定信心。通过语文学习，热爱国家通用语言文字，热爱中华文化，继承和弘扬中华优秀传统文化、革命文化、社会主义先进文化，关注和参与当代文化生活，初步了解和借鉴人类文明优秀成果，具有比较开阔的文化视野和一定的文化底蕴。④

2. 具体层面

《义务教育语文课程标准（2022 年版）》将文化自信排列在核心素养中最首要的位

① 《义务教育语文课程标准（2022 年版）》，北京师范大学出版社 2022 年版，第 1 页。

② 同上。

③ 同上书，第 2 页。

④ 同上书，第 4 页。

置，具有深刻的政治背景和深远的历史意义。任何课程都包含文化，都是文化的载体。但是，要想让学生理解、热爱中华文化，建立自觉、自信的文化意识，语文课程无疑是最好的阵地、最佳的路径。国家通用语言文字是中华民族的精神家园，语文课程对继承和弘扬中华优秀传统文化、革命文化、社会主义先进文化，推进文化的创新发展，具有不可替代的优势。

文化自信中的“文化”，不是泛泛的普适意义上的概念称谓，而是特指、专指“中华文化”。文化自信，是对中华文化的高度认同、自觉接纳、衷心热爱，是对中华文化生命力的坚定信心、持久信念、崇高信仰。①

中华文化包括中华优秀传统文化、革命文化、社会主义先进文化。中华优秀传统文化是中华文化的根系与血脉，凝聚了中华民族几千年来认同并奉行的思想理念、价值观和民族精神，是中国特色社会主义植根的文化沃土。革命文化是中国人民在中国共产党的领导下于革命实践中形成，并在建设、改革的进程中不断与时俱进、完善创新的物质文化和精神文化的总和，已经深深融入中华民族的血脉和灵魂，成为社会主义核心价值观的丰富滋养。社会主义先进文化是指以马克思主义为指导，继承和弘扬中华优秀传统文化和革命文化，吸收借鉴世界优秀文化成果，集中体现中国人民在新的历史条件下所追求的文化，其精髓是社会主义核心价值体系。中华文化是语文课程的核心主题和主要内容。

根据《义务教育语文课程标准（2022 年版）》表述，学生的文化自信主要包括文化认同、文化积淀、文化理解、文化参与等几个方面。

文化认同。通过学习运用国家通用语言文字，体会中华文化的核心思想理念和人文精神，增强文化自信，理解、认同、热爱中华文化。文化认同是一个长期浸润的过程，也是一个对话思辨的过程，更是一个在浸润和对话中自主建构的过程。

文化积淀。就是在丰富的语言实践活动中，对富有文化内涵和品位的经典文本，尤其是中华文化的经典文本口诵心惟、熟读精思，并能持之以恒、日积月累，从而拥有数量丰富、品位高雅的文化记忆。

文化理解。通过学习语言文字作品，领会中华文化的博大精深，理解中华文化的强大生命力和先进性，初步理解和借鉴不同民族、不同区域不同国家的优秀文化，懂得尊重和包容。

① 王崧舟：《秉纲而目自张 执本而末自从——〈义务教育语文课程标准（2022 年版）〉“核心素养”解读》，《教学月刊小学版（语文）》2022 年第 6 期。

文化参与。关注并参与当代文化传播与交流，在运用国家通用语言文字的过程中，坚持文化自信，提高社会责任感，增强为中华民族伟大复兴而奋斗的使命感和荣誉感。①

3. 培养路径

在具体的课堂教学实操过程中，我们不妨从以下几方面着手，努力实现学生文化自信的培养：

（1）以经典诵读为载体，丰厚学生文化积淀。要想培养学生的文化自信，不妨以经典的文化文本为载体，在日积月累的诵读过程中丰厚学生的文化积淀。如罗蓉工作室一直注重对小学生诵读经典的学习指导，紧扣传统文化先后编写了《跟着罗蓉老师学古文》《跟着罗蓉老师学古诗》《跟着罗蓉老师学名句》等优质儿童读物，并以音频形式同步上线，同时还利用朗读群组织孩子们线上交流，教师及时指导反馈。罗蓉指出："中华文化博大精深，文言文是其丰厚的载体，蕴含着丰富的底蕴。它凝聚了中华民族最宝贵的人文精髓。学生学习文言文，是对中华文化最直接的传承，它不仅有助于学生对汉语言基础知识的掌握与运用，同时，在增强学生的文化积淀，丰厚文化底蕴，提升审美情趣与能力，提高文化品位等方面，起着不可替代的作用。"

（2）以语言浸润的方式，加强文化理解与认同。语言沉浸就是围绕经典文本，用心品读、亲自体验、反复思考、逐步内化。文化理解和认同，在语文教学中不是教师强制性地灌输，而是在学习语文的过程中感知语言、运用语言。

（3）以学生易于接受的方式，传播优秀文化。古诗、古文、名言等经典文化，往往承载着我们的生命体验与文化感悟。因此，让学生透彻理解其中的真谛意义重大。

（二）语言运用

1. 课标定位

语言运用是指学生在丰富的语言实践中，通过主动的积累、梳理和整合，初步具有良好语感；了解国家通用语言文字的特点和运用规律，形成个体语言经验；具有正确、规范运用语言文字的意识和能力，能在具体语言情境中有效交流沟通；感受语言文字的丰富内涵，对国家通用语言文字具有深厚感情。②

2. 具体层面

语文课程中的"语言"不仅是指社会的理性语言，更是指具体语境中含有个人理

---

① 王崧舟：《秉纲而目自张 执本而末自从——〈义务教育语文课程标准（2022年版）〉"核心素养"解读》，《教学月刊小学版（语文）》2022年第6期。

②《义务教育语文课程标准（2022年版）》，北京师范大学出版社2022年版，第4—5页。

解体验在内的言语和母语语感。它是社会约定与主体建构的统一，是共同规则中的语言和具体运用中的言语的统一。

《义务教育语文课程标准（2022年版）》指出："核心素养的四个方面是一个整体。语言是重要的交际工具和思维工具，语言发展的过程也是思维发展的过程，二者相互促进。语言文字及作品是重要的审美对象，语言学习与运用也是培养审美能力和提升审美品位的重要途径。语言文字既是文化的载体，又是文化的重要组成部分，学习语言文字的过程也是学生文化积淀与发展的过程。在语文课程中，学生的思维能力、审美创造、文化自信都以语言运用为基础，并在学生个体语言经验发展过程中得以实现。"①

语文课程标准的性质也决定了语文课程核心素养的四个方面中，"语言运用"是带动其他三个方面的枢纽，是语文课程核心素养的基础。

根据《义务教育语文课程标准（2022年版）》的表述，学生的语言运用主要包括语料积累、语感建构、语理掌握、语用习得等几个方面。

语料积累。所谓语料积累，是指在语言文字的阅读过程中，识记、储备并整理文质兼美、丰富多样的语言材料，这是语言运用的基础。俗话说，"巧妇难为无米之炊"。从语言运用的角度看，这里的"米"，既指表达素材的储备，也指语言材料的收藏，二者缺一不可。没有足够数量、相当质量并且结构化的语料储存，语言运用能力的培养就会失去基础，成为无本之木、空中楼阁。

语感建构。所谓语感建构，就是在丰富的语言实践过程中，强化语言直觉和感受，积淀语言的感性图式，优化语言的生成品质。语感建构，包括输入型（听与读）与输出型（说与写）两大类，这是语言运用的核心。根据王尚文等人的研究，语感是个体的人与言语世界的直接联系，"是思维并不直接参与作用而由无意识替代的在感觉层面进行言语活动的能力"②。语文课程的教学目的，就是培养学生的语用能力，而语用能力的核心就是语感。

语理掌握。所谓语理掌握，就是在丰富的语言实践过程中，感受并发现国家通用语言文字的运用规律，在具体语境中体验语用知识的生成过程，并逐渐融入个体的语用知识结构中，这是语言运用的必要补充。需要强调的是，这里所谓的"语理"，不是指一般意义上的语言知识，而是对语言现象的理性认识，是对语言运用规律的自觉把握。

---

① 《义务教育语文课程标准（2022年版）》，北京师范大学出版社2022年版，第5页。

② 王尚文：《语感论（修订本）》，上海教育出版社2000年版，第35页。

语用习得。所谓语用习得，就是在真实的语言交际环境中，学会用口头语言文明地进行人际沟通和社会交往；能根据需要，用书面语具体明确、文通字顺地表达自己的见闻、体验和想法。在日常的生活过程中，不断增强自身的语言意识，提高语言表现力和创造力。这是语言运用的终极指向，是语文课程核心素养的集中体现和标识。①

3. 培养路径

语言运用，最终还是要落在实实在在的语言表达上。学生只有在游泳中才能学会游泳，在画画中才能学会画画。同理，只有在表达中才能学会表达。我们的实际教学，指向的正是语言运用。最终还是要为了引导学生通过表达学会表达。

我们可以总结提炼出培养学生语言运用素养的一些基本路径和策略：

（1）要善于发现具有语用价值的真实课堂

云南省特级教师罗蓉曾在自己的教学专著《真学语文：让语文教学真实发生》中说："真实的语文就是要把培养和提高学生正确理解和运用祖国语言文字能力作为根本任务，教学的目标与内容都必须聚焦于祖国语言文字的运用，教学的各种举措和行为都应该指向这个核心。语文的核心是语言，语言不仅仅是表达的符号，在其背后，更是一种思维的方式。所以在教学时，就是要紧扣文本，对学生进行扎实有效的语言文字训练，引导学生不仅要关注文字表面的意思，而且要关注文字背后的内涵。真实的语文就是对学生进行语言文字训练，要求学的是字词句篇，练的是听说读写。简单来说，真实的语文要做到心知其故、读写一体。"② 因此，真实的语言学习应该是基于学生的、为了学生的真实课堂。

（2）要努力培养具有语用能力的真实学生

语言运用不是某种知识的系统学得，而是知识在具体语境中的亲切开显，严格说来，这是一种感性把握、感觉认同、感情融入。罗蓉认为："学生是学习的主体。教学目标、教学内容的确定，教学方法的选择，都要遵循学生的学情，要以促进学生知识增长和能力提高为原则，在以学生为中心的基础上提升学生听、说、读、写的能力。同时，教学活动应当是教和学一体化的活动，是教师和学生双方共同建构的活动。若教师全权代替或过于强化自己的影响力，对学生来说，这样的学习就不属于自己。"

语文课程与其他课程相比，更具丰富性和形象性，更易引发儿童的多元感受。但纵观我们的小学语文课堂，教师的灌输教学模式代替了学生的思维活动，学生已经习

① 王崧舟：《秉纲而目自张 执本而末自从——〈义务教育语文课程标准（2022 年版）〉"核心素养"解读》，《教学月刊小学版（语文）》2022 年第 6 期。

② 罗蓉：《真学语文：让语文教学真实发生》，北京师范大学出版社 2022 年版，第 18 页。

惯于被动接受现成的答案，而没有能够在学习过程中积极开动脑筋进行自主学习、自主探究，从而制约了学习能力的发展，久而久之，学生也就没有能够在学习活动中养成协作探究积极表达的良好习惯。[①] 因此，要培养有语用能力的学生十分重要，必须让学生也成为真实的存在。

（3）要不断创设具有语用实践的真实学习

“在真学语文上，学习是真正发生的，不是学生在学习上顺着教师的思路顺利完成学习任务，而是在学习中不断尝试，自主探究，不停地有矛盾冲突，有问题提出。真学语文课堂是以灵活运用为要，学生可以真正学到方法策略并能够举一反三、灵活运用的课堂。为了达到这个目的，教师在执教时，就应该做到在恰当的时机帮助和引导学生自主总结和提炼方法，并为他们创造实践机会，促使其加以应用解决新的问题。”[②] 在不断创设具有语用实践性的活动中开启真实的学习。

（三）思维能力

1. 课标定位

思维能力是指学生在语文学习过程中的联想想象、分析比较、归纳判断等认知表现，主要包括直觉思维、形象思维、逻辑思维、辩证思维和创造思维。思维具有一定的敏捷性、灵活性、深刻性、独创性、批判性。有好奇心、求知欲，崇尚真知，勇于探索创新，养成积极思考的习惯。[③]

2. 具体层面

语言和思维密不可分。一方面，语言和思维相互依存。思维离不开语言，思维形式中的概念对应着语言中的词语，判断对应着句子。没有词语，概念就无法表达；没有句子，判断就无法进行。同样，语言也离不开思维。理解语言，必须深入内部思维过程。运用语言，也必须经过思维才能表情达意。

另一方面，语言和思维相互作用。一个人在头脑中思考问题的时候，凭借内部语言进行思维加工。要把思维结果传递给他人，就必须将思维结果转换为外部语言。思维的明晰性体现为语言的准确性，思维的条理性体现为语言的连贯性，思维的形象性体现为语言的生动性，反之亦然。[④]

---

① 罗蓉：《真学语文：让语文教学真实发生》，北京师范大学出版社 2022 年版，第 21 页。

② 同上书，第 24 页。

③ 《义务教育语文课程标准（2022 年版）》，北京师范大学出版社 2022 年版，第 5 页。

④ 王崧舟：《秉纲而目自张 执本而末自从——〈义务教育语文课程标准（2022 年版）〉“核心素养”解读》，《教学月刊小学版（语文）》2022 年第 6 期。

根据《义务教育语文课程标准（2022年版）》的表述，学生的思维能力主要包括直觉思维、形象思维、逻辑思维、辩证思维及创造思维几种类型。

直觉思维。它是指对一个问题未经逐步分析，只是依据内因的感知迅速对问题答案作出判断和猜想；或者，在对疑难问题百思不得其解时，突然对问题有了某种灵感和顿悟，甚至对未来事物的结果产生某种预感。其实，无论是语言理解还是语言运用，都是从直觉思维开始的。

形象思维。它是指在认识世界的过程中，用直观形象的表象去解决问题的思维方法。它是在对客观形象体系进行感受、储存的基础上，结合主观认识和情感进行识别，并用一定的形式和手段创造、描述形象的思维类型。

逻辑思维。它是指在认识事物的过程中借助概念、判断、推理等思维形式能动地反映客观现实的认识过程，又称抽象思维。只有经过逻辑思维，人们对事物的认识才能达到对具体对象本质规律的把握，进而认识客观世界。它是认识的高级阶段，即理性认识阶段。

辩证思维。它是指以变化发展视角认识事物的思维方式，通常被认为是与逻辑思维相对立的一种思维类型。在逻辑思维中，事物一般是“非此即彼”“非真即假”，而在辩证思维中，事物可以在同一时间里“亦此亦彼”“亦真亦假”，但却并不妨碍思维活动的正常进行。辩证思维最主要的特征是事物普遍联系的观点、发展变化的观点和对立统一的观点。

创造思维。创造思维是指以新颖独特的方法解决问题的思维过程。通过这种思维，学生能突破常规思维的界限，以超常规甚至反常规的方法、视角去思考问题，提出与众不同的解决方案，从而产生新颖、独到、有社会意义的思维成果。

发展学生的思维能力，关键是要培养学生良好的思维特质，主要包括：

思维的敏捷性。主要指思维过程的敏锐、迅速程度，一方面体现为思维的速度，另一方面体现为思维的准确性，是快速与准确的统一。

思维的灵活性。就是思维在运行过程中的灵活程度，我们常说的“闻一知十”“举一反三”等都反映了思维的灵活性。

思维的深刻性。它在本质上反映的是抽象程度及逻辑水平在思维中的具体表现。一般来说，思维的深刻性与思维活动的难度、广度、深度都有很大联系。

思维的独创性。在解决问题的过程中，能有独特、新异的发现，提出新的见解，产生意想不到的效果。具体表现为新发明的创造，新理论、新艺术作品的产生，以及对个体而言，通过独立思考产生新的思想和见解。

思维的批判性。指对思维的元认知过程，即能够监督自己思考的过程，并适时自我调节、反省、修正。它以深刻性为基础，主要表现为不一味迷信书本，坚持独立思考，提出新问题等。

3. 培养路径

在语文教学中发展学生的思维能力，必须基于丰富的语言实践活动，将其融入语言运用的过程中。例如，阅读策略单元中的“预测单元”就是着力培养学生的预测能力。这里的预测能力，实质上是一种思维能力，涉及直觉思维、形象思维、逻辑思维和创造思维。要求学生边读课文，边猜一猜结果会如何，主要涉及直觉思维的培养；随后的教学中，还可以要求学生根据提供的线索猜想故事的结果，主要涉及逻辑思维的培养。

（1）在多样化过程中发展思维能力

多样的学习方式有助于进一步发展学生的思维能力。但“多样化的学习方式虽然会使学习园地百花盛开、瑰丽多彩，但不同的学习方式也有不同的使用价值和适用范围。所以学习方式的选择应综合地考虑学习的任务或目标、学习内容和学习者的特点，而不只是根据某一种因素确定学习方式，片面突出某一种学习方式。以探究、发现的学习方式为例，虽然它对发展学生的审美水平、培养学生的审美能力有独特的积极作用，但它受时间、学生的知识背景和智能发展水平等条件的制约较大，必须与其他的教学方式配合使用，方能收到较好的教学实效。因而对多种语文学习方式的选择必须分析、权衡各方面的影响因素，对不同的学习方式进行全面评估和优化组合，以便达到最优的学习效果。如果只片面追求学习方式形式上的多样化，而不重视与学习目标、学习内容、学习者的特点等因素的适应，那么学习的具体实效就无法实现。而在实际教学中，不依据发展目标、学习内容和学习者的特点，简单套用合作、探究的学习方式的状况是存在的。”①

（2）在生活化过程中发散创造思维

语文源自生活，又为生活提供了无限的可能。生活化的学习情境最有利于学生的思维发展。因为，人们往往最能够从自己熟知的环境中，找到灵感，作出总结。因此，语文不能脱离生活这一重要资源，必然是源自生活，又高于生活的一种存在。

（四）审美创造

1. 课标定位

审美创造是指学生通过感受、理解、欣赏、评价语言文字及作品，获得较为丰富

---

① 罗蓉：《真学语文：让语文教学真实发生》，北京师范大学出版社 2022 年版，第 6 页。

的审美经验，具有初步的感受美、发现美和运用语言文字表现美、创造美的能力；涵养高雅情趣，具备健康的审美意识和正确的审美观念。①

2. 具体层面

如果我们将“审美”界定为按照美的取向对事物或艺术品进行领会和鉴别，那么任何课程都要面对审美问题。而语文课程的审美，首先是对语言作品的审美，也就是说，是以具体的语言作品作为审美对象；其次是以语文的方式进行审美，也就是说，审美是以语言文字为载体、在语言实践活动中实现的。

根据《义务教育语文课程标准（2022年版）》表述，学生的审美创造主要包括审美感受、审美理解、审美鉴赏、审美表现等方面。

审美感受。审美感受是一切审美活动的基础。朱光潜说：“美感起于形象的直觉。”② 让学生通过感官感受到语言之美，这需要对语言有较强的感受力。例如，对语言表现出的音乐美的感受，就包括由声韵、平仄、重音、停顿等构成的语音链；对语言表现出的空间美的感受，就包括对形态各异、颜色丰富的自然景观的描写；对语言表现出的时间美的感受，就包括对事物发展与运动规律的描写及对自然哲理的思考。由语言内容和语言形式所直接引发的审美感受，是学生审美创造最基本的要素。它是学生对语言文字感性形式的一种直接观照，能在精神上获得极大的满足感、愉悦感。

审美理解。它是学生通过丰富的想象、深入的回味将语言美的画面在头脑中呈现并以直觉把握其意义的过程。学生以自己的审美与语言作品中产生美感的元素互相作用，由此产生浮想联翩的效果及对美的辨别，并获得审美享受。审美理解是审美创造的核心。例如，欣赏古诗词中那些大气磅礴的诗句，可以提升学生的人生境界；还原那些描写外貌的词句，可以帮助学生透视人物的性格特征。总之，审美理解使学生对文字底蕴的把握变得更加深刻。

审美鉴赏。它是指学生以独特的审美价值观对语言文字的内涵和特征作出价值判断的过程。在语言文字的理解过程中，审美鉴赏主要是对文本的真实性、真理性、道德性以及风格的独创性所作的一种价值判断；在语言文字的运用过程中，审美鉴赏主要是将自己的审美价值观渗透、融入立意、选材、谋篇布局、遣词造句的过程中，并通过人物塑造、环境刻画、情节叙事、意象选择等形式表现出来。

审美表现。它是指学生在原有文本的启发下，发挥主观想象，对文本中有价值的

① 《义务教育语文课程标准（2022年版）》，北京师范大学出版社2022年版，第5页。

② 朱光潜：《文艺心理学》，华东师范大学出版社2015年版，第2页。

信息进行假设、推想、创造的过程。它的出发点是审美感受，并且在丰富的语言实践过程中不断完善审美感受，它的落脚点是对语言形象、语言意境的重塑。例如，通过对叙事环境的重新构想、人物关系及情节的重新设计，完成对文本空白的创造；通过对外貌、心理活动及行为的想象，完成对人物形象的塑造。①

3. 培养路径

如何引导学生感受语言文字的美？首先，放手让学生直面文本、触摸语言、深入文字，获得美感。感受文本、感觉语言、感知文字，这是培养审美能力的前提。其次，在感受的基础上聚焦那些美感特征鲜明、强烈的字词、语句。所谓美感特征，往往指向一种陌生化的语言现象。最后，深入挖掘语言文字所蕴含的美感。

（1）在理解运用语言的过程中涵育审美能力

语文的美，来自语言文字本身。语言文字既是美的载体，本身也是一种美的存在。因此，审美能力的培养必须基于语言文字，通过语言文字来实现。我们要引导学生，发现美，就是要知道美；创造美，就是要表现美。语文教师应当努力在我们的语文课堂中鼓励学生理解、运用语言，并在这一过程中，努力做到不让学生觉得乏味，还能让他们发现美、创造美、涵育自己的审美能力。文字的美，首先来自对文字的直接感受。在教学中，教师必须唤醒、呵护这样的"第一印象"，这是一种感性的学习活动。在文字美的背后，又有一种朦胧的、模糊的感觉。因此，审美素养的培养不能仅满足于这份原初的直觉和感动，还需要注入理性的分析和思考。

（2）在学习感知语言的过程中唤醒审美素养

我们总是在引导学生学习、感知语言的过程中不断去唤醒孩子们的审美素养。"培养学生高尚的道德情操和健康的审美情趣，帮助学生形成正确的价值观和积极的人生态度，是语文教学的重要内容，不应把它们当作外在的附加任务，应该注重情感体验，潜移默化地把这些内容贯穿于日常的学习过程之中。体验作为体验式学习的核心概念，其意义大多指主体自身的一种认识性实践行为，如通过亲自实践或经历来认识周围的事物。体验，既是一种活动，也是活动的结果。作为一种活动，即主体亲历某件事并获得相应的认识和情感；作为活动的结果，即主体从其亲历中获得的认识和情感。体验是主体内在的知、情、意、行的亲历，以及体认与验证。以体验的普遍定义和解释为基础，我们可以为体验总结出既适用于教育表述又相对科学的定义：体验是指主体

① 王崧舟：《秉纲而目自张 执本而末自从——〈义务教育语文课程标准（2022年版）〉"核心素养"解读》，《教学月刊小学版（语文）》2022年第6期。

对自身行为或外界事物的某方面特征进行感知并产生相应的情感反应和理性认识的一种心理活动。体验式学习重视学生学习过程的内化，即体验化，是引导学生对学习内容进行体验，即感知内容、体验内容。这种独特的学习方式并不是全新的，在许多语文教学实践中，它已或多或少地被语文教师应用过，比如李吉林老师倡导的情境教学就大量运用了体验式学习，语文活动课程的学习也基本属于体验式学习。而且语文体验式学习也具备较高的灵活度，被广泛运用。”①

第二节　小学语文教材中渗透核心素养的方法与案例

课程教材要发挥培根铸魂、启智增慧的作用，将党的教育方针具体化细化为课程着力培养的核心素养。语文这门学科所涉及的内容具有较强的艺术性和人文性，于是，教学中教师可以通过语文教学来进行核心素养的渗透，让学生能够通过对文章的理解，在教师正向地引导下，不断地完善、改进自己的行为和思想，其实这就是核心素养有力的体现。

一、核心素养在教材中的体现

核心素养是学生通过课程学习逐步形成的正确价值观、必备品格和关键能力，是课程育人价值的集中体现。义务教育语文课程培养的核心素养，是学生在积极的语文实践活动中积累、建构并在真实的语言运用情境中表现出来的，是文化自信和语言运用、思维能力、审美创造的综合体现。

培养学生的核心素养是推进我国课程改革发展的关键目标。在我国学生发展核心素养总体框架出台之后，核心素养就成为课程与教学领域研究的热点之一。学生核心素养的培养离不开课程与教学这片“土壤”，学生综合素养的形成脱离不了各门学科素养的相互支撑与融合渗透。语文是其他学科的基础，是基础教育阶段的重要学习科目和考察对象。语文学科担负着识字写字、阅读交流等基础教学任务，是其他学科的工具性学科。一位阅读能力和理解能力很差的小学生，对其他科目的学习亦是举步维艰。语文学科的工具性与人文性特点反映在核心素养这一视角上，形成了具有学科魅力的语文核心素养。

① 罗蓉：《真学语文：让语文教学真实发生》，北京师范大学出版社2022年版，第7页。

语文学科核心素养脱胎于核心素养，是核心素养的一个下位概念。“语言建构与运用”、“思维发展与提升”、“审美鉴赏与创造”和“文化传承与理解”是语文学科核心素养的四个板块。新课改背景下，教材的编写与建设成为一大着力点，充分利用练习题在教材中日益突出的地位，优化教材练习题的设计和使用成为语文教材编制和使用中的核心议题之一。将语文核心素养的培养与练习题的编写特点结合起来分析，以核心素养指导练习题的使用，以练习题的合理应用检验核心素养的实现程度。

小学语文这门学科在当下的小学教育中地位极高，因为小学语文学习是培养小学生感性思维到理性思维再到感性思维的过渡，同时也是小学生其他学科学习的基础。所以在新课改中对小学语文教学的要求更为严格，不仅要让小学生在语文学习中掌握、理解语文课本中的基本知识，更为重要的是培养小学生的学科核心素养。

（一）教材中体现的学科核心素养之一——文化自信

文化自信是指学生认同中华优秀文化，对中华优秀文化的生命力有坚定信心。通过语文学习，热爱国家通用语言文字，热爱中华优秀文化，继承和弘扬中华优秀传统文化、革命文化、社会主义先进文化，关注和参与当代文化生活，初步了解和借鉴人类文明优秀成果，具有比较开阔的文化视野和一定的文化底蕴。

文化通常分为传统文化和现代文化，其中优秀的传统文化不仅是中华民族文化的“根”与“魂”，也是现代文化的源头，对国家、社会、个人的发展具有重要影响。古典著作、文物器具、历史古迹、各种艺术创作等都是传统文化重要的表现形式，它以不同的方式渗透人们生活的点点滴滴。其中，古诗文以其多样的文化元素、独特的文化属性、特殊的文体形式将博大精深的中华优秀传统文化用最精练、最短小的语句展现在世人面前。如陆游的一首《秋夜将晓出篱门迎凉有感》仅用28个字就传达出了作者忧思国家命运、关心百姓生活疾苦的强烈爱国之情；孟郊的《游子吟》用普通的针线、透过缝补衣服这样的生活小事反映出母爱的伟大、无私，诗人对母亲深深的感激之情。学习了这两篇古诗文，学生记住的不仅仅是流传千古、停留在书本上的名句，更能在无形中培养学生的爱国主义精神以及中国自古以来倡导的孝敬父母的传统美德。此外，古诗文还蕴含丰富的高尚人格修养，如顽强不屈、持之以恒、淡泊名利、锲而不舍等不仅是诗人所具有的品质或者推崇的高尚品格，从古至今也是每个中华儿女身上所彰显的独特品质。对这些内容的学习也会在无形中培养学生健康、理想的人格，提高学生的道德素养。另外，古诗文中还有大量体现“清明”“中秋”“春节”“七夕”等传统节日、民风民俗的内容，学生通过学习这些节日、民俗的由来、发展，既获得了丰富的传统文化知识、拓宽了自己的视野，也逐渐加深对本民族节日的了解。

古往今来，爱国主义贯穿中华民族发展的始终，一直是文人墨客们创作的思想源泉。从先秦两汉到近代，两千多年的历史进程中，一大批爱国文人，给我们留下了数不胜数的爱国经典著作。久而久之，这些作品所内含的爱国精神、家国情怀也深深根植于每一位中华儿女的灵魂深处，深入骨髓，形成爱国主义传统。统编版语文教材选入古诗文共129篇，其中涉及爱国主义的古诗文48篇左右，约占全部古诗文的38%，这些古诗文中的爱国主义思想主要表现在以下几方面：

1. 对民族命运、百姓生活的忧愁

南宋时期曾经完整、强大的国家变得四分五裂，百姓颠沛流离，面对民不聊生的社会惨状，85岁的陆游一病不起，遗憾离世，他北伐抗金的战斗呼声和至死不忘祖国统一的期盼都化作《示儿》中对儿子的再三嘱咐“王师北定中原日，家祭无忘告乃翁”；看到百姓吃不饱、穿不暖，统治者们却过着灯红酒绿、莺歌燕舞的奢靡生活，林升在《题临安邸》中发出撕心裂肺的呐喊来表达对国家统治者的失望和不满；面对晚清思想禁锢、人才被压迫、弥漫恐怖气息的黑暗社会，龚自珍在《已亥杂诗》中高呼“我劝天公重抖擞，不拘一格降人才”寄托自己对这个社会的美好期待。其他的古诗文如《塞下曲》《凉州词》《从军行》《马诗》《寒食》等都表达了作者深深的爱国之情。正是对中华民族的这份炽热家国之爱，才让中华儿女在面对强敌入侵、国家危亡时，能够坚定自我的追求，确信自己的人生信仰，不放弃对国家、百姓的守护。

2. 对祖国河山、自然风光的热爱和赞美

令人心旷神怡的山水风光往往会让诗人产生无限的创作灵感，在欣赏这些美景时，诗人也将自己丰富多彩的情感注入其中。古诗文中赞美大好河山的经典作品数不胜数。如王之涣登上鹳雀楼的无尽赞叹；李白面对庐山壮丽之景写下的千古名句；刘禹锡的一首《洞庭湖》表达了自己对洞庭微波的无法言说的喜爱。此外，还有《山行》《早发白帝城》《望天门山》《饮湖上初晴后雨》《题西林壁》《忆江南》《惠崇春江晚景》等古诗都抒发了作者对大好河山的喜爱之情。

3. 思乡怀友，回归本真的至爱之情

从古至今，出于求学、仕途需要或战乱等各种原因，诗人常常被迫与妻儿、父母、好友分别，背井离乡几十载。无论身处何地，亲人、朋友总是我们内心深处最深的牵挂。因此，思亲怀友也成为古代诗歌中经久不衰的主题之一，古诗文中的这种思乡怀友之情主要体现在对亲人和挚友的思念两方面：

一方面，对亲人的无限思念。在外漂泊的日子，不管是仕途之路的崎岖、学业上的诸多不顺还是自身生活的艰苦都会因为一物、一景而触发心中那藏匿许久的思乡情。

夜深人静、独处异乡，翘首望向天上那一轮皎洁的明月，李白在《静夜思》中抒发了绵延不绝的千古哀叹，这一声浓浓的哀愁经过无数朝代的更替，依然引起现代离家人的无限共鸣。家乡的亲朋好友、一山一水、一草一木等成了作者笔下思念的对象；佳节良辰之日，心情本该是愉悦的，但身处异乡、思念倍增，在中秋这个阖家团圆的时刻，王维却不能与自己的兄弟共享天上的一轮明月、享受美味的食物、相约而坐互相攀谈，这是人世间多么无奈、凄凉的事；儿行千里母担忧，从古至今，不管我们外出多远、时间多长，总有一个人在为我们默默地担忧，她眼角的皱纹多了，头发逐渐白了，但对子女的爱却不会减少。孟郊的《游子吟》用质朴的文字诠释了世间最动人的亲情，慈爱的母亲用一针一线勾勒对子女的无限牵挂与期盼。另一方面，是对好友的深深怀念。人生的旅途中，陪伴我们的除了家人，还有我们那志同道合的好友。李白在《赠汪伦》中借这深深的千尺潭水，向世人宣告了他与好友之间真挚、坚固的友情；最怕送别，有不舍、有伤感、有道不尽的嘱托。平凡的语言怎么能表达对朋友的祝福，千言万语，尽在酒中，王维在《送元二使安西》中用“劝君更尽一杯酒，西出阳关无故人”表达劝慰、关心和祝愿。

4. 坚贞不屈、积极进取的人格修养

自古以来，刚正不阿、不屈不挠、淡泊名利、积极进取的人格修养是无数中华儿女在不断摸索中形成的独特品质，深深地打上了中华民族的烙印，共同构成了别具一格的中华优秀传统文化。创作古诗文，托物言志，是中国诗人表达自己所向往或追求的人格品质的常见方式。因此，学习古诗文，学生既会获得基本的古诗文知识，也是感受古人的人格魅力，形成和提高自身道德修养的过程。

小学阶段是学生价值观培养的黄金时期，小学语文统编教材非常注重学生理想人格的培养，选编了很多描写古人高尚品格的经典篇目。通过梳理笔者发现教材中关于人格修养的古诗文有27篇左右，约占全部古诗文的20%。在这些诗篇中有借自然物如梅花的坚贞、菊花的孤傲、竹子的顽强来表达自己坚贞不屈的高尚情操。如王冕笔下的“梅花”不需要华丽辞藻的夸赞，“我”只需要做好自己，只希望世人记住的不是“我”寒冬绽放的美丽外表，而是不同流合污，不人云亦云的高贵品质；又如于谦诗中的石灰经千锤百炼的痛苦敲打，依然不畏强权、不惧威胁、不怕艰难、迎难而上，侧面烘托出作者与世无争、束身自好的个人修养；再如龚自珍《己亥杂诗》中的千古名句“落红不是无情物，化作春泥更护花”以“落红”对“春泥”的无私守护来表达不甘堕落、不畏困难、默默奉献、不求回报、至死不忘报效祖国的坚韧性格。学习这些古诗文，学生不仅会对日常生活中常见的景物有全新的认识，也在面对这些景物时，能够自然地将自身情感融入其中、赋予它们独特的精神品质。还有的是间接表达作者积极进取的人生态度，如《长歌行》中的千古名句“少壮不努力，老大徒伤悲”以朴实无华的语言，表达对后人最真挚的告诫，不管是学习还是工作都要趁年轻奋力拼搏，不要等到人白了头发、身体日渐衰老，才感叹年轻时没有为了梦想而奋斗，一事无成，遗憾终身。古诗文中描写古人高贵品质的作品不可计数，它们以无形、强大的力量绵延千载，成为无数中华儿女对自身理想人格的终身追求和无限向往。

5. 借事喻理、探寻真知的人生哲理

探事究理、追寻真知是中国文人墨客的永恒追求，只有在格物、致知的基础上才能做到修身、齐家、治国、平天下。因此，通过对统编版小学语文教材中涵盖的“人生哲理”思想进行研究不仅有助于学生深刻理解中华优秀传统文化内涵的独特哲学思想，也能对学生的人生观、价值观、世界观产生深远影响。如：朱熹在《观书有感》中用水塘清亮是因为有活水源源不断地涌进这一简单的生活现象，启示学生无论做任何事情都要不断学习，才能永葆活力和取得持续的进步；《铁杵成针》一文让学生知道坚硬的铁经过夜以继日的打磨也有可能被变成细小的针，将高深的人生哲理，以直观的事物呈现在学生面前，潜移默化地将锲而不舍、持之以恒、滴水穿石的精神融入学生的内心世界；“三人行，必有我师”“人外有人，天外有天”“敏而好学、不耻下问，是以谓之文也”等都告诉学生要永远保持一颗谦虚好学之心，不要盲目骄傲；苏轼的《题西林壁》告诉学生每个人看问题的视角不同，得出的观点自然也不一致；学习《书戴嵩画牛》一文又让学生懂得了要认真、仔细地观察事物，凡事不能凭空想象，必须从客观事实出发，不能没有亲身实践，就擅自做出推论的道理；学习杜甫的《望岳》启示学生只有站得高，才能看得远的深刻思想，从而激励学生不断奋发图强，向着更高远的目标前进。

6. 天人合一、物我交融的和谐思想

主张人与人、人与自然相互平衡、相互协调的和谐思想一直是中国人特有的精神追求。诗人通过描写自然界的这些花花草草，表达人与自然和谐共存的美好期待，物是我、我是物、自然环境和社会环境的完美融合。这种人与物相统一的思想，经过无数文人墨客的补充、完善也逐渐成为中国传统文化的重要内容，通过梳理，笔者将统编版小学语文教材古诗文中包含的“和谐思想”归纳为以下两点：

一方面，融情于景、天地万物协调统一的良好状态。统编教材中的许多“山水诗”“田园诗”都是诗人通过描写自然景物寄托自己的情怀，渗透和谐思想，表达对生命、田园风光的热爱向往，对生命真谛的探寻，对人与自然和谐共融良好状态的期待。

如辛弃疾的《西江月夜行黄沙道中》通过人们熟悉的月、鸟、蝉、蛙、星、雨、店、桥等乡间常见物既让我们感受到了夏日农村生活的祥和、恬静、优美，也表达了诗人面对丰收之景的无限喜悦和对乡间生活的热爱；范成大的《四时田园杂兴》(其二十五)为我们描绘了一幅硕果累累、空气中弥漫着浓浓果香的乡村农忙图，通过对各种农作物的详细介绍，表达了作者对这些乡间作物的喜爱。此外还有杜甫的《江南春》、陶渊明的《归园田居》、陆游的《游山西村》等都是表达作者对美好田园生活向往和热爱的经典诗文。

另一方面，借物言志、物我交融的高尚精神境界。一切文学艺术创作的源泉皆来自对生活的反映，这天地间的花花草草、参天大树、天上的一轮明月、无数繁星等呈现的各种姿态、自身折射出来的特质，在一定程度上都是对诗人高尚情怀的诠释和彰显、都象征着诗人的美好追求。如王安石、王冕都是对梅花在严寒环境中的不屈品质进行赞美，借此表达自己追求的坚贞不屈、淡泊名利等高尚人格修养；郑思肖借菊花在严寒中依然傲立枝头、别具一格的坚强品质诠释绝不向恶势力低头的决心、保家卫国的坚定信念。千百年来，挂在夜空中的这一轮月亮，也始终悬在中国大多数诗人的精神世界之中，与他们有着一种与生俱来、绵延千载、无法割裂的紧密联系，承载着诗人高尚的人生理想与志趣、孕育出中国人神秘悠远的情感世界、彰显着中华儿女独有的民族精神、民族情怀。统编教材中关于月亮的诗歌十分丰富，如李白的《静夜思》、苏轼的《水调歌头》、王建的《十五夜望月》等古诗词都是借月亮寄托诗人无限哀思和美好祝福。

（二）教材中体现学科核心素养之一——语言运用

语言运用是指学生在丰富的语言实践中，通过主动的积累、梳理和整合，初步具有良好语感；了解国家通用语言文字的特点和运用规律，形成个体语言经验；具有正确、规范运用语言文字的意识和能力，能在具体语言情境中有效交流沟通；感受语言文字的丰富内涵，对国家通用语言文字具有深厚感情。

三年级上册第六单元课文主要是围绕“自然风光”这个主题进行编排的。安排了两个语文要素：“借助关键语句理解一段话的意思”和“习作的时候，试着围绕一个意思写”。教材安排了《古诗三首》、《富饶的西沙群岛》、《海滨小城》和《美丽的小兴安岭》四篇课文来落实语文要素目标。

在二年级上册的学习中，我们欣赏了庐山的瀑布、黄山的奇石、秀丽的日月潭和美丽的葡萄沟。通过三年级上册第六单元的《古诗三首》，我们将跟随古代诗人的脚步，去安徽芜湖领略天门山的壮丽、杭州西湖的秀美、湖南岳阳洞庭湖的静谧，同诗人李白一起从重庆奉节的白帝城出发，乘着轻舟穿梭于万重山间。引导学生边读边想象诗中描绘的景色，并用自己的话说出诗句的意思，会让学生深深地感受到跨越千年，中华儿女对祖国山河的热爱从未改变。

“借助关键语句理解一段话的意思”是第六单元的学习重点。关键语句就是能表达一段话或一篇文章的主要意思，即整段话或整篇文章都是围绕这句话来写的句子。哪些句子是关键语句呢？它们藏在一段话中的哪些位置呢？如何借助它们来理解一段话的意思？这侧重的就是语言运用。

第六单元的教学整合了学习内容、学习资源、学习方法和学习情境，以大任务为推手，以恰当的活动为载体，引领学生进行积极的语言实践。设置“美丽山河古诗诵读会”“我为美丽山河代言”“轻轻告诉你，这儿最美”三个大的任务。

“美丽山河古诗诵读会”重在引导学生在朗读中走进古诗，按照读准字音，读出节奏，逐步推进。在引导学生在读通读顺诗句的基础之上，借助理解进入诵读。通过寻找景物、想象景物，体会诗意。想象不同的湖光，引导学生梳理对李白两首古诗的学习所用的方法，并在后两首的学习中迁移学法。通过小组合作，从“声音里的美景”“文字中的画面”“笔尖上的山水”三个层面，发现西湖和洞庭湖的美丽风光。

“我为美丽山河代言”中以“点赞富饶的西沙群岛”开篇，引导学生初步感受西沙群岛，整体把握提取信息，同时做好字词的学习、长句子的朗读过关等。以第 2 自然段的感受品读为例子，引导学生梳理方法，并运用到对后面几个自然段的学习中去，感受风景和物产的特点以及作者是怎么写的。“代言西沙群岛”先引导学生迁移仿写，再借助提供的相关的图片或视频，自主选择感兴趣的部分为其代言，将积累的新鲜语言、句式等通过朗读和解说等形式展现出来。“欢迎你到小城来”引导学生通过课文中的关键句子、关键词语来抓住海滨小城的特点。关注文章的写法，感受使用总起句的好处，明确作者从不同的方面有条理地介绍海滨小城。引导学生围绕一句话从多个方面写具体，不仅落实了第六单元的语文要素，也激发了学生热爱大自然、热爱家乡的情感。“小兴安岭的四季名片”从学生喜欢的季节入手，个人学习在先，小组合作评议在后，引导学生经历“读读—说说—议议—再读读”的过程提升语感。

“轻轻告诉你，这儿最美”主要包括找美景、说美景和写美景。找美景旨在引导学生寻找身边的美景，并通过拍照和手绘等形式进行观察记录，同时想要让学生把形象的观察转化为语言，只有图片的积累是不够的，要通过观察、记录和积累图片相结合的形式激发学生内在的学习潜能，为他们开始快乐的习作做好准备。

（三）教材中体现学科核心素养之一——思维能力

思维能力是指学生在语文学习过程中的联想想象、分析比较、归纳判断等认知表现，主要包括直觉思维、形象思维、逻辑思维、辩证思维和创造思维。思维具有一定的敏捷性、灵活性、深刻性、独创性、批判性。提高学生的思维能力，可以使学生有好奇心、求知欲，崇尚真知，勇于探索创新，养成积极思考的习惯。

对于小学语文学科核心素养，思维发散能力是重中之重。思维发散能力不仅是学生感性过渡到理性的先决条件，也是学生感性地再表达理性的关键前提，更为重要的是，通过语文学科培养小学生的思维能力可以为其他学科的学习奠定基础，形成有效的互通桥梁，比如数学学习、自然学科学习等。因此在统编教材中对于“思维发展的培养”也有一定的文本体现。

1. 在理解、运用语言的过程中发展思维能力

在语文教学中，思维能力的培养要基于语言实践活动，才能有效落实发展。如《总也倒不了的老屋》的学习目标是“预测与推想”这一阅读策略，教学过程也是结合文本内容让学生逐一预测可能老屋没有倒、可能又来了其他需要帮助的小动物。而预测训练，实质就是思维训练。训练学生有依据地思考多种可能，这些依据既有来自教材的文本线索，也有来自学生的生活经验。每一次预测与推想，都让学生体认到，思考必须从依据出发，不能空穴来风，这是语言理解和思维发展的统一。

2. 尽量展露语言学习过程中所隐含的思维过程

思维过程隐含在语言理解和运用之中。要有效发展学生的思维能力，就需要在语言实践过程中，尽量展露其背后所隐含的思维过程。譬如在《总也倒不了的老屋》这一课中，当学生猜测“老屋最后倒了没有”的时候，有学生会觉得有太多需要老屋帮助的人，老屋最后肯定也不会倒。老师点拨说：“可是老屋实在是太老了，总有一天会倒。”这是替学生说出了预测的依据，也是为接下去学生的新预测提供思维的样式——“预测结论 + 预测依据”，这就是一种思维过程的展露。展露的过程，使思维可视化、结构化，为思维能力发展提供了坚实的支撑。

3. 按照学生思维发展的规律提升思维能力

要发展学生的创造思维，就需要为学生树立起典型和标杆。比如《揠苗助长》这个寓言故事结尾留白的使用，正是基于这样的思考。与此同时，教师也要为学生创设个性化表达的平台，引导学生从各自的经验和思考出发，对寓言故事作出属于自己的独特解读，这是一种借助范例的模仿性学习，有难度、有挑战。但从学生的表达效果看，无论是个性化表达还是创造思维品质，均会得到有效提升。

三年级下册第二单元的人文主题是“寓言是生活的一面镜子”。第二单元有两个语文要素，分别是“读寓言故事，明白其中的道理”和“把图画的意思写清楚”。因此我们会发现，编者有意识地突出了寓言这一文学体裁，寓言往往篇幅短小，语言精练，多使用夸张、比喻等手法，通过一个短小的故事揭示一个深刻的道理，给人以智慧的启迪。寓言重在寓，而不在言，它的教学价值在于读懂故事，复述故事，为生活服务。

外国寓言故事文末大多注明了寓意，而中国寓言故事则较为含蓄。寓意大多藏在文字中、故事里，让读者自己去体会，慢慢去感知。所以，对于三年级的孩子来说，如何读懂故事，领悟道理，需要教师细细考量。《鹿角和鹿腿》中，课后第二道习题要求：“根据下面的提示，用自己的话讲讲这个故事。”那么，如何把习题要求融合到教学活动中，从而将“复述故事”这一语文要素落实呢？我们不妨先借助关键词来梳理故事，梳理搭建故事内容的架构；再抓住关键词“狮子、逼近、撒开长腿、挂角、挣脱”等提示学生复述最惊险的段落，力求对故事深入理解。这样循序渐进地“读—悟—说”，无形中降低了学习的难度。在学习了前面几篇课文后，就可以勾连生活，让学生在口语交际环节中，展开自由辩论。在辩论中明理延伸，结合“快乐读书吧”引领学生进行整本书阅读，方法迁移，提升孩子寓言阅读素养。

编者意图编排精读、略读、课外阅读三位一体的阅读体系，教师则要以寓言为载体培养学生基本的阅读能力，教学设计要使得课内阅读与课外阅读有效地整合和延伸，发展学生思维，让学生爱上寓言，爱上阅读。

六年级上册第三单元为阅读策略单元，围绕着“有目的地阅读”这一策略实行了有层级、有阶梯的编排。《竹节人》为起始课，学习提示中提出了三个不同的阅读任务，引导学生初步体会阅读同一篇文章，目的不同，关注的内容、采用的学习方法也会不同。后面还编排了一篇精读课文《宇宙生命之谜》，课文中的旁批展示了一名同学根据自己的阅读目的，阅读这篇文章的思维过程，引导学生交流如何根据阅读的目的开展阅读，在阅读中运用了哪些具体的方法；还提出了两个新问题，引导学生通过实践体会什么是“有目的地阅读”。而自读课文《故宫博物院》，是一个非连续性文本，引导学生将在精读课文里学到的方法进行迁移运用，逐步实现自主“有目的地阅读”。

从单元整体架构上来说，本策略单元三篇课文分别承载了“初步了解有目的阅读—学习根据目的开展阅读—尝试有目的阅读”的层进目标。在意识和策略上的渗透方面，《竹节人》重在指导学生根据不同的阅读目的，选择不同的阅读内容和阅读方法，初步了解什么是有目的地阅读；《宇宙生命之谜》重在指导学生如何根据阅读的目的开展阅读；《故宫博物院》重在让学生自己运用已学的方法尝试有目的的阅读。

策略单元和一般阅读单元是不一样的，于语文教学来讲，教学要关注方法和策略，要让学生知道读懂了什么，还要明白是怎么读懂的，是对认知的再认知。于学生来讲，这改变了学生长期以来被动学习的状态，提升在阅读中的参与度，学生可以成为更加积极主动的阅读者。于教师来讲，要转变教育理念，促进教和学方式的变革。因此，进行策略单元教学时，教师一定要把握住教学方向，清晰地定位自己的教学。“教学字词”“理解课文内容”这些教学内容，它本来是一般阅读教学的要点，但在策略单元内容里，它却只是教学环节的一环，难点减少了，教学内容也削弱了。所以，“教学字词”“理解课文内容”这一任务可能并行于策略教学中，但最佳的做法是能联系策略学习，学策略明文本，读文本习策略，在策略学习和运用中发展思维，培养能力。

六年级下册第五单元的单元主题是“科学精神”，围绕这个单元主题，语文要素分别是“体会文章是怎样用具体事例说明观点的”和“展开想象，写科幻故事”。两个语文要素一个指向阅读，一个指向表达。从整个单元的课文内容编排上来看，包含两篇文言文、一篇论说类文章、一篇散文、一篇科幻小说；口语交际主题是辩论，习作是科幻故事。

五篇课文的教学始终围绕“体会文章是怎样用具体事例说明观点的”这一语文要素进行；口语交际教学中注重教给学生辩论的方法；习作教学让学生明确科幻故事的特点，进行基于科学元素的合理想象。每一课针对文章文体的特点，教学设计时，紧扣单元的人文主题“科学精神”，将其作为明线，“体会文章是怎样用具体事例说明观点的”作为贯穿《两小儿辩日》《真理诞生于一百个问号之后》《表里的生物》三篇课文的暗线。教学中，以两篇文言文为一组；《真理诞生于一百个问号之后》和《表里的生物》为一组；《他们那时多有趣啊》《习作：插上科学的翅膀飞》为一组，而《两小儿辩日》与《口语交际：辩论》还可以成为一组，形成了一张隐形的关联网。整个单元如同接力棒一般把本单元的人文主题和语文要素进行接力传递，在教学中学生的思维能力随着语文能力的提升而得到发展。

（四）教材中体现学科核心素养之一——审美鉴赏

审美创造是指学生通过感受、理解、欣赏、评价语言文字及作品，获得较为丰富的审美经验，具有初步的感受美、发现美和运用语言文字表现美、创造美的能力；涵养高雅情趣，具备健康的审美意识和正确的审美观念。

如对《咏柳》一诗中“碧玉”“二月春风”“剪刀”等词的鉴赏。“碧玉”是我国古代柳树的特有描绘，柳树在古代也会用来形容女子，如“柳腰”；“二月春风”暗指此首诗的时间线，是对早春柳树的描写；“剪刀”用到的是比喻手法，将柳树的枝叶比作“剪刀”，更使整首诗的基调上升了一个档次，因为在此之前文人骚客对于柳树的描写没有运用剪刀作过比喻，这无疑是一个时代先河的开创。通过绘声绘色的讲解，学生对此首诗的学习兴趣会大幅提升，在这样的教学过程中小学生的审美鉴赏能力也会得以培养和提升。其实以上例子只是小学语文统编版教材中对于小学生审美鉴赏的文本体现的“冰山一角”，还有很多诗词的学习都体现了对学生审美鉴赏能力的培养，如《白鹅》中的写作手法和描述方法，如《荷花圆圆》中的修辞手法等。

在如今学科核心素养的培养为教育教学的主要宗旨之下，小学语文教学不再过度重视小学生的学习成绩，而是让小学生在语文学习的过程中获得学习的收益。为了达到新课改下语文教学的目的，教育部编写的教材优化了教学内容，教师也要跟上时代步伐，更新教学思想、创新教学方法、深度挖掘教材，让小学生在语文学习的过程中养成良好的学习习惯，掌握有效的学习方法；发散自己的思维；培养自己的审美情趣；高度认可中国优秀传统文化的同时传承文化，进而推动小学生语文学科核心素养的发展。

新一轮课程改革之后，小学语文统编版教材中，诗词教学的篇目在以往的基础上增加了许多。诗词，是中华民族的共同语言，是绽放在语文教学园地的奇丽而清新的花朵。在诗词的课堂里，那不朽的、经典的诗词就是我们教师带领学生架起想象翅膀的生命羽翼，这羽翼带着我们穿越历史时空，进入动人心弦的诗意之境，并让我们的心灵屹立在中华民族浩大思想文化的肥沃田野上，去和古人对话，去和历史对话，去和浩渺的人生长河对话，于是，我们，我们的学生，在这诗与思的碰撞中，完成了一次次关于诗意传承的精神蜕变，完成了一个个饱含血肉的灵魂塑造，而这恰是中华民族博大、丰厚文化根系之所在。诗歌的教学可以指引小学生在与文字对话的过程中提升审美情趣，实现文化传承。比如在学习《赠刘景文》时，教师可以设置多样的情景，帮助学生深入鉴赏诗词意境。在阅读“荷尽已无擎雨盖，菊残犹有傲霜枝”两句时，教师可以在多媒体上播放出“凋谢的荷花淹没在湖水中，金黄的菊花在寒霜中盛放”等景象的视频或图片，学生通过观察这些画面，一方面能够体会到秋季的萧瑟，另一方面能够感受到菊花所具有的坚韧勇敢的品质，从而体会作者对于菊花的赞美。又如在阅读“正是橙黄橘绿时”一句时，教师可以引导学生在脑海中联想“金灿灿的橙子和碧绿的橘子挂满枝头，田野中硕果累累”的景象。以此让学生体会到大自然蓬勃的生命力，感受作者对秋天的热爱。之后，教师可以让学生综合观看与联想这些景象，学生既能够体会到诗歌语言的优美，又能够感受作者传达的生活信念。在这样的过程中，教师通过设置多样的情景，能够帮助学生深入鉴赏古诗词的意境，提高审美鉴赏能力。

二、浅谈小学语文教学中核心素养的渗透

在小学语文教学中培养学生的核心素养，能够提升学生的综合素质，帮助学生树立正确的思想观念，对于学生的人生发展有着积极的作用。作为一名教育工作者，更应加强和重视“学生发展核心素养”的语文教学的理解和实践，让核心素养落地，实现立德树人的根本任务，为当代培养有能力、有担当，全面发展的小学生。

（一）小学语文教育中核心素养的基本特征

语文教学中渗透核心素养便是要求教师在开展学科知识传输的过程中同步融入学科教学内容，形成知识的融合，让学生能够在接受学科知识期间也能够受到核心素养的熏陶，对学习和实践环境进行科学的创设，进一步辅助学生实施课外活动，从书本到实践，加强对知识的应用效果，避免学生对知识的认知仅停留在思想层面，需将知识内化到思想和行动中，将核心素养内化于心，外化于形。

（二）在小学语文教学中渗透核心素养的重要意义

对于小学阶段的教育内容，人们常常会用“读书识字”来进行概括。从这一概括的结构来看，很容易让人误解，认为读书是为了识字，而若是对这一概括进行深入分析，便会发现，其实这两者的因果关系与之前直观理解正相反，实际上是通过识字而读书，让小学生拥有更加广泛的阅读。而在读书的过程，并不是单纯地对书籍内容进行理解，而是通过阅读，提升自己的思想观念和道德标准。学生应该通过读书，与书中人物或是作者产生思想上的碰撞。在小学阶段的教学过程，教师需要让学生通过阅读和学习对文章内容进行深思，从中获得启示和感悟，进而通过所思考的内容影响自己的行为和认知。在对学生进行教育时，核心素养看似虚无，但这才是学生成长所必备的因素。在小学阶段的教育中，教师有必要让情感教育和道德教育成为学生人生发展的基石，并以此为基础进行教学活动的设计和展开。

（三）在小学语文教学中渗透核心素养的方法

1. 利用语文教材，渗透核心素养

小学语文教材中涵盖了较多与中华民族传统文化息息相关的内容，也具有浓郁的家国情怀意识，这对小学生而言，都是难能可贵的精神食粮。教师可充分利用小学语文教材中的内容，对学生渗透核心素养。语文学科具有较为丰富的人文情怀，这也是文化之根、生命之本，更是人类精神的家园，也就是核心素养中的文化自信。语文教材中的课文内容大都可用来对学生进行核心素养的渗透，这将影响到学生的价值观、态度、情感塑造。教师在对学生进行语文课堂教学引导的过程中，需要对教材中所有

涵盖的教学内容进行总结归纳，对其中的核心内涵进行深度挖掘，然后找准切入点并在教学环节进行有效渗透。比如，让慈母情深、父爱之舟、“精彩极了”和“糟糕透了”等此类文章中的舐犊之情、爱和温暖流淌在血液里。教师可将不同内容的文章组成群文，让学生通过不同文章内容，对同一个题材的知识进行学习，有助于学生在提高语文学习能力的基础上，提升核心素养。

2. 灵活运用信息技术，体现核心素养

信息技术的合理运用，还可以有效地丰富学生的知识和情感体验，增强学生对于语文知识和文章的理解能力，通过信息技术向学生展示的直观的、具体的画面，激发学生的思维能力和想象能力，带给学生身临其境的感受，使原本比较抽象的语文知识变得具体化和形象化，这对于小学语文教学质量的提升具有积极的促进作用。例如《鸟的天堂》一课的学习，因为这样的场景离学生的实际生活较远，很多学生的感受都不深。多媒体设备及网络技术的应用能够很好地解决这个问题，为小学生创设极具想象空间的教学情境，帮助学生身临其境地体会作者的思想情感。又如古诗《山居秋暝》的学习，通过利用多媒体图文并茂的特点来创建生动的课堂环境，营造山林中空旷安静的氛围，鼓励并引导小学生展开想象的翅膀去联想、去感悟。

3. 学好课标，挖掘教材，弘扬优秀传统文化

核心素养是学生通过课程学习逐步形成的正确价值观、必备品格和关键能力，是课程育人价值的集中体现。小学语文课堂可以说是弘扬优秀传统文化的重要场所，在语文教学过程中，教师首先应该深入领悟课标，对教材内容进行挖掘。在教材内容中积极寻找优秀的传统文化，这样才能更好地对学生进行教育，同时整个教育过程也会显得十分流畅，不会出现生硬的灌输感。

语文与我们生活息息相关，是日常生活中不可替代的交际工具，在培养学生的人文精神和道德素养方面起着举足轻重的作用。在一年级的语文课本中，有许多课文体现着丰厚博大的中华文化，饱含着深厚的文化返乡韵味，教师在课堂教学中如能加以重视，对学生语文素养的养成、人文精神的培养起着至关重要的作用。

（1）寻找课文中的知识点

语文课本中入选的课文，都是经过千挑万选的。如何充分发挥文本的作用，这就看教师是否用心去备课了。以一年级上册《秋天》为例，作者仅用四句简短的语言，就把众多的语文知识蕴藏在这文质兼美的散文中。

①轻声让朗读更有韵律

《秋天》是学生进入小学后接触到的第一篇课文，所以文字浅显易懂。全文共有

55个汉字，出现轻声字的有五处："凉了""黄了""来了"的"了"、"叶子"的"子"、"那么"的"么"，在读好轻声的基础上，把词语放到短语中，让学生在试读中去体会这一类短语的节奏感，使全文的诵读朗朗上口，更有韵律。

②变调让朗读富有音韵

《秋天》需要学生熟读背诵，但有些字词的读音学生不太好掌握。如课文中"一"字本不是多音字，但为何在教材中有三种不同的读音？仔细观察就会发现其中的规律："一"在单独使用或作为序数时，读阴平；"一"在去声字前就念阳平；而"一"在其他声调前均念去声。由此"一"在不同的地方读音就不一样。"一片片叶子从树上落下来"中是读"yí"；"一群大雁往南飞"是读"yì"；"一（yí）会儿排成个'一'（yī）字"又有变化，这就要求老师在教学时注意引导学生把音读准。弄清读音后让学生反复朗读，在一次次对比朗读中感受到，原来变调是为了在诵读中体现文章的音韵美。

③儿化音让朗读赋予童趣

本课是注音学文，细心的孩子就会发现，"一会儿"的"儿"字上面没有注音。它与本册儿歌中的"话儿""船儿"有什么不同？这就需要教师在这个环节要渗透儿化音的教学。在小学语文教材中，对儿化音的注音是有要求的，"儿"字不直接注音，只在"儿"前的那一个字的音节后增加"r"。遵循这个规律，"一会儿"的"儿"字也就不注音了。教学时就需要提醒学生，"一会儿"读成"yí huìr"，读的时候自然儿化，不能读成两个音节。

④节律让朗读充满诗意

《秋天》饱含人文气息，除了朗朗上口外，还多处运用反复的修辞手法，如"天空那么蓝，那么高""一会儿排成个'人'字，一会儿排成个'一'字"。反复手法的运用，使文章富有节奏感，这既让课文具有鲜明独特的风格，又让汉语中的节律之美得到体现。

（2）课文是精神返乡的入口

①表达思乡离愁

"一叶落知天下秋"。课文通过描写黄叶飘落、北雁南飞等景象，写出秋天的特征和秋季景色之美。教师在教学中可以借助课文中的这些意象，使学生在往后的学习中知道落叶、大雁是对秋的一种指向，字里行间除了体现秋天的肃杀、秋风的凄紧外，还可以表达中华文化中的落叶归根、思乡念祖，烘托出作者精神返乡的意图。比如：孟浩然《早寒江上有怀》的首联"木落雁南渡，北风江上寒"，诗人就是抓住了"木叶凋零，雁群南飞"这最具代表性的深秋意象，以意象塑景象，用环境渲染烘托出怀乡思归的离愁别绪，将思乡之情与写景之意巧妙地融为一体。又如王实甫《西厢记》中的“碧云天，黄花地，西风紧。北雁南飞。晓来谁染霜林醉？总是离人泪”。作者选取蓝天白云、萎积的黄花、南飞的大雁、如丹的枫叶这几处秋天的景物，构成了寥落萧瑟、令人黯然的境界，抒发离愁别恨的痛苦心情，体现的是一种悲秋的意境。再如唐代白居易《望月有感》中被千古传诵的“吊影分为千里雁，辞根散作九秋蓬”，诗人也是以秋天最具代表的孤雁和蓬草作了形象贴切的比拟，写出了诗人和家中的兄弟姐妹天各一方，就好像是那只分飞千里的孤雁，形单影只，自己远离故土，又多么像深秋中断根的蓬草，在萧瑟的北风中居无定所。孤雁、蓬草、北风，呈现出一片寂寞凄清，同胞骨肉分离失散的景象。

②捕捉经典文化

中华优秀传统文化历经千百年岁月洗礼后已成为中华民族进步和发展中不可缺少的基因。那么，语文教师应如何捕捉课文中的这些文化基因并向学生进行传递，将其根植于学生的心中呢？教师就需在备课时下功夫。如一年级上册“和大人一起读”这个板块中的《剪窗花》这篇文章，学生在阅读中除了知道剪窗花的工具和图案外，还要在跟随教师的诵读中了解到：剪窗花是中国剪纸艺术在民间最为流行的一种艺术形式，它有着悠久的历史。在中国传统节日——春节来临时，不管是白雪皑皑的北方小镇，还是四季如春的南方边陲，全国各地的人们都喜欢在窗户上贴上代表幸福如意的各式剪纸窗花。这些美丽的窗花中，既有传统的吉祥图案，也有生动有趣的动物、植物，蕴含着人们对生命的礼赞，表达了劳动人民对生活和劳动的热爱之情。窗花不仅烘托了喜庆的节日气氛，还寄托着辞旧迎新、接福纳祥的愿望，同时融入了中国人民的思想情感与善恶评判，有着深刻的文化内涵，千百年来深受人们的喜爱。在这样的阅读学习中，学生明白了剪纸艺术是中华优秀传统文化的一部分，它博大精深、源远流长。千百年来，我国民间已出现数不清的剪窗花的艺人，他们的许多艺术作品，远渡重洋，成为中国与世界各国往来的文化使者，让世界各国从另一个方面去了解中华文化，感受中华民族的聪明才智和创造精神。

悠悠五千多年的积淀让中华优秀传统文化成为“民族文化的血脉”。小学语文课本中有诸如盘古开天地、女娲造人、神农尝百草、仓颉造字等神话故事，也有愚公移山等励志文章，还有众多的诗词歌赋。孔子、孟子、庄子的著作，《墨子》《诗经》，等等，这些优秀的中华文化历久弥新，生生不息，润物细无声。

4. 在课文插图观察中渗透核心素养

小学语文课本插图数量非常丰富，插图形式也十分多样。在教学过程中，插图有助于提高教师的教学效果。通过人物插图、故事插图等形式，可以吸引小学生对课本的兴趣，同时也可以引导小学生进入课本中所描绘的世界。例如在《我是中国人》以及《荷叶圆圆》这两节课的插图设计中，分别应用人物插图和动植物插图的形式，来对各族小朋友和美丽的大自然进行描绘。通过这样的形式，小学生可以从插图中直观地感受到各民族团结友爱的氛围以及爱国精神，同时也可以感受到大自然的和谐美好，激发学生的环境保护意识，从而更好地帮助学生理解文章的核心思想，实现提高课堂效率和教学质量的目标。

同时，课文插图涵盖了大量的故事线索，学生可在插图观察中寻找到符合特定主题的丰富的元素，激发出想象力，培养思维能力，充分体会核心素养的内涵，从而使教师能形象化地呈现抽象的教学内容，以尽快实现教育目标。如在给学生讲《梅兰芳蓄须》这篇课文的时候，就可以利用教材中的插图渗透核心素养，插图是梅兰芳的肖像画，从梅兰芳的面容可以很清楚地看到其面颊上浓密的胡须。这有助于学生直观地感受梅兰芳蓄须明志的高尚气节。学生可快速将其与当时的背景知识进行整合，通过阅读课文，在潜移默化接受教育的过程中，深入感受梅兰芳宁可荒废艺术生命也不愿为日本人演出的崇高民族气节，感受梅兰芳蓄须明志的意义，由此激发学生学习课文内容的欲望。在小学语文教学中，插图对教学质量和教学效率有很大的影响。教师在教学中灵活运用插图不仅可以激发小学生的兴趣，还可以帮助小学生更好地掌握课本知识。统编本小学语文课本插图设计合理，插图与文字的契合度较高，再加上符合小学生身心发展特点，使其能够在小学语文教学的过程中发挥非常大的作用。为此，教师应重视小学语文教学过程中的插图教学，以此来吸引学生的注意力，培养学生对语文的兴趣和自主学习的习惯，从而提升小学生的语文综合素养。

总而言之，随着当前2022版新课标的落地生根，在小学教学阶段更应该重视学生的核心素养。在小学语文教学中通过剖析传统文化相关的理论知识，继而全面渗透核心素养，帮助学生树立积极向上的人生态度，形成正确的思想价值观念，有效推动小学生的全面发展。

第三节　小学语文核心素养教学案例

2022版新课标中提出：核心素养是学生通过课程学习逐步形成的正确价值观、必备品格和关键能力，是课程育人价值的集中体现。义务教育语文课程培养的核心素养，是学生在积极的语文实践活动中积累、构建并在真实的语言运用情境中表现出来的，是文化自信和语言运用、思维能力、审美创造的综合体现。2022 版新课标核心素养背景下的跨学科主题学习，是 2022 版新课标以核心素养为导向，围绕课程目标设置的五类课程内容之一，贯穿整个义务教育阶段，跨学科融合并非学科知识与语文课堂教学的简单拼凑与嫁接，而是要进一步深度挖掘育人价值，结合学生已有的知识和经验，立足课程核心素养。

一、语文与数学学科相融合、落实核心素养

案例 6—1

【教材作者】

选自《罗蓉真学语文》第一集：统编版五年级上册第五单元《太阳》课堂实录

作者：教育部双名工程罗蓉名师工作室　金　睿

【教学片段】

四、巩固练习，迁移运用

1. 练一练。

教师：让我们一起来练习一下吧！第一关，“默读段落找方法”。快速默读习作例文《鲸》的第 1 自然段。这段话介绍了鲸的什么特点？使用了哪些说明方法？（学生交流回答）

教师：第二关，“联系生活用方法”。看，这是老师的手机，请你练习使用一种说明方法来说明手机的特点。（出示 PPT）

（1）手机体积小巧。（列数字）

学生：手机体积小巧，长约 16 厘米，宽约 7 厘米。

（2）手机体积小巧。（做比较）

学生：手机体积小巧，和手掌差不多大。

（3）手机与我们生活工作关系密切。（打比方）

学生：手机与我们生活工作关系密切，像我们形影不离的朋友。

（4）手机与我们生活工作关系密切。（举例子）

学生：手机与我们生活工作关系密切，比如我们购物支付离不开它，出行导航离不开它。

教师：祝贺同学们，用上说明方法，手机被你们介绍得清楚明白。

【素养指向】

本教案为统编版教材五年级上册第五单元的第一篇精读课文。作为习作单元的精读课文，指向“了解说明方法的好处，并能逐步学会运用说明方法”。语文教学中渗透数学知识，引导学生在朗读中感受、对比中体会、生活中思考，利用生活中的实际例子，有方法、有启发地带领学生去体会说明方法的好处。学生有了真实的感受，才能加深对说明方法的认识和掌握，以便在习作中实现把事物介绍清楚这一习作目标。通过联想、分析比较、归纳判断，提高了学生的表达能力和思维能力。

案例 6–2

【教材作者】

选自《跟着罗蓉老师教语文》：统编版一年级上册汉语拼音 5《g k h》课堂实录

作者：教育部双名工程罗蓉名师工作室　马任飞

【教学片段】

一、复习导入

教师：同学们，来跟你们的老朋友打声招呼吧！它们是——

学生：a o e i u ü b p m f d t n l y w

教师：这些字母住在不同的房间里，谁能把它们送到它们自己的房间？

学生：声母、韵母。

教师：这间声母屋子里还空了三张床，还有谁呢？

二、学习声母

1. 通过情境图找到声母。

师：这三名新成员很调皮，它们躲在插图里。谁能找到它们？请把声母卡片贴在对应的图下。谁来贴一贴？

【素养指向】

通过“送字母回家”的小游戏复习原来学过的声母、韵母，引入要学习的gkh。在此环节渗透了数学中的辨别左右、排序等知识，既锻炼了学生的观察能力，也培养了学生的逻辑思维和辩证思维能力。

案例 6-3

【教材作者】

选自《罗蓉真学语文》第一集：统编版五年级上册第五单元《松鼠》课堂实录

作者：教育部双名工程罗蓉名师工作室　秦兴丽

【教学片段】

教师：作者在介绍松鼠的外形时，抓住松鼠的面容、眼睛、身体、四肢、尾巴每一部分的特点依次细致描述。同样是介绍松鼠的外形，这是来自《中国大百科全书》里的句子，（PPT 出示：松鼠体型细长，体长 17～26 厘米，尾长 15～21 厘米，体重 300～400 克）谁来读一读？其他同学边听边思考：这个句子又是用什么说明方法介绍松鼠的外形？这位同学，请你来读一读。

学生：松鼠体型细长，体长 17～26 厘米，尾长 15～21 厘米，体重 300～400 克。

教师：这个句子用了什么说明方法进行介绍？

学生：列数字的说明方法。

教师：咱们对比着读一读这两段话，想一想，不同的语言风格，各有什么好处？女同学读课文中的句子，男同学读《中国大百科全书》里的句子。准备，走——

女生：它们面容清秀，眼睛闪闪发光，身体矫健，四肢轻快。玲珑的小面孔，衬上一条帽缨形的美丽尾巴，显得格外漂亮。［它们的］尾巴老是翘起来，一直翘到头上，自己就躲在尾巴底下歇凉。（齐读）

男生：松鼠体形细长，体长 17～26 厘米，尾长 15～21 厘米，体重 300～400 克。（齐读）

教师：不同的语言风格，各有什么好处？

学生：《松鼠》一课中的更具体，而《中国大百科全书》里的简单。

教师：是的，一段写得具体，一段写得简洁。你还发现了什么好处？

学生：课文里的很生动、形象，《中国大百科全书》里的严谨。

教师：真会总结！大百科全书里这样介绍：松鼠的体长——

学生：（齐）17～26厘米。

师：尾长——

学生：（齐）15～21厘米。

教师：它的体重是

学生：（齐）300～400克。

教师：这样的数字介绍，让我们清楚地知道松鼠的体长、尾长、体重，这样的表达还很——

学生：准确。

【素养指向】

教学时由扶到放，通过《松鼠》一课的内容和《中国大百科全书》反复对比阅读，让学生体会到说明文的语言风格多样，在习作时，语言的描述可以生动活泼，也可以平实，还可以简洁，只要描述准确、清楚、有条理就行。在老师的引导过程中，锻炼了学生分析比较的思维能力。

二、语文与美术学科相融合、落实核心素养

案例6-4

【教材作者】

选自《跟着罗蓉教语文》：统编版二年级上册识字4《田家四季歌》课堂实录

作者：教育部双名工程罗蓉名师工作室　普悦舒

【教学片段】

一、激趣导入

教师：同学们，旅行的列车继续前进，最后一站会到哪里呢？（课件播放田园四季风光图）图上画的是什么？

学生：春天。

学生：郊外。

学生：是田野。

学生：夏天。

学生：秋天的稻田。

学生：冬天下雪了。

教师：是的，同学们，这四幅图画的就是春季、夏季、秋季和冬季，它们合称为？

学生：四季。

【素养指向】

利用图片唤起学生对生活的感知，利用直观形象引起学生的兴趣，使学生们集中注意力。用简单的四幅图片充分展示了图片对理解文字内容的直观性，学生通过直观感受理解语言文字，培养了学生初步感受美的审美能力。

案例 6—5

【教材作者】

选自《罗蓉真学语文》第一集：统编版一年级上册课文 4《四季》课堂实录

作者：教育部双名工程罗蓉名师工作室　李安迪

【教学片段】

五、巧借插图，扣空背诵

教师过渡：同学们，大自然可真神奇，春天有——

学生：尖尖的草芽。

教师：夏天有——

学生：圆圆的荷叶。

教师：看来大家都掌握了，那你能像这样把课文补充完整吗？（PPT 出示挖空课文，引导学生进行填空）

教师：真不错！大家掌握得都很好。那看着插图能背出课文吗？（PPT 出示课文一、二小节插图并指名看插图背诵课文、全班背诵课文）

【素养指向】

在此环节，李老师以挖空背诵，看图背诵的方式，层层递进，降低了背诵课文的难度，营造出轻松活泼的课堂气氛。特别是在看图背诵的环节，锻炼了学生形象思维能力和语言表达能力。

案例 6-6

【教材作者】

选自《跟着罗蓉教语文》：统编版三年级上册第三单元《在牛肚子里旅行》课堂实录

作者：教育部双名工程罗蓉名师工作室　金　睿

【教学片段】

三、细读文本，感受童话

教师：老师把概括故事的三句话变成了三个词。

“捉迷藏、遇险、脱险”，你觉得哪个部分最精彩？

学生：遇险。

教师：是呀，这趟牛肚子里惊险的旅程，红头去过哪些地方？默读课文第7～19自然段的遇险部分，把红头去过的地方圈出来，然后四人小组讨论红头的旅行线路。

牛嘴→（　）→（　）→牛嘴→喷出来

学生：我们分别填了“第一个胃”“第二个胃”。

教师：大家同意吗？谁来黑板前贴词，并用箭头标注红头的旅行线路？（学生在贴有牛肚子解剖图的黑板上贴词，用红色箭头标注红头的旅行线路）

教师：你贴得位置准确，标注得清晰明了，说明你读书很仔细。你还能用“先……接着……然后……最后……”说一说红头的旅行线路吗？

学生：红头先被卷进了牛嘴里，接着和草一起进了牛的第一个胃，然后红头从第一个胃移动到第二个胃，最后回到牛嘴里，被喷了出来。

教师：用了表示先后顺序的词，你把红头的旅行讲得清楚且有条理。

看，两只小蟋蟀在一起的活动，作者把它写得一波三折。遇险部分的旅行如

此曲折精彩，难怪作者创作的童话这么吸引人。好的童话情节要曲折。（教师板书：情节曲折）

【素养指向】

红头的旅行线路图是文章最精彩的部分，一波三折，线路图的绘制过程是对故事结构框架的把握过程，是解读本文的关键，也是厘清科学童话中“反刍”知识的依据。用“牛肚子解剖图”进行线路呈现，并让学生进行标注，如同让学生在牛肚子里走了一趟，感受比较直观。找到红头去过的地方，对三年级的一部分学生来说，会有一定难度，所以小组讨论必不可少，可以让学生们在自己提取信息的基础上，互相交流，互相启发，从而突破难点，多么神奇的旅程！通过绘画“牛肚子解剖图”的环节，美术学科有效地和语文学科相融合，锻炼了学生归纳判断的思维能力，也让学生获得较为丰富的审美体验。

案例 6–7

【教材作者】

教材：选自《罗蓉真学语文》第一集：统编版一年级上册课文 1《秋天》课堂实录

作者：教育部双名工程罗蓉名师工作室　徐　宁

【教学片段】

四、对比说话，积累运用

教师：秋天的景物还有很多，让我们一起借助课文插图和生活中的图片，来说说这样的句子。（PPT 出示：秋天来了，树叶黄了；秋天来了，……）

学生 1：秋天来了，枫叶红了。

学生 2：秋天来了，菊花开了。

学生 3：秋天来了，小草黄了。

教师：你们说得真不错，秋天的景物仿佛就出现在了我们的眼前。课文这么写秋天——

学生：天气凉了，树叶黄了，一片片叶子从树上落下来。

教师：秋天的景色这么美，让我们用心把它记录下来，请你们借助课文插图，

借助老师的板书一起把第 1 自然段背一背吧！（PPT 出示课文插图）

学生带着感情齐背第 1 自然段。

【素养指向】

第一学段的学生在学习小学阶段第一篇课文时，借助读物中的图画阅读，通过句式练习，让课文回归生活，有利于学生把话说规范，更能让学生深刻体会秋天这个季节的变化和美。通过课文插图和实际生活联系让学生拓宽思路，培养学生语言表达能力的同时，体现语文工具性这一特征，更是让学生通过感受、理解和欣赏获取初步的审美经验。

三、语文与音乐学科相融合、落实核心素养

案例 6–8

【教材作者】

选自《真学语文：让语文教学真实发生》：统编版三年级上册第八单元《司马光》课堂实录

作者：教育部双名工程罗蓉名师工作室　罗　蓉

【教学片段】

教师：想想我们为什么读得这么好听？

学生：我们读熟了。

教师：好，你会总结发现。

学生：我们读得准确。

教师：看来，你有双金耳朵。

学生：因为我们读得好听。

教师：会自夸。看，“一儿登瓮”，会看我的手势吗？我的手势已经告诉你了。我们为什么读得这么好听？谁来说一说？（教师示范读，做出相应手势）

学生：我们读得有高低起伏的感觉。

教师：高低起伏用得好，节奏呢？

学生：有慢有快。

教师：用这样的法宝，我们就能把小古文读得有韵味，自己再练一练。

学生自由读课文。

【素养指向】

古文阅读，贵在自悟。课后习题第三题就是要让学生交流这篇课文和其他课文在语言上有什么不同。多次朗读后，再次让学生交流。学生通过切身体验，明白文言文语调有高有低，节奏有快有慢，很有韵味。这样的能力不是教师教给的，而是学生自己习得的，难能可贵。课堂中，教师的引导比讲授效果好得多。此篇课文是学生第一次接触文言文，罗老师借助音乐中的指挥手势、音调节奏，轻而易举地解决了学生读古文不能恰当停顿的难题，也激发了学生学习小古文的兴趣，增强了学生能学会小古文的自信，通过语文学习，让学生热爱中华文化，认同中华文化，培养学生的文化自信。

案例 6–9

【教材作者】

选自《罗蓉真学语文》第一集：统编版二年级上册识字 1《场景歌》课堂实录

作者：教育部双名工程罗蓉名师工作室　张　昱

【教学片段】

教师：（最后，让我们一起）拍手读（儿歌）。（PPT 出示自创《拍手歌》，师生合作读）

你拍一，我拍一，一只海鸥展翅飞。

你拍二，我拍二，一片沙滩在眼前。

你拍三，我拍三，一艘军舰真好看。

你拍四，我拍四，一条帆船向前驶。

你拍五，我拍五，一方鱼塘许多鱼。

教师：（剩下的请）和你的同桌合作拍手读一读。

同桌合作读：

你拍六，我拍六，一片稻田庆丰收。

你拍七，我拍七，一行垂柳燕子戏。

你拍八，我拍八，一座花园开满花。

你拍九，我拍九，海滩边上走一走。

你拍十，我拍十，乡村风光真美丽！

【素养指向】

张老师在教学中重点引导学生掌握文中的量词，学会正确使用这些量词，并根据课文的内容和图片，自创了拍手歌。让学生在音乐的节奏当中自然而然学会本课的课文内容。培养了学生的观察能力、表达能力。提高了学生的审美情趣。她仿照课文尝试用数量词描述熟悉的事物，用几个数量词加上景物，构建成了一幅幅美丽的场景，巧妙连接学生知识脉络。注重回顾、连接，慢慢架构出识字认知体系，通过有节奏的拍手歌，有效地训练了学生的语言表达能力，迅速激发了学生的学习兴趣，培养了学生的良好语感，培养学生对国家通用语言文字的深厚感情。

案例 6–10

【教材作者】

选自《罗蓉真学语文》第一集：统编版三年级上册第六单元《古诗三首——望天门山》课堂实录

作者：教育部双名工程罗蓉名师工作室　倪　颖

【教学片段】

二、擂主争霸赛——初读古诗，整体感知

（一）初读三首古诗，巧解诗题，熟悉作者

教师：那是哪三首诗呢？一起读读诗题。（PPT 出示三首古诗）

教师：读完诗题你有什么发现？

学生：都跟“湖”有关。

教师：三首古诗都是围绕“水”写的。

学生：都是描写祖国壮丽的地方。

教师：你真厉害！有一双慧眼。

教师：这三首诗中有两首诗很特别，你来说说看。

学生：有两首诗都有“望”字。

教师：有两首诗的诗题中都有一个“望”字。

教师：大家看，这是古人写的“望”，你看它像什么？（PPT 出示“望”字字源图片、田字格中的“望”字）

学生：下面像一座山，上面像一个人，人站在山上望着下面。

教师：对，那就是举目远望。那望到了什么？今天我们就先来学习《望天门山》，抬起手和老师一起写写诗题。齐读诗题。（板书：望天门山）

教师：那是谁在望天门山？

学生：李白。

教师：刚刚我们说“望”是向远处看，那要怎么读？

教师：对，我们把“望”字读得长一些，就能让人感觉望得足够远。请大家再读诗题。

教师：李白在望天门山，谁来为我们介绍一下这位诗人？

学生：李白号青莲居士。

教师：你知道得真多啊！

学生：李白一生中写了许多诗，有“诗仙”的称号。

教师：是呀，这位诗人是一个了不起的人，他被后人称为“诗仙”。（PPT 出示“李白”简介）那李白途经天门山时看到了什么呢？今天我们就一起跟随他去看一看。

（二）初读古诗

教师：请同学们翻到课本第 74 页，要求自由读古诗，读准字音，读通诗句。

教师：我们擂主争霸赛马上开始了，谁来做第一个挑战者？（PPT 出示《望天门山》）

（学生读古诗）

教师：不错，每个字音都读准了，如果再自信一些一定能读得更好。

教师：谁还能比他读得更好！

教师：谁再来挑战他，比他读得更好？

教师：“小诗人”的荣誉称号非你莫属。全班一起学着他的样子再读读这首诗。

（全班读古诗）

教师：李白在写这首诗时一定也声情并茂地朗读过，在山谷间会有李白的回声，现在我们再尝试一种有趣的读法——回声读。你们是小诗人，我来当山间的回声重复读后面的三个字。听明白了吗？读诗时把诗题和诗人加上。

（师生合作读古诗）

【素养指向】

教师在教学中首先指导学生读好诗题，先通过字源识字理解“望”的意思，再指导学生读得慢一点，读出“望”得足够远的感觉，这样指导学生朗读好诗题，既使学生知其然，也使学生知其所以然。并运用多种方法指导读古诗，层层引导，不断激发学生的学习热情。教师在教学中设计回声读环节，与同学们在音乐中一唱一和，趣味十足的同时，又能够入情入境地把学生带入到诗人创作的情景中。“读”的目标明确，“读”的层次分明，在古诗的教学中引导学生体会古诗词的音韵美。

四、语文与科学学科相融合、落实核心素养

案例 6–11

【教材作者】

选自《跟着罗蓉教语文》：统编版三年级上册第三单元《在牛肚子里旅行》课堂实录

作者：教育部双名工程罗蓉名师工作室　金　睿

【教学片段】

教师：多么神奇的旅程！红头怎么可能从第二个胃回到牛嘴里呀？

学生：因为牛肚子里有四个胃，前面三个是贮藏食物的，只有第四个胃才是管消化的。

教师：认真读书的你，发现真不小。谁还有补充？

学生：在牛休息的时候，它会把吞进去的草重新送回嘴里，然后慢慢细嚼。

教师：同学们在书中找到了依据，说得都很好。谁来读读“科学加油站”？（PPT 相机出示“科学加油站”，引导学生理解“反刍”）

学生：牛吃草时，先不细嚼，而是把草吞进肚子里，等休息时，再把吞进去的草料送回到嘴里，细嚼慢咽。这样的进食现象叫“反刍”。羊、长颈鹿也会这样进食。

教师：像这样将科学知识融入童话故事里的文章就是“科学童话”。有了科学知识，不可思议的情节就显得合理了。（教师板书：想象合理）好的童话想象要合理。

【素养指向】

科学童话的特点是具有知识性。对于不容易理解的知识点，通过在语文课和科学课的整合，让学生在课文内寻找信息进行解释并利用“科学加油站”的补充，这个难点就能迎刃而解。通过科学知识的渗透，解决了语文中理解专业术语的难题，引导学生学会探索，养成积极思考的习惯。

案例 6—12

【教材作者】

选自《罗蓉真学语文》第二集：统编版六年级下册第五单元《真理诞生于一百个问号之后》课堂实录

作者：教育部双名工程罗蓉名师工作室　张　莉

【教学片段】

四、理解事例，品读过程

教师：文章在开头提出观点，结尾总结观点，那文章中间的部分就是在印证观点，作者用什么方法来证明自己的观点？

学生：作者给我们举了几个事例。

教师：是的，用事例证明观点是论说类文章的常见写法。作者为了证明自己的观点列举了哪几个事例？同学们能用提取关键词的方法快速概括出来吗？

学生：第一个事例是波义耳制成了石蕊试纸。

学生：第二个事例是魏格纳提出了“大陆漂移学说”，并出版了《海陆的起源》一书。

学生：第三个事例是阿瑟林斯基发现脑电波的变化与做梦有关。

教师：这三个事例是怎么连接的？

学生：我发现三个事例是用“无独有偶”“更有趣的是”来连接的。这两个句子在这里的作用是承上启下，我们把这样的句子叫作过渡句。

教师：是啊！这样一连接，三个事例就成了一个整体。那么作者为什么要用三个事例来证明观点呢？用一个不行吗？用两个不行吗？

学生：作者用三个事例来证明观点就更有说服力了。

教师：我们先看第一个事例，默读第3自然段，想一想为什么波义耳能有这个科学发现呢？请你抓住关键词句读一读，把感悟批注在书上。

学生：我从“敏感地意识到”看出波义耳善于观察。

学生：我从“这种物质到底是什么？别的植物会不会有同样的物质？别的酸对这种物质会有什么样的反应？”感受到他会不断挖掘问题。

教师：他要解决这些问题的办法是什么？你觉得他会进行哪些实验？

学生：他去花园、去田野搜集各种有色植物，把这些有色植物与酸作用，与碱作用。经过反复的实验，他最终发现紫色的石蕊浸液遇酸变红，遇碱则变蓝。这样一来，不就可以用这些植物浸液来辨认什么是酸，什么是碱了吗？这些浸液就是酸碱指示剂。

教师：实验室里那么多人，为什么只有波义耳发现了这个现象？

学生：因为波义耳能从细微的现象中发现问题，不断发问，不断探索，最终发现真理。

教师：这个顺序正是作者在说明观点时的顺序，让我们再来看看其他两个事例，以四人小组展开讨论，借助表格自主学习另外两个事例，想一想每个事例是按照怎样的顺序写的？

学生：第二个事例是魏格纳发现世界地图上海岸线存在吻合现象，他提出疑问：“这不会是巧合吧？”接着他阅读了大量文献搜集证据，最后提出“大陆漂移学说”，并出版《海陆的起源》一书。

学生：第三个事例是阿瑟林斯基发现儿子睡觉时眼珠转动，由此他提出一连串的疑问，他进行了反复的观察实验，最后发现脑电波的变化与做梦有关。

教师：观察这个表格，你有什么发现？

学生：三个事例都是科学家从细微的现象中发现问题、不断发问、不断探索、最终发现真理。

教师：是的，我们发现课文观点的表述与事例的表述存在一致性，这样一来，三个事例不就正好证明了观点吗？课题“真理诞生于一百个问号之后”中的“一百个”怎么理解？

学生：这里的“一百个”不是具体的数字，它是科学家们反复实验、不断探索的过程。

学生：从“一百个”中我感受到的是科学家们对追求真理锲而不舍的精神，感受到的是他们在不断探索过程中的恒心和毅力。

教师：除了文中提到的科学家，你还知道哪些科学家也是从细微的现象中见微知著，最后找到真理的？

学生：牛顿看到苹果从树上掉下来后发现了万有引力。

学生：瓦特观察烧水时的水蒸气，就发明了蒸汽机。

学生：鲁班被带锯齿的叶子划伤，就发明了锯子。

教师：你能不能用“见微知著”“善于发问”“不断探索”“发现真理”的顺序来说一说。

学生：一天，牛顿坐在树下，被一个苹果砸到，他开始思考为什么苹果会垂直掉下来呢，于是他进行了反复的实验和探究，最终发现了万有引力。

教师：科学家们都能从细微的、司空见惯的现象中发现别人观察不到之处，并不断发问、独立思考。正如文中这样说道——

学生：如果说科学领域的发现有什么偶然的机遇的话，那么这种“偶然的机遇”只会给那些善于独立思考的人，给那些具有锲而不舍精神的人。

教师：结合你自身来说一说，通过这节课的学习你有什么启发？

学生：以后在生活中要有一双善于发现的眼睛。

学生：以后要有不断实践的决心，不能因为有困难就轻言放弃。

教师：同学们，我们要有一颗好奇心，有敏锐的观察力，有强烈的求知欲，有不断探索的精神，在生活中多问几个“为什么”。正如单元导语所说——

学生：科学发现的机遇，总是等着好奇而又爱思考的人。

【素养指向】

初步理清课文结构之后，让学生思考三个事例是按照怎样的顺序来写的。在品读过程中，教师层层引导，抽丝剥茧，以引导学生发现“见微知著”“善于发问”“不断探索”“发现真理”的顺序。通过使用表格学生可以发现课文观点的表述与事例的表述存在一致性，因此产生了证明关系。最后进行拓展，让学生用“见微知著”“善于发问”“不断探索”“发现真理”的顺序来介绍一个自己熟悉的事例。事例的介绍中，语文学科知识和科学探究精神会进行有益融合，有效落实发展型学习任务群，将实用性阅读与交流学习第三学段的要求扎实呈现。

五、语文与体育学科相融合、落实核心素养

案例 6—13

【教材作者】

选自《跟着罗蓉教语文》：统编版一年级上册汉语拼音 3《b p m f》课堂实录

作者：教育部双名工程罗蓉名师工作室　张　昱

【教学片段】

三、记住形

1. 记住形

教师：刚刚帮助小猴过河的四个声母宝宝，你记住它们的样子了吗？老师记住了 m 像门洞。你记住了哪个声母？教教我们认识它，记住它。

2. 教师用道具摆一个

教师：你还有什么办法能摆出什么呢？合作摆（手指、身体）。

教师：请你帮我摆个（　）。

教师：老师帮你摆个（道具）b，谁来帮我摆（p m f）？

【素养指向】

结合情境图认识形，读准音，用多种活动感受形，识记形，自创小口诀记住音形，在学生已掌握知识的基础上，纠正读音。充分发挥学生的自主能动性。结合上节课所学，做到了知识之间、单元之间的衔接。在教学中，引导学生合作摆动身体，既提高了学生学习的积极性，也达到了思考和行动相统一的思维过程，巩固了学生学习的主动作用。

案例 6—14

【教材作者】

选自《跟着罗蓉教语文》：统编版一年级上册汉语拼音 3《b p m f》课堂实录

作者：教育部双名工程罗蓉名师工作室　张　昱

【教学片段】

四、会写

教师：声母宝宝和我们一起玩游戏，现在它们有些累了，想要回家。

教师：观察四线三格。

教师：bp 的肚子都在哪一格？

教师：mf 在哪一格？

教师：现在谁能把它们准确安全地送回家？（第二次把道具摆进四线三格）你能说说它是几笔写成的吗？

1. 边讲解边范写

教师：b 是两笔写成，占上格和中格。注意：第一笔竖不能碰到第一条线，右下半圆要写饱满。p 是两笔写成，占中格和下格。注意：第一笔竖不能碰到第四条线，右上半圆要写饱满。m 是三笔写成，占中格，注意：左右两边一样大，占满格。f 是两笔写成，占上格和中格。注意：第一笔是右弯竖，且横比较短。

2. 课中手指操

教师：学了那么长时间，小指头一起活动活动吧。

3. 纠正握笔姿势、坐姿（出示图片）

教师：我看看哪个小朋友模仿得最像，写字是一件很神圣的事情，我们一定要认真对待，头正身直脚放平。

4. 描红、展示

教师：描红不漏红，你写得很饱满。同桌交换，帮助同桌把字母宝宝变得更漂亮。

【素养指向】

关注书写姿势、握笔姿势，结合一年级学生的特点而插入手指操，训练学生手腕、手指力量。做手指操的过程也锻炼了学生的敏捷性和灵活性。

六、语文与思政课相融合、落实核心素养

案例 6–15

【教材作者】

选自《跟着罗蓉教语文》：统编版五年级上册第六单元《“精彩极了”和“糟糕透了”》课堂实录

作者：教育部双名工程罗蓉名师工作室　杨雨婷

【教学片段】

五、拓展延伸，感悟爱

教师：长大后的巴迪终于明白，一个人的生命中不仅需要“精彩极了”的鼓励，还需要“糟糕透了”的警告。孩子们，你有过与巴迪类似的经历吗？说一说当时的情境和你的感受。学了这篇课文，你又会怎样面对来自父母的赞扬和批评呢？

学生：我第一次做蛋糕，做得虽然不好看，也不美味，但妈妈却说很好吃，表扬了我。当时我非常感动，我知道自己做得不够好，于是我就不断改进。

学生：我第一次写日记的时候，写得很平淡无味，妈妈说让我多用上好词好句，而爸爸却说不需要有一些华丽的表达，只需要表达出我的真情实感。我认为父母的做法都是对的，妈妈希望我能在写作水平上有所提高，而爸爸希望我能学会表达自己内心真实的想法。

教师：孩子们，在人生的旅途中，有鲜花盛开的阳光大道，也有荆棘丛生的山间小路。在生活的道路上，我们渴望拥有“精彩极了”的赞美，却难免遭受“精糕透了”的打击。当生活的小船航行在茫茫的大海中，愿我们谨慎地把握住舵轮，明确航向，使它不因“精彩极了”而搁浅，也不因“糟糕透了”而倾覆，而是在爱的鼓舞下，勇往直前，扬帆远航！

【素养取向】

课标要求注重密切联系学生的生活现实，因为生活即语文，语文即生活。真正实现“教材生活化，生活教材化，从生活中来，到生活中去”的教育目标。本单元口语交际的话题是“父母之爱”，在教学本环节时，通过联系生活实际，让学生从教材延伸到生活中，进一步增进体验，实现语言与思维发展的同步。因此，这篇课文的学习为口语交际奠定了情感基础，这个环节的设计有助于学生更加客观、理性地看待父母之爱，在与父母的相处过程中形成正确的态度取向。

案例 6–16

【教材作者】

选自《罗蓉真学语文》第一集：统编版四年级上册第七单元《古诗三首——出塞》课堂实录

作者：教育部双名工程罗蓉名师工作室　杨娅菊

【教学片段】

三、想象画面，感悟诗情

教师：在《出塞》中，天下兴亡时是龙城飞将担负起责任的，那《凉州词》中又是谁担负起了这匹夫之责呢？请同学们默读古诗，边读边找一找。

学生：（默读古诗）

教师：你觉得是谁担负起了这份责任？你来。

学生：我觉得是征战士兵担负起了这份责任。

教师：（板书"征战士兵"）你从哪里看出来的呢？

学生：我觉得是这句"醉卧沙场君莫笑，古来征战几人回"。

教师：正是这千千万万征战沙场的士兵担负起了这天下兴亡的匹夫之责。读。

学生：（齐读诗句）

教师：同学们猜一猜，这写的是战士们出征前还是出征后的事？说说为什么？

学生：我觉得是出征前，因为"葡萄美酒夜光杯，欲饮琵琶马上催"。葡萄美酒就是说明他们要在出征前开怀畅饮了。

教师：（PPT 出示前两句诗）请同学们齐读这两句，边读边想象，你仿佛看到了什么？听到了什么？

学生：（齐读诗句）

学生 1：我仿佛看到了精美的酒杯中盛满甘醇的葡萄美酒，战士们要喝的时候却被琵琶声催促着上战场。

教师：你来读。

学生 1：（读诗句）

教师：你还看到了什么？听到了什么？

学生 2：我仿佛听到了那表示催促的琵琶声，战士们端着一杯杯美酒正想畅饮。

教师：你来读。

学生2：（读诗句）

教师：你再来说一说。

学生3：我仿佛看到了战士们在营帐中拿着精致的酒杯，里面盛满了葡萄美酒，正准备痛饮却传来了琵琶声催人出发了。

教师：你来读。

学生3：（读诗句）

教师：声声催促的琵琶声仿佛在催促战士们干什么？

学生1：在催促战士们上战场打敌人。（学生说完读诗句）

教师：这声声催促的琵琶声仿佛在说什么？

学生：这声声催促的琵琶声仿佛在说敌人来了，你们赶快上战场把敌人消灭了吧。（学生说完读诗句）

教师：这群即将出征的战士们听到这声声催促的琵琶声会想什么？

学生1：他们会想我该上战场打仗了。（学生说完读诗句）

学生2：我必须去保家卫国了，不应该在这儿喝酒了。（学生说完读诗句）

学生3：我们不应该在这里享乐了，我们该去战场打仗了，保家卫国，让祖国早日和平。（学生说完读诗句）

教师：这声声催促都在这杯酒中，都在这句诗中，读。

学生：（齐读诗句）

教师：边读边想象真是学习古诗的好方法。这样难得的盛宴，这样难得的气氛，征战士兵们开怀畅饮，但是战士们想的却是（PPT出示诗的后两句）。

学生：（学生读诗句）

教师：这个问题是谁在问？

学生1：征战士兵在问，此次出征有几人能回来呢？（学生说完读诗句）

教师：这群即将出征的征战士兵是多少母亲的儿子，是多少妻子的丈夫，是多少孩子的父亲。此时，还有谁会问？

学生2：儿子问，我的父亲会回来吗？（学生说完读诗句）

学生3：母亲会问，我的儿子什么时候才会回来，能不能回来？（学生说完读诗句）

教师：儿行千里母担忧呀！

学生4：亲人会问，他们还能不能回来呀？我好为他们担心。（学生说完读诗句）

教师：是呀，自古边关多战事，此次出征有几人回呢？

学生1：我觉得回来的人数很少。

教师：去了那么多，回来的人却屈指可数，这是为什么呢？你从中体会到了什么？

学生1：我从中体会到了战争的残酷。（学生说完读诗句）

学生2：我感受到了战士们在战场上英勇杀敌的精神。（学生说完读诗句）

教师：我听出来你誓死杀敌的决心。

学生3：我感受到了战士们为了保家卫国不顾一切的精神。（学生说完读诗句）

教师：你也是一个爱国的孩子。我听出来你精忠报国的精神。

教师：不管几人回，有没有人回，此次出征我能不能回，战士们怕吗？

学生：不怕。

教师：他们退缩了没有？

学生：没有。

教师：是呀，这就是他们的豪言壮语。

学生：（齐读诗句）

教师：这就是他们报效祖国的决心。

学生：（齐读诗句）

四、补充诗词，品读赏析

教师：从古至今，多少战士为了自己的家人，为了自己的国家，战死沙场，但是他们毫不退缩，义无反顾，就像他们一样（PPT出示《大风歌》），请你读。

学生：（读《大风歌》）

教师：听老师来读。（教师读）此时只有这样的壮语才能表达战士们的豪情。

学生：（齐读古诗）

教师：尽管有那样多的将士战死沙场，可仍然有无数的热血男儿奔赴戍边、前仆后继，这是为什么？

学生1：因为他们有保家卫国的心。（说完读诗）

学生2：他们是为了祖国的安宁祥和。（说完读诗）

教师：刘邦的这首《大风歌》写出了多少壮士的豪情壮志。

学生：（齐读《大风歌》）

教师：“风萧萧兮易水寒，壮士一去兮不复还。”多少热血男儿为了国家领土完整拼死沙场，他们的死是悲壮的，更是豪迈的（PPT 出示《凉州词》后两句）。

学生：（齐读诗句“醉卧沙场君莫笑，古来征战几人回？”）

教师：因为（指板贴“天下兴亡，匹夫有责”）

学生：（齐读“天下兴亡，匹夫有责”）

教师：正是这千千万万的征战士兵视死如归，才担负起了天下兴亡的责任。

学生：（齐读全诗）

教师：（PPT 出示《从军行》）在王昌龄的《从军行》中也有一群这样的士兵，他们又担负起了怎样的责任？请同学们自己读一读。

学生：（读《从军行》）

学生 1：他们担负起了保家卫国的责任。（学生说完读诗）

学生 2：让祖国变得安宁祥和的责任。（学生说完读诗）

学生 3：他们还担负着让人民安宁、国土完整的责任。

学生 4：让国家和平的责任。

教师：齐读。

学生：（全班齐读古诗《从军行》）

教师：王翰一生留下的诗词很少，但是这首《凉州词》深深震撼着我们的内心（PPT 出示《凉州词》）。

学生：（全班齐读古诗）

教师：我们跟着王翰感受了征战士兵们的豪情壮志，跟着王昌龄感受了龙城飞将的英勇无畏、精忠报国。不同的诗人，一样的边塞诗，流淌着浓浓的家国情。这就是——（向下移动板贴“天下兴亡，匹夫有责”）

学生：（全班齐读“天下兴亡，匹夫有责”）

【素养取向】

爱国主义教育是思政课当中不可缺少的一部分，同样在 2022 版新课标中对中华优秀传统文化主题内容的学习也是有相关的要求的。教师充分挖掘文本内涵，引导学生想象画面，感受征战士兵誓死杀敌的决心与豪情壮志，拓展阅读深化古诗内涵，紧扣本单元人文主题——天下兴亡，匹夫有责。鼓励学生树立向上向善的中华民族人文精神，弘扬自强不息精神，培养青少年责任担当意识。

案例 6—17

【教材作者】

选自《罗蓉真学语文》第一集：统编版四年级上册第七单元《延安，我把你追寻》课堂实录

作者：教育部双名工程罗蓉名师工作室　荀春玲

【教学片段】

2. 跟随“追寻”脚步，明白追寻的是什么。

教师：延安我把你追寻，作者追寻的脚步在哪里？他去了哪些地方追寻呢？（PPT 出示第二小节）

学生：作者到延安的延河、枣园、南泥湾、杨家岭追寻。（板贴）

教师：作者为什么要去这些地方追寻？它的背后又有什么故事呢？（PPT 出示阅读提示，标红如果有不懂的内容，可以查找相关资料帮助理解）阅读提示告诉我们：如果有不懂的内容，可以查找相关资料帮助理解。你了解了哪个地点后面的故事呢？

学生：我了解了南泥湾。南泥湾在延安南部，当年八路军一二〇师三五九旅响应党中央的号召，在这里开荒种粮，开展大生产运动。著名的歌曲《南泥湾》就是歌颂三五九旅的。（学生照着资料朗读得磕磕绊绊）

教师：孩子，这是你查阅相关资料后的记录。你告诉我，现在不看材料，你了解了南泥湾的什么故事？

学生：南泥湾一二〇师三五九旅的故事。

教师：三五九旅在这里做了件什么事？

学生：在这里开荒种地。

教师：开荒种地，原来的南泥湾你们知道是什么样子的吗？

学生：我看过视频，原来的南泥湾就是一片荒地，到处都是枯树，地都是干干的，要开裂的样子。

教师：南泥湾由这样荒凉的地方变成了陕北的好江南，它有个称呼，叫“陕北的好江南”，是什么意思呢？你猜猜它现在是一个什么样的地方。

学生：应该是一个绿水青山、树木和花草很多的地方。

教师：不仅树木和花草多，它还成了什么样的一个地方？

学生 1：美丽且有很多绿色的地方。

学生 2：它成为一个著名的景点。

学生 3：它成为一个有历史故事的地方。

教师：原来延安是一个贫穷的地方，南泥湾是一个荒凉的地方，可是三五九旅到那里后，他们就进行了开荒运动，没有粮食他们就去种粮食，没有生产工具他们就去制作，就这样一点一点让南泥湾变成一个富足的地方，所以称为陕北的好江南。这是南泥湾的故事。南泥湾三五九旅什么样的故事？

学生：南泥湾三五九旅开荒的故事。

教师：这个开荒里面有什么样的感受呢？

学生：开荒的那些人特别辛苦。

教师：是非常辛苦的，在这样的辛苦面前他们退缩了吗？

学生：没有。

教师：这叫什么？

学生 1：这叫坚持不懈的精神。

学生 2：坚定不移。

教师：面对这样的情景，他们没有放弃，面对这样艰难的情景他们没有退缩，而是坚持不懈，而是艰苦奋斗，而是坚持自力更生，这就是南泥湾的故事。你还了解哪个背后的故事？

学生：我还了解了杨家岭的故事，杨家岭是中国共产党最早开会的地方。

教师：他了解到了重大会议在这里召开。

学生 1：我还了解这里是红色革命地之一。

学生 2：我还了解这里是毛泽东、周恩来、刘少奇等领导同志办公的旧址。

学生 3：杨家岭是中共中央领导在 1938 年 11 月至 1947 年 3 月期间的驻地。

教师：它是党的驻地，也在这里召开很多重要的会议，例如：延安文艺座谈会，还有——

（PPT 出示延安文艺座谈会和中国共产党第七次全国代表大会图文）

学生：召开了党的七大和延安文艺座谈会。

教师：对，这两个重大的会议在这里召开，而且还确立了一个重要的指导思想，叫作毛泽东思想。这是杨家岭的故事，你还了解什么故事？

学生：还了解了枣园的故事，1943 年十月中共中央书记处由延安杨家岭迁往延安枣园，在这里中共中央书记处继续领导了党的整风运动和解放军民的大生产运动，筹备了党的第七次全国代表大会，并作出毛泽东赴重庆谈判等重大决定。

教师：在这里，决定过很多重大的事情。还有呢？

学生：毛主席的《为人民服务》等著作便是在枣园写下的。

教师：对，这部著作叫作——

学生：《为人民服务》。

教师：这是——

学生：枣园的故事。

教师：还有一个？

学生：延河的故事……

教师：读一读你们手里的资料，把它变成自己的东西。关于延河，你到底了解什么故事？

学生：它是黄河的一级支流，延安市第二大河。在延安非常重要。

教师：还有呢？

学生：自由发言（教师相机指导。）

教师：它还是革命圣地，当年谁在那里漫步过？

学生：毛泽东。

教师：除此之外呢？

学生：还有其他的人。

教师：还有其他革命战士在这里漫步过。这是延河的故事。所以孩子们，你知道作者为什么要在这些地方对延安进行追寻了吗？

学生：因为延河、枣园、杨家岭、南泥湾都是延安具有特色的地方，也是最有名的地方。

教师：最有名、最具代表性的地方，还有什么原因？

教师：对，它有历史意义。所以，诗人说，读——（PPT 出示第二小节）

学生：追寻你，延河叮咚的流水，追寻你，枣园梨花的清香，追寻你，南泥湾开荒的镢头，追寻你，杨家岭讲话的会场。

教师：啊，延安。

（PPT 出示“我把你追寻”）

学生：我把你追寻。

教师：诗人为什么追寻延安？

学生：因为各个地方都有红军的足迹。

教师：追寻的何止是延安，更是红军的足迹，更是那些革命者的革命精神。它追寻的是延安时期独有的革命精神，我们可以称它为——

学生：延安精神。

3. 学习第三～六小节，理解“为什么追寻”。

教师：为什么要追寻延安精神呢？我们的书中有提到。

学生：延安，你的精神灿烂辉煌，一旦失去了你啊，那就仿佛没有了灵魂，怎能向美好的未来展翅飞翔？

教师：这句诗是什么意思？

学生：延安的精神是灿烂的，也是我们中国的灵魂。

教师：如果失去了延安精神会怎样？

学生：那就仿佛没有了灵魂。

教师：还会怎样？

学生：还不能向未来展翅飞翔。

教师：带着这种感受齐读。

（PPT 出示第五小节）

学生：延安，你的精神灿烂辉煌，一旦失去了你啊，那就仿佛没有了灵魂，怎能向美好的未来展翅飞翔？

教师：所以诗人说——啊！延安，我把你追寻！

教师：在把延安追寻的过程中，它发生了什么变化呢？默读课文三、四小节，

用横线勾画出来。（PPT 出示 3、4 小节）

学生：一排排高楼大厦像雨后春笋，一件件家用电器满目琳琅。我们永远告别了破旧的茅屋，我们毫不犹豫丢掉了老牛破车。

教师：好的，那你说一说延安发生了哪些变化。

学生：延安发生了……

教师：你看孩子，既然是变化，就一定有原来的样子，也有现在的样子。

学生：以前的延安是破旧的，现在的是美丽的。

教师：延安的样子是？

学生：一排排高楼大厦像雨后春笋，一件件家用电器满目琳琅。

教师：还有？

学生：宇宙飞船探索太空的奥秘，电子计算机奏出美妙的交响。

教师：孩子们，原来的延安只有——

学生：破旧的茅屋，老牛破车。

教师：而现在的延安却是——

学生：一排排高楼大厦像雨后春笋，一件件家用电器满目琳琅。宇宙飞船探索太空的奥秘，电子计算机奏出美妙的交响。

教师：这就是延安的变化。而这里有两个词，女孩儿，请你读一读。

（PPT 突出“雨后春笋，满目琳琅”）

学生：雨后春笋，满目琳琅。

教师：这两个词什么意思呢？

学生：就像春笋被雨浇了以后，会越来越美丽。

教师：雨后春笋的特点是什么？

学生：美丽。

教师：还有一个特点。

学生：还会长高。

教师：最大的特点是？

学生：长得大，长得快。

教师：这就是雨后春笋的意思，满目琳琅呢？

学生：家用电器种类多。

学生：满眼都充满了那一个东西，表示多，而且很……

教师：琳琅都是斜“王”旁，它表示都是和玉石有关。满眼都是。

学生：满眼都是又珍贵又多的家用电器。

学生：珍贵美好的东西特别多，这，就是满目琳琅。

教师：多而美就是这个事物的特点。带着这个发现读一读课文。

学生齐读三、四小节。

教师：那么多美好的东西是因为什么会越来越多，越来越好呢？

学生：因为现在的科技发展。

学生：现在科学发展特别快。

教师：是什么让我国的科技发展得特别快的？

学生：是咱们中国人，还有延安的延安精神。

教师：咱们中国人那种延安精神！什么是延安精神？

（PPT 出示：什么是延安精神？）

学生：延安精神也可以说是坚持不懈的精神。

教师：对。

学生：当年八路军在延安坚持不懈的精神。

学生：当年红军自力更生的精神。

学生：不怕困难的精神。

教师：面对那么多困难他们退缩了吗？

学生：依然百折不挠。

教师：还有？

学生：自力更生的精神。

教师：这些精神都属于延安精神。

正是因为对延安精神的追求，因为延安精神的灿烂辉煌，才会有——（PPT 出示以下内容并引导朗读）

学生：一排排高楼大厦像雨后春笋，一件件家用电器满目琳琅。宇宙飞船探索太空的奥秘，电子计算机奏出美妙的交响。

教师：一旦失去了延安精神，那就仿佛？

学生：没有了灵魂，怎能向美好的未来展翅飞翔？

教师：所以，我们永远告别了破旧的茅屋，却——

学生：忘不了延安窑洞温热的土炕。

教师：我们毫不犹豫丢掉了老牛破车，却——

学生：不能丢宝塔山顶天立地的脊梁。

4. 研读延伸，传承“追寻”之路。

教师：不能丢，不能忘的是什么？

学生：是延安窑洞温热的土炕，宝塔山顶天立地的脊梁。

教师：仅仅是这些吗？

学生：延安精神也不能丢，更不能忘！

教师：对，咱们不仅不能忘，不能丢，还要把它进行——

学生：传承和发扬。

（PPT 出示中国航天飞速发展的图文，袁隆平接受采访的图文，张桂梅老师的图文……）

教师：正是因为对“延安精神”的传承与发扬，才会有中国航天的飞速发展，第一颗人造地球卫星的成功发射；正是对“延安精神”的传承与发扬，才会有袁隆平爷爷用一生在田间地头劳动科研，只为了让每个人都能吃饱饭；正是对“延安精神”的传承与发扬，才会有张桂梅老师在云南深贫山区坚守教育事业数十载，帮助 1800 多名贫困女孩儿圆梦上大学……

【素养取向】

教师紧扣人文主题进行教学，教学环节循序渐进，教学有梯度。关注到了单元整体教学的整体性，对之前的课文内容进行了梳理延伸，引导学生去担起自己的那一份“匹夫之责”，追寻自己心中的“延安”。核心素养就是让学生通过学习逐步形成正确的价值观和必备品格。在一遍遍诵读学习诗歌的过程中结合对资料的收集查阅，继承和弘扬优秀的革命文化，传承和发扬延安精神，培养爱国主义，逐渐形成学生自己的世界观、人生观、价值观。

第七章　小学语文教材中的传统文化分析

第一节　中华优秀传统文化的含义和作用

一、中国传统文化和中华优秀传统文化的含义

传统文化指在一个民族中绵延流传下来的文化，是与“现代文化”相对的。任何民族的传统文化都是在历史过程中形成和发展起来的，既体现在有形的物质文化中，也体现在无形的精神文化中。如人们的生活方式、风俗习惯、心理特性、审美情趣、价值观念等。

关于中国传统文化的含义，不同的研究者有不同的看法，也形成了各种富有特点的理解。有的研究者从狭义文化层面理解，有的研究者从广义文化层面理解；有的研究者界定较为简略，有的研究者界定较为详细；有的研究者侧重从某一方面去阐释，有的研究者则注重全面阐释；等等。王学伟基于前人研究成果从广义上界定的中国传统文化含义可谓详细而全面。王学伟认为，对中国传统文化含义的界定至少应包括三个方面：主体、时限、内容。中国传统文化指中华民族1840年鸦片战争以前创造的文化成果的总和。具体而言，中国传统文化应包括传统的物质、行为、知识、制度、文学、艺术、思想、精神等层面。物质层面，如传统的建筑、典籍、器具等；行为层面，如传统的礼仪、习俗等；知识层面，如传统的医药、天文知识等；制度层面，如传统的文官制度、教育制度等；文学层面，如传统的诗歌、戏剧、小说等；思想层面，如传统的审美情趣、价值取向等；精神层面，如传统的性情观、生命观、知行观等。

目前学界在中国传统文化的含义上已有一个共识，即中国传统文化指的是1840年鸦片战争以前的中国文化，是以中华文化为源头、中国境内各民族共同创造的、长期

历史发展所积淀的文化。中国传统文化，也称作中华传统文化、中华古文化、中国古代文化、国学等，包含民俗、戏曲、棋艺、茶道、中国传统乐器、文人字画等，是指以中原文化为基础不断演化、发展而成的中华特有文化。中国传统文化是中华文明经过演化而汇集成的一种反映民族特质和风貌的民族文化，是民族历史上各种思想文化、观念形态的总体表征，是居住在中国地域内的中华民族及其祖先所创造的、为中华民族世世代代所继承发展的、具有鲜明民族特色的、历史悠久、内涵博大精深、传统优良的文化。它是中华民族几千年文明的结晶。由此可见，中国传统文化的含义主要包括三个要点：第一，中国传统文化是相对于现代文化和外来文化的一种统称；第二，中国传统文化是反映中华民族特质和风貌的文化；第三，中国传统文化的内容包括历代存在过的种种物质的、制度的和精神的文化实体和文化意识。潘万木、杨文胜、吴浪平在《简明中国传统文化（第三版）》一书中提出中国传统文化的特征有：统一性（浑然大一统，涵蕴多元化）、连续性（绝伦的延续性，超凡的再生力）、非宗教性（人文精神）、泛道德性、内倾性、中庸和平、乡土情谊等。①

中国传统文化固然广博，但就其在社会主义建设中的价值和育人价值而言，则指的是中华优秀传统文化。党的十八大以来，以习近平同志为核心的党中央将文化建设提到了一个更加重要的地位，将文化自信和道路自信、理论自信、制度自信并列为中国特色社会主义“四个自信”，提倡传承和弘扬中华优秀传统文化。党的二十大报告进一步提倡有效传承弘扬中国优秀传统文化，推动中华优秀传统文化创造性转化、创新性发展，具体指出，“坚持创造性转化、创新性发展，以社会主义核心价值观为引领，发展社会主义先进文化，弘扬革命文化，传承中华优秀传统文化”。中华优秀传统文化是中华民族的突出优势，要结合新的时代条件去好好传承和弘扬。2022 年 6 月，习近平总书记在四川考察时强调：“中华民族有着五千多年的文明史，我们要敬仰中华优秀传统文化，坚定文化自信。”

《义务教育语文课程标准（2022 年版）》前所未有地将中国优秀传统文化育人价值贯穿始终，并突出地呈现在每一章中。该课标一开始就在前言的“坚持目标导向”里指出：要将中华优秀传统文化等重大主题教育有机融入课程，增强课程思想性。可见，语文课程很重要的一个目标就是继承和弘扬中华优秀传统文化，铸牢中华民族共同体意识，建立文化自信。

那什么是中华优秀传统文化呢？中华优秀传统文化，属于“中国传统文化”的

① 潘万木、杨文胜、吴浪平主编：《简明中国传统文化（第三版）》，华中科技大学出版社 2019 年版，第 49—72 页。

范畴，是“中华文化”的重要内容。王学伟认为，中华优秀传统文化就是中华民族在1840年鸦片战争以前创造的，并能够经过现代意义上的创造性转换而服务于中国现代化建设的文化，包含物质形态层面，知识、技艺层面，行为、制度层面，文学、艺术层面和思想、精神层面等。中华优秀文化传统是在中国历史上产生并承传至今，能够通过现代价值转换服务于中国现代化建设的思维方式、价值取向、国民品性、伦理观念、理想人格、审美情趣等精神成果的总和。李宗桂主张从思想文化的层面发掘中华优秀传统文化的现代价值，他认为，中华优秀传统文化是指中国传统文化的精华所在、精神所在、气魄所在，是体现民族精神的价值内涵。中华优秀传统文化在中华民族发展历程中，在中国思想文化发展历史上，曾经起过积极的作用，迄今仍有合理价值，能够为中华文化的现代传承和创新发展起到积极作用，能够促进社会进步和民族发展，主要体现于思想文化的层面。简言之，所谓中华优秀传统文化，就是中华民族长期发展过程中形成的、有着积极的历史作用、至今具有重要价值的思想文化。蓝香清认为，中华优秀传统文化是中华民族在物质、精神层面的积累和财富，其外延会随着人类的需求而改变。中华优秀传统文化以中华民族为创造主体在农耕文化氛围中孕育、成长、发展、成熟，反映的是中华民族的传统美德与心灵追求，表达着中华民族独特的情感诉求，展现了中华民族不屈的生命力。中华优秀传统文化的核心内涵是心的文化，所以要用心去体悟优秀传统文化。中华民族人民应当在交流中寻找情感共鸣，从而寻找强大的民族凝聚力和自强不息的民族生命力。由以上三位学者的界定可见，中华优秀传统文化是中国传统文化中的精华部分，既具有积极的历史作用，也具有合理的现代价值，是展现了中华民族自强不息生命力的文化。本书中论及的《义务教育语文课程标准（2022年版）》和小学语文教材中的中国传统文化，即指中华优秀传统文化。

二、中华优秀传统文化的作用

国家在文化育人价值上非常重视中华优秀传统文化的作用，在《义务教育语文课程标准（2022年版）》中将其与革命文化、社会主义先进文化一起作为中华文化的三大代表性文化，共同构建了中国特色社会主义文化的基本内容，用以在育人上从小培养学生铸牢中华民族共同体意识，使其能够建立文化自信。中华优秀传统文化是能够超越时代的文化，即在不同的历史时期仍能凸显其文化建设的价值；中华优秀传统文化也是能够超越社会性质的文化，即在不同性质的社会中仍能发挥其文化建设的作用。中华优秀传统文化在当下有利于建设社会主义新文化；有利于增强民族凝聚力、提高民族自信力；有利于推动社会和谐可持续发展。中华优秀传统文化无论在历史上还是在当代中国文化的建设中，都具有激发民族自信心和自豪感的作用，具有民族文化认同感，是维系国家统一和民族团结的精神纽带，以及推动社会进步和培养健康人格的精神动力。在立德树人目标下，中华优秀传统文化在小学语文课程中的作用有以下几个方面。

（一）培养学生的爱国主义情怀

中华优秀传统文化是爱国主义的源泉，爱国主义是中华优秀传统文化的突出表现。爱国主义既是一个古老、永恒的主题，又是一个不断发展、变化的历史范畴。它在不同的社会制度、不同的历史时代，具有不同的具体内涵。在中国古代，爱国主义表现为维护国家统一、领土完整和维护民族团结、反抗外族入侵的强烈情感。在近现代，它则表现为救亡图存，走向世界，走向近代化，并把争取国家独立，抵抗外侮的斗争同争取民族、国家和社会主义前途的努力结合起来。当下，爱国主义又具有时代赋予的新内涵，中国人民正在为实现中华民族的伟大复兴而努力奋斗，爱国主义成为凝聚和调动最广泛社会力量的精神力量和思想源泉。爱国主义是有强大生命力的文化传统，在当今时代，爱国主义的文化浸润功能会很自然地体现为激发全民族为实现社会主义现代化而奉献自己的一切的精神。因此，通过继承弘扬中华优秀传统文化，培养中国特色社会主义事业的未来建设者和接班人的爱国主义精神，增强其民族自尊心，激发其社会责任感尤为重要。

在小学语文教材中，教师可以通过渗透中华优秀传统文化的课文等对小学生进行爱国主义的思政教育，培养学生的爱国主义情怀。例如，在学习统编版五年级上册《圆明园的毁灭》这篇课文时，教师就可以通过多媒体来展示清朝著名的皇家园林，有着“万园之园”之称，历经清朝五位统治者修缮、拓建的圆明园在遭受侵略者焚毁之前的华丽壮观景象，让学生感受到我国古代建筑的辉煌，激发学生的民族自豪感。然后，播放表现我国圆明园被劫掠、毁灭的影片片段，让学生认识到落后就要挨打，教育学生要努力让自己的国家更强大，从而培养学生的爱国主义情怀。

（二）培养学生良好的道德品质

中华优秀传统文化是民族共同体在长期生产与生活的实践过程中，经得起历史考验，并保留和积淀在古老而高贵的民族血液中的思想品质、价值规范、行为导向、伦理道德等的集中体现，同时又是维系民族在共同生存与发展空间上的精神枢纽和凝聚民族整体共识的向心力。中华优秀传统文化是一套庞大而复杂的知识构筑体系，具有稳定性、完备性、延续性的特点，它扎根于较深的民族历史渊源，具有最为深厚的民族道德基础和较高的文化核心价值，是世界人类文化宝库的重要组成部分。并且，中华优秀传统文化的传承与思想政治教育的发展是紧密联系、融会贯通、相辅相成的。立足现实，通过思想政治教育方法方式，充分挖掘中华优秀传统文化中的思想政治教育资源，以中华优秀传统文化精神为依托，不断推陈出新，弘扬民族精神，能够使中国优秀传统文化精髓得以传承、发展、创新、繁荣。

中华优秀传统文化内容具有鲜明的人文性，在小学语文教材中的有关历史人物课文或古诗词等中所表现出来的优秀道德品质和精神追求值得学生继承和发扬。如统编版小学语文教材中多以民族精神、关怀民生疾苦、高尚不屈、清廉高雅、向上向善等优秀的精神品质为主，并侧重弘扬自强不息、敬业乐群、扶危济困、见义勇为、孝老爱亲等中华传统美德。例如，在学习统编版三年级语文上册《司马光》这篇课文时，教师可以引导学生抓住文中的动词，了解事情的经过，体会司马光在同伴命悬一线之际通过砸缸成功救出同伴的聪颖机智、遇事沉着冷静、爱护同伴的美好品质。统编版四年级语文上册《王戎不取道旁李》这篇课文，讲述了王戎七岁时和小朋友看到路边有果实累累的李树，小朋友都争先恐后去摘，只有王戎没有摘并告诉他们李子苦的故事。这篇课文告诉我们，遇到事情要多想，多思考，不能盲目地跟从的道理，教师重在引导学生学习王戎善于观察、缜密思考的美好品质。

（三）培养学生的社会主义价值观

小学语文课程注重探索、挖掘和发扬中华优秀传统文化的育人价值，注重推动中华优秀传统文化创造性转化、创新性发展，使其具有参与建设社会主义新文化的现代价值。例如，在学习统编版二年级下册《揠苗助长》这篇课文时，首先应该引导学生学习寓言这种文体的特点以及中国寓言与西方寓言的区别等知识。其次，在整体把握寓言故事的基础上揭示寓意。这则寓言故事讲述了一个人想让自己家里的禾苗长得快一点，就到田里将禾苗一棵一棵拔高，结果却导致所有的禾苗都枯萎了。在学习这篇课文时，教师就可以渗透社会主义价值观，让学生明白所有的事物都要遵循世界上的一些客观规律和准则，教育学生要讲究人和自然和谐相处，遵循大自然的规律。

（四）培养学生的中华文化认同和文化自信

国家统编的小学语文教材是传承中华优秀传统文化的重要载体。统编版小学语文教材中精选、编入的中华优秀传统文化篇目富含大量的中华文化认同认知因子，对培养学生的中华文化认同和文化自信具有突出的作用。在统编版小学语文教材里，汉语言文字、古典文学艺术，传统民俗，传统节日，二十四节气，古代建筑，古代天文地理等无不透射出中华优秀传统文化里蕴含的中华民族及其祖先的渊博智慧和丰富的人文精神。教材学习有利于学生感受中华民族文化的独特与魅力，自觉对中华优秀传统文化产生认同和自信，主动继承和弘扬中华优秀传统文化。

例如，教师可以挖掘小学语文教材中二十四节气中的传统文化元素，并进一步开发相关课程资源，使小学生能够感知节气的习俗和魅力，促进小学生对节气文化内涵的传承，弘扬二十四节气文化，丰富小学生关于传统文化的积淀。

二十四节气起源于黄河流域，是中国古代制定的一种用来指导农事的补充历法，是中华民族劳动人民长期经验的积累成果和智慧的结晶。人们根据月初、月中的日月运行位置和天气及动植物生长等自然现象，并利用之间的关系，把一年平分为 24 等份，并且给每等份取了个专有名称，这就是二十四节气。到战国后期成书的《吕氏春秋》“十二月纪”中，就有了立春、春分、立夏、夏至、立秋、秋分、立冬、冬至等八个节气名称。2016 年 11 月 28 日至 12 月 2 日，联合国教科文组织保护非物质文化遗产政府间委员会第十一届常会在埃塞俄比亚首都亚的斯亚贝巴举行。二十四节气——中国人通过观察太阳周年运动而形成的时间知识体系及其实践，在 37 个申报项目中脱颖而出，成功入选《人类非物质文化遗产代表作名录》。二十四节气被国际气象界誉为“中国第五大发明”。

综上所述，中华优秀传统文化在小学语文课程中的育人价值十分突出，小学语文课程很重要的一个目标就是继承和弘扬中华优秀传统文化，铸牢中华民族共同体意识，建立文化自信，使小学生能够认同中华文化，对中华文化的生命力有坚定信心。

第二节 统编版小学语文教材中传统文化的构成

一、2022 版新课标关于中华优秀传统文化学习的要求

《义务教育语文课程标准（2022 年版）》在前言“坚持目标导向”里明确指出，要将中华优秀传统文化等重大主题教育有机融入课程，增强课程思想性。语文课程一个很重要的目标就是继承和弘扬中华优秀传统文化，铸牢中华民族共同体意识，建立文化自信。

2022 版新课标中语文课程核心素养内涵的第一点就是“文化自信”，具体为：“文化自信是指学生认同中华文化，对中华文化的生命力有坚定信心。通过语文学习，热

爱国家通用语言文字，热爱中华文化，继承和弘扬中华优秀传统文化、革命文化、社会主义先进文化，关注和参与当代文化生活，初步了解和借鉴人类文明优秀成果，具有比较开阔的文化视野和一定的文化底蕴。”课程目标的总目标第二点也指出，要热爱国家通用语言文字，认识中华文化的丰厚博大，汲取智慧，弘扬中华优秀传统文化，建立文化自信。由以上可见，在中华文化中，中华优秀传统文化可谓是基础，是培养小学生核心素养中不可或缺的重要一环，也是建立文化自信的根基。

为了中华优秀传统文化素养的真正落实，课程目标在每一个学段均提出了具体的要求。第一学段目标要求：注重引导学生关注中华优秀传统文化在日常生活中的表现，初步感受中华优秀传统文化的重要价值。第二学段目标要求：注重感悟国家通用语言文字的文化内涵，初步认识中华优秀传统文化蕴含的思想和智慧。第三学段目标要求：注重了解中华优秀传统文化的源远流长、丰富多彩，提升自身中华优秀传统文化修养。三个学段对小学生学习中华优秀传统文化的目标要求各有侧重，相互衔接，逐步深入，有序进阶，从而使中华优秀传统文化逐渐内化为小学生的修养并逐步得以提升。

2022 版新课标在“四、课程内容”部分将中华优秀传统文化的“主题与载体形式”确定为：

围绕创造性转化和创新性发展要求，确定中华优秀传统文化内容主题，注重弘扬讲仁爱、重民本、守诚信、崇正义、尚和合、求大同等核心思想理念；弘扬有利于促进社会和谐、鼓励人们向上向善的中华人文精神；弘扬自强不息、敬业乐群、扶危济困、见义勇为、孝老爱亲等中华传统美德。

主要载体为汉字、书法，成语、格言警句，神话传说、寓言故事、历史故事、民间故事、中华民族团结一家亲的故事，古代诗词、古代散文、古典小说，古代文化常识、传统节日、风俗习惯等。

由以上可见，2022 版新课标中确定的中华优秀传统文化主题主要为三大类：核心思想理念、中华人文精神、中华传统美德，这些都是超越时代、在当代仍然能发挥文化建设作用的真善美文化。而在小学语文课程中的中华优秀传统文化载体形式多种多样，符合小学生接受的特点，有利于小学生的学习。

2022 版新课标在“四、课程内容”部分“内容组织与呈现方式”下三个任务群中分学段对中华优秀传统文化学习内容提出了具体要求。

1.“基础型学习任务群”的“语言文字积累与梳理”中三个学段中华优秀传统文化学习内容的要求如下：

第一学段：诵读、记录课内外学到的成语、谚语、格言警句、儿歌、短小的古诗等，感受中华优秀传统文化，养成自主积累的习惯。

第二学段：诵读、积累成语典故、中华文化名言、短小的古诗词和新鲜词语、精彩句段等，丰富自己的语汇，分类整理、交流，初步认识中华优秀传统文化蕴含的思想。

第三学段：诵读优秀诗文，分主题梳理自己积累的成语典故、格言警句、对联等语言材料，并尝试运用到日常读写活动中，增强表达效果。

2. “发展型学习任务群”的“实用性阅读与交流”中三个学段中华优秀传统文化学习内容的要求如下：

第一学段：学习有关中华优秀传统文化的短文，将读到、听到、看到的故事讲给他人听。

第二学段：学习反映中华传统美德的故事。

第三学段：无。

3. “拓展型学习任务群”的“跨学科学习”中三个学段中华优秀传统文化学习内容的要求如下：

第一学段：参与学校、社区举办的节日和风俗活动，留意身边的传统节日、风俗习惯等文化现象，感受和学习生活中的中华优秀传统文化。

第二学段：参观物质文化遗产，了解非物质文化遗产；关注传统节日节气、民俗风情、民间工艺、历史和传说等；探寻日常生活中龙凤、松竹梅兰等中华文化意象。积极参加学校、社区举办的文化主题活动，在活动中学习语文，获得多样的文化体验。

第三学段：积极参加校园文化社团，参与学校和社区举办的戏曲、书法、篆刻、绘画、刺绣、泥塑、民乐等相关文化活动，体验、感知、传承中华优秀传统文化，运用多种形式分享自己的经验与感受。

由以上可见，三个任务群中分学段对中华优秀传统文化学习内容提出的具体要求，基本上对应课程学段目标关于中华优秀传统文化学习所要达到的具体目标。

第一学段主要是初步感受中华优秀传统文化，第二学段则要初步认识中华优秀传统文化中蕴含的思想和智慧，第三学段就要注重提升自身中华优秀传统文化修养。

2022 版新课标不仅在课程总目标、学段目标、课程内容上对中华传统文化学习进行了明确的要求，而且注重学习效果，使其在学业质量、课程实施上能够得以最终落实。

在“五、学业质量”部分三个学段的学业质量描述，均要求学生能够喜欢并主动阅读体现中华优秀传统文化的作品，这说明 2022 版新课标很重视学生完成课程阶段性学习后的学业成就表现，重视学段结束时学生中华优秀传统文化素养应达到的水平。

另外，在“六、课程实施”的教学建议、评价建议、教材编写建议、课程资源开发与利用、教学研究与教师培训等方面，2022 版新课标就中华优秀传统文化的具体实施提出了以下建议：

“（一）教学建议”第一点即提出：立足核心素养，彰显教学目标以文化人的育人导向。教师应理解核心素养的内涵，全面把握语文教学的育人价值，突出文以载道、以文化人。引导学生在学习语言文字运用的过程中，体认和传承中华优秀传统文化，积淀深厚的文化底蕴，增强文化自信。

“（二）评价建议”的“学业水平考试”中，“命题要求”规定，考试命题的文学体验情境强调要关注学生对中华优秀传统文化的体认。

“（三）教材编写建议”要求：教材编写要高度重视继承和弘扬中华优秀传统文化，要有助于学生铸牢中华民族共同体意识，增强中华民族自尊心和文化自信。

“（四）课程资源开发与利用”指出：要体现课程资源在文化传承方面的作用，充分发挥其促进学生发展的价值。

“（五）教学研究与教师培训”要求语文教师注重中华优秀传统文化积累，提升自身文化修养。

由以上可见，2022 版新课标就中华优秀传统文化在“课程实施”部分五个方面的建议，主要针对的是教师，进一步说，是针对教师在教学实施、学业评价、教材编写、课程资源、教师修养上提出的具体要求，这为切实培养学生中华优秀传统文化素养提供了课程实施主体上的强有力保障。

综上所述，2022 版新课标在培养学生中华优秀传统文化素养上构建了一个完整实施体系，可见国家对培养小学生中华优秀传统文化素养的重视程度。

二、统编版小学语文教材中中华优秀传统文化的构成①

（一）统编版小学语文教材中传统文化内容类型

统编版小学语文教材中传统文化内容类型主要分为两大类：传统文化知识和传统文化理念。为了方便展示，举例基本上以统编版小学语文一、二年级教材为主。

① 王子楠：《部编本小学语文教材中传统文化内容的分析及教学研究》，硕士学位论文，云南师范大学教育专业，2020 年，第 18—46 页。

1. 统编版小学语文教材中的传统文化知识

（1）传统汉语言文化

统编版低段教材中添加了许多富有中国语言文化特色的学习内容，主要形式有传统童谣、对子歌、对联、古诗、成语、歇后语、谚语等。

①童谣

一年级上册识字 2《金木水火土》，是一篇具有浓烈中国传统文气息的童谣，向学生们揭示了古人对世界认知的一种思维观念，金、木、水、火、土，即是宇宙万物变化的基础。一年级下册识字 2《姓氏歌》以低年段学生喜爱的歌谣形式，介绍了中国名字文化中的姓氏文化，学生通过歌谣了解了中国人名中的百家姓，知道自己姓氏的根源，这也反映了一种追本溯源的使命感。一年级下册语文园地七“和大人一起读”一题，出现了以著名古典文学作品《西游记》为描述对象的童谣《孙悟空打妖怪》，文末“咚、空”押 ong 韵，内容描述了“三打白骨精”的情节，还向学生介绍了唐僧师徒三人的面部特征，读来有趣、押韵，内容选材适切，符合低段学生的阅读兴趣，深受孩子们的喜爱。

二年级上册语文园地二中“我爱阅读”一题出现了《十二月花名歌》，歌谣句式工整，将农历中 12 个月不同的花卉特点，描述得简要又不失韵味。二年级上册语文园地七中的“日积月累”一处，以童谣的形式向学生介绍了民间广为流传的“九九消寒歌”，以浅显易懂的语言，记录了黄河流域冬至到来年春分之间整整九十天的气候、物候变化，旨在引导学生多多留意生活，学会认真观察四季变化，感受四季更迭之美。

②对子歌、对联、古诗

a. 对子歌

一年级上册识字 5《对韵歌》，是根据经典蒙学读物《声律启蒙》和《笠翁对韵》编写而成的韵文，让学生初识汉字的同时，能感受汉字发音的音韵之美，以低段学生能理解的“云、雨、雪、风”“花、树、鸟、虫”为主要内容的单字对和以“柳、绿、桃、红”为主要内容的双字对的呈现方式，引导学生感受汉语言文化中词性相当、音韵和谐的独特之美。

一年级下册识字 6《古对今》，以内容浅显的一字对和二字对为主要内容，但是相较于上册的《对韵歌》，在内容选材上增加了一点难度，描述对象还是低段学生熟悉的“古、今、圆、方”“晨、暮、雪、霜”“严寒、酷暑、春暖、秋凉、和风、细雨、朝霞、夕阳”，这些文字非常具有画面感，而低段学生的思维方式也以形象思维为主，所以文字内容选择上偏向小学生的阅读喜好。

b. 对联

二年级上册语文园地四中“日积月累”一题设置以优美风景为主题的楹联，其中有山水图、稻香图、星垂江海图、明月共生海潮图，引领学生在这如诗如画的语言中，感受诗画融合的语言美，这正是中华优秀传统文化的魅力所在。

c. 古诗

一年级上册语文园地一的“日积月累”处《咏鹅》，一年级下册语文园地八“日积月累”处《画鸡》，二年级上册语文园地一“日积月累”处《梅花》，二年级下册课文1《咏柳》等古诗都很适合低段小学生诵读和学习。

③成语

一年级上册语文园地七“日积月累”中集中出现四个八字成语，向学生揭示了做人的道理。

二年级上册语文园地三“展示台”出现了四个四字成语，它们都集中描绘了冬去春来万物复苏，春天花红柳绿，一派生机勃勃的景象。二年级上册语文园地五“字词句运用”中出现了八个四字成语，全部带有“言、语”，旨在鼓励学生根据字面猜测词语意思，为学生日后积累成语提供方法。二年级上册语文园地八“日积月累”处，集中出现了九个含有动物名称的四字成语。

（2）传统节日文化

①春节

一年级上册语文园地八“和大人一起读”处，出现了《春节童谣》。这首童谣跟孩子们的生活联系紧密，悉数了过年前的主要活动，比如腊八节要喝腊八粥，从农历二十三一直到年三十，分别需要吃糖瓜、扫房子、磨豆腐、去买肉、宰公鸡、发面团、蒸馒头，三十晚上守岁一晚，这些是留给孩子最好的春节印象，也是需要一代一代进行传承的春节习俗。

二年级下册识字2《传统节日》一课，悉数了我国七个非常具有代表性的传统节日，蕴含着我们中华儿女的家国情怀，也激发了学生的学习兴趣，使学生形象、直观地了解节日习俗。二年级下册教科书的封面插图，向学生展示了春节时孩童的传统帽饰——虎头帽，图中的虎头帽颜色鲜艳，配色喜庆，少男少女们头戴虎头帽，身着传统唐装，脸上洋溢着幸福欢笑。

②端午节

一年级下册课文10《端午粽》是一篇以端午节传统习俗为主要内容的散文，该课以儿童的口吻介绍了粽子的形状、味道以及节日由来。二年级下册识字2《传统节日》

一课告诉了孩子们“过端午，赛龙舟，粽子艾香满堂飘”的端午习俗，课文的插图配以端午赛龙舟的情境图，帮助孩子再现端午的节日情景。

（3）传统民俗活动

二年级下册语文园地七“日积月累”处出现了《二十四节气歌》，旨在激发学生的学习兴趣，感知我国古代劳动人民的智慧。

（4）传统艺术

我国传统艺术的遗产极其丰富并且辉煌，传统绘画、书法、音乐、舞蹈、戏曲、园林、建筑、雕塑、工艺美术、传统美食等，都有几千年的积累，都有伟大的创造，都透着五千年文明古国深厚的文化底蕴。小学语文统编版教材中涉及的传统艺术主要有绘画、书法、戏曲、建筑和传统美食（见表 7—1）。

表 7—1

传统文化形式	具体分布情况
绘画	三年级下册课文 12《一幅名扬中外的画》
书法	六年级上册第七单元口语交际《聊聊书法》
戏曲	六年级上册课文 24《京剧趣谈》 六年级上册语文园地七“词句段运用”
建筑	三年级下册课文 11《赵州桥》 六年级上册课文 12《故宫博物院》
传统美食	二年级下册识字 4《中国美食》

（5）传统科技

中国是世界四大文明古国之一，除了悠久的历史文化、文字文化，其先进的科技文化也早在古代孕育而生，所以才造就了“文明古国”之称。

小学语文统编版教材三年级下册《纸的发明》一课，使小学生了解纸是怎么发明的，知道外国人懂得造纸术比中国晚了一千多年，感受中华民族祖先的聪明才智和身为一个中国人的民族自豪感。

2. 统编版小学低段语文教材中的传统文化理念

（1）传统道德情操

①诚实守信的道德标准

二年级上册语文园地二“日积月累”处，“与朋友交，言而有信”一句出自《论语》，告诉学生们交友之道——以诚为本。二年级下册语文园地四中出现了来自中国传统文学经典之作《管子》《左传》《韩非子》里的三句话。三句话分别为："诚信者，天下之结也""失信不立""小信成则大信立"，告诫学生要以诚信立德，要以诚信为做人之本。

②勤奋向上的进取精神

一年级下册识字 8《人之初》，选文出自传统蒙学《三字经》，旨在向低段学生表明教育和学习的重要性，鼓励学生用功学习，学好做人。一年级下册语文园地七"日积月累"一题，出现了三句有关学习方法的名言，第一句出自传统文学经典《荀子》，另外还有两句，其中一句"读万卷书，行万里路"出自董其昌《画禅室随笔》卷二《画诀》，另一句"读书百遍，而义自见"出自西晋陈寿所著的《三国志·魏志·董遇传》。三句皆为鼓励学生学习要好问、多读、知行合一，方能学得真知识。

（2）传统的思想情感

①爱国情怀

一年级上册开篇在入学教育"我上学了"中设置了"我是中国人"主题的插图，旨在让学生在入学之初进行身份确认，图中雄伟的天安门城楼、鲜艳的五星红旗、儿童穿的各种民族服饰等明显具有中华民族文化的内涵，让学生对"中国"这个国家概念产生印象。一年级下册以"家人"为主题的第四单元，向学生们介绍了传统的节日风俗，以及古诗作者的思乡情怀。

二年级上册第四单元集中了以"家乡"为主题的课文，《黄山奇石》《日月潭》《葡萄沟》三篇课文跨越海峡，表现了祖国的辽阔和美丽。二年级下册的以"传统文化"为主题的第三单元，通过节日风俗、字源故事和传统美食的传统文化内容，激发学生对传统文化的热爱，继而生发对祖国的热爱。

②仁爱思想

一年级上册汉语拼音 6 中的儿歌《在一起》，字里行间教育学生与同学相处要快乐、友爱。一年级上册汉语拼音 10 中的儿歌《欢迎台湾小朋友》，旨在教育学生对于远方的朋友要热情欢迎，也暗含希望祖国统一的意义。一年级下册语文园地一中"和大人一起读"处出示了儿歌《谁和谁好》，内容贴近少年儿童的阅读兴趣，展现了青藤和瓜、蜜蜂和花、白云和风、"我"和同学之间友爱和谐相处的画面。一年级下册课文 5《小公鸡和小鸭子》，以朋友相互帮助为主题，强调了交友时互助互爱的重要性，这样才能交到真心朋友。课文 6《树和喜鹊》则向孩子们展示了好朋友之间在寂寞时互相陪伴所带来的快乐和幸福。

二年级上册课文 23《纸船和风筝》，讲述了一对好朋友由争吵到和好的过程。关于怎样处理和好朋友之间的矛盾，这篇童话故事提供了一个正确的态度和解决之法。仁爱之心，还表现在对他人的怜悯同情。对他人心生怜悯，好善乐施是一种可贵的精神品质。

③奉献精神

二年级下册语文园地八中“我爱阅读”设置了故事《李时珍》，讲述了李时珍为了治病救人，走遍千山万水采药访医，尝药编书，最终编写出著名的《本草纲目》。

（二）统编版小学语文教材中传统文化内容的编排总况

统编版小学语文教材课文系统和非课文系统中涉及的中华优秀传统文化的内容主要集中在汉语言文化、传统文学作品、传统历史文化和人物故事、传统民俗文化、传统科学技术、传统艺术六大方面。

1. 汉语言文化

汉语言文化是我国文化传承的载体，是中华民族认识自然、认识世界的意义体系和价值体系，承载了深厚的中华历史文化。

统编版小学语文教材中汉语言文化的载体形式主要有字谜、谚语、歇后语、对联、对子歌、汉字、蒙学内容、绕口令等。汉字文化主要体现在第一学段教材的识字单元中，识字课就有 26 篇。识字单元利用字理识字、看图识字等识字方法以及结合蒙学读物《三字经》《千字文》《增广贤文》等内容摘选进行识字。汉语言文化则覆盖了三个学段的教材，内容量很大，小学语文教材的“和大人一起读”“我爱阅读”“语文园地”中编选了大量谚语俗语、名言警句、成语词语、儿歌、歇后语等。

2. 传统文学作品

小学语文教材中选编的传统文学作品包括蒙学读物、古典名著、古诗词赋、文言名篇、古代神话传说、古代寓言故事、传统民间故事以及传统历史人物故事等。其中古代神话传说、古代寓言故事、传统民间故事、传统历史人物故事四种传统文化载体形式在选编上均会在某一册教材中以主题单元集中呈现，同时在该单元的语文园地中还会进一步补充拓展。

小学语文教材编选的蒙学读物有《三字经》《弟子规》《增广贤文》《声律启蒙》《千家诗》，主要分布在第一学段的识字课，以及三个学段教材语文园地的“日积月累”栏目中。《三字经》在一年级上册识字 1、下册识字 8 中均有出现，《弟子规》则在二年级下册语文园地五的“日积月累”栏目中出现，第一学段语文园地的古诗很多来自《千家诗》，三个学段教材中很多谚语俗语选自《增广贤文》。

古典名著在小学语文教材五年级下册第二单元设有专题单元，该单元的四篇课文

《草船借箭》《景阳冈》《猴王出世》《红楼春趣》分别选自《三国演义》《水浒传》《西游记》《红楼梦》四大古典名著。在该单元的口语交际中主题为“怎么表演课本剧”，就可从这四篇课文中选材，使学生在表演中更好地体会人物形象。该单元的“快乐读书吧”主题为“读古典名著，品百味人生”，扩充了教材中四大名著节选的故事情节和人物形象，同时还增选了《西游记》中“猪八戒助力败魔王，孙行者三调芭蕉扇”里的精彩片段，并对章回体小说进行了简要的介绍。

古诗词是传统文学选用编入教材数量最多的，除语文园地中的41首外，在课文系统中还选编了61首，在六年级下册的最后还编排了10首古诗词内容，共计古诗词112首，题材涉及广泛。

文言文的编入学习是从三年级开始，三年级上下册各有一篇，四、五、六三个年级每册教材都有两篇，共计14篇，内容多为历史人物故事和寓言故事。

关于古代神话故事，在二年级下册课文25中选编了《羿射九日》的神话故事，在四年级上册第四单元中专门以“神话故事”为主题，选编了《盘古开天地》《女娲补天》《精卫填海》，在该单元的语文园地还专门针对古代神话故事进行阅读推荐。

在古代寓言上，教材中选编了《乌鸦喝水》《狐假虎威》《坐井观天》《刻舟求剑》《守株待兔》《南辕北辙》《自相矛盾》等。古代寓言在教材中也像古代神话故事一样有专门的主题单元，如三年级下册第二单元的主题即为寓言，当然寓言也会散见于其他册中。该册该单元的“快乐读书吧”以文字的形式引导学生学会阅读寓言的方法和了解寓言的特点、作用，同时推荐阅读《中国古代寓言》和世界著名寓言故事，如古希腊《伊索寓言》、俄国《克雷洛夫寓言》、法国《拉封丹寓言》。

传统民间故事的编入在小学语文教材的课文系统中主要有《寒号鸟》《漏》《枣核》等文章，在非课文系统中一年级下册第一个识字单元的口语交际里选编有以连环画的形式呈现的民间故事《老鼠嫁女》。五年级上册第三单元为民间故事主题单元，选编了《猎人海力布》《牛郎织女（一）》《牛郎织女（二）》，同时在该单元的“快乐读书吧”中节选民间故事《田螺姑娘》，并对民间故事的特点和意义做了简略的介绍，还推荐阅读世界民间故事，如欧洲民间故事和非洲民间故事。

古代历史人物故事在小学语文教材中很多课文都有涉及，尤其是文言文，大多都是关于历史人物的。三年级上册课文24《司马光》作为小学语文的第一篇文言文，以精练的文字讲述了司马光幼年砸缸救人的故事。四年级上册第八单元属于古代历史人物主题单元，选编有《王戎不取道旁李》《西门豹治邺》《扁鹊治病》《纪昌学射》四篇，该单元的口语交际主题为“讲历史人物故事”，不仅总结了该单元的历史人物，还提到了《匡衡凿壁借光》《刘备三顾茅庐》两个历史人物故事。

传统文学在语文园地的“日积月累”栏目还以名言警句的形式出现，内容选自《论语》《荀子》《孟子》《后汉书》《老子》《左传》《韩非子》《墨子》《周易》《尚书》《朱子语类》《礼记》《淮南子》等和教材中的传统文学作品，涉及了经、史、子、集四大部类。

3. 传统历史文化和人物故事

有不少传统历史人物出现在传统文学作品中，二年级上册课文 4《曹冲称象》，三年级上册课文 24《司马光》，四年级上册历史人物主题单元里的四篇课文《王戎不取道旁李》《西门豹治邺》《扁鹊治病》《纪昌学射》，四年级下册课文 18《囊萤夜读》《铁杵成针》等。

小学语文教材中选编的传统历史人物依托生动的故事形象地展现出来，凸显了其高尚的精神品格或独特的智慧。在选择历史人物的故事时，教材充分考虑学生的认知能力和心理特点。在第一、二学段选取的历史人物多处于孩童时期，如二年级上册课文 4《曹冲称象》一文中曹冲才七岁，这样的编排贴近学生的年龄和生活，更容易引起他们的兴趣和共鸣。随着学生学龄和理解能力的增长，教材在历史人物的故事中逐渐融入了政治、历史等方面的内容，如五年级上册中课文 6《将相和》一文，廉颇和蔺相如两位历史人物的故事就与国家政治相关，有助于培养学生对古代社会政治等方面认知与思考的能力，感知中华传统历史文化，并在对中国传统文化产生浓厚兴趣的同时，培养自身精神品格。

4. 传统民俗文化

中国传统民俗习惯可谓多姿多彩，如传统节日以及伴随的各种传统民俗活动和饮食文化、各地域的风土人情等。

传统民俗文化中的传统节日在小学三个学段的教材中均有涉及，在课文系统中，有一年级下册课文 10 的《端午粽》；二年级下册识字 2 的《传统节日》，以童谣的形式，按时间顺序介绍了春节、元宵节、清明节、端午节、乞巧节（又称七夕节）、中秋节、重阳节七个传统节日及其对应的一些民俗活动和习惯；三年级下册第三单元则编排了《元日》《清明》《九月九日忆山东兄弟》三首分别和春节、清明节、重阳节相关的古诗；六年级下册第一单元课文《北京的春节》《腊八粥》以及古诗三首《寒食》《迢迢牵牛星》《十五夜望月》，在这个单元就涉及春节、腊八节、寒食节、七夕节、中秋节五个传统节日。

除课文系统外，非课文系统中传统节日出现的频率也很多。一年级上册语文园地二“和大人一起读”内容为“剪窗花”，三年级下册第三单元综合性学习的主题为“中华传统节日”，五年级上册第三单元语文园地中“日积月累”栏目有古诗《乞巧》，六年级下册第一单元习作主题“家乡的风俗”围绕节日衍生的一些民间习俗，以及教材的封面：一年级下册《儿童晴雪图》、三年级下册《包粽子》、四年级下册《贴春联》、五年级下册《寒梅弄窗花》、六年级下册《元宵佳节约赏灯》等内容都涉及传统节日及其相应的民俗活动。纵观全学段统编版小学语文教材，从较为简单的童谣到古诗词以及综合性学习，传统节日出现的形式丰富，呈现方式多样，且较多以单元整体出现，在课文系统中学习后又在非课文系统中得以巩固。

除了传统节日以及伴随的一系列民俗活动之外，我国广博地域所带来的多民族大杂居、小聚居等的分布特点也创造了多姿多彩的少数民族风俗习惯。在二年级上册第四单元课文 11《葡萄沟》中介绍了新疆维吾尔族的饮食和礼节以及以两幅色彩明丽的插图介绍了其服饰的特色，在同册的第六单元课文 17《难忘的泼水节》中介绍了傣族的泼水节和其服饰，在六年级上册第一单元课文 1《草原》一文中介绍了蒙古族的房屋建筑、饮食、服饰、歌舞和民族特色体育。

在传统民俗文化中，历法是传统节日和与其相关民俗活动的重要依托，在中华民族古老的历史文明中，历法一直影响着人们的生产生活。教材中也出现了很多与历法相关的节气和谚语，集中在语文园地的“日积月累”栏目中。如一年级下册语文园地六中的天气谚语；四年级上册语文园地三中关于秋天的天气谚语；二年级上册语文园地七中的《数九歌》，主要根据从冬至节气以后的温度变化和相关农事生产活动编唱的；二年级下册语文园地七中的《二十四节气歌》用儿歌的方式将我国农历中一年二十四个节气相互串联起来。“二十四节气”彰显了中华优秀传统文化独具的魅力，在传统文化中的地位极高。另外，同属历法范畴的，二年级下册的语文园地三中还将十二地支与十二种动物排序组合成了十二生肖。十二生肖为古人智慧的代表，反映了他们认识和探索自然世界的成果。十二生肖不仅是我国历法独有的天干地支纪年法的代表，更是一种重要的传统民俗，还是中国人独有且常说的属相，体现了古人朴素的世界观，它不仅成为传统民俗，也成为当代中国农历纪年的一种方法。由于这是与现代生活联系紧密的传统文化，有必要让学生有所了解。三年级上册语文园地五以图文并茂的形式，列举了十二生肖。

5. 传统科学技术

我国古代的传统科学技术主要有物理、化学、天文、地理、生物、农学、医学等学科知识体系方面的内容，以及冶金、陶瓷、造纸、印刷、车船、建筑等技术。传统科学技术在小学语文教材中涉及不多，有三年级下册课文 10《纸的发明》，在该篇课文的课后选做习题中简略介绍了张衡发明测验地震的地动仪，祖冲之将圆周率计算精确到小数点后七位，毕昇发明活字印刷术三个和古代科学技术相关的内容。由《纸的发明》一课，教师可引导学生补充我国古代四大发明。

教材中关于医学方面的介绍相比于其他传统科学技术而言较多，课文有四年级上册课文 27《扁鹊治病》，在非课文系统二年级下册语文园地八“我爱阅读”中还介绍了李时珍及其著作《本草纲目》，神话故事中介绍了《神农尝百草》的故事和我国最早的药学著作《本草经》，教材对传统医学关注较多，这与中医作为我国“十大国粹”之一且至今愈发显露其重要的价值等方面有关。

6. 传统艺术

中华传统艺术有着浓郁的乡土气息、淳厚的艺术内涵和生动的历史痕迹，是我国古人的伟大创造，蕴藏了我国几千年文明古国深厚的文化底蕴。

在传统艺术方面，教材中涉及“十大国粹”中的剪纸、围棋、京剧、刺绣、书法五个方面的内容。围棋和刺绣在教材封面中出现，分别是五年级上册封面《对弈》和二年级下册封面《虎头帽》；剪纸出现过两次，一年级上册语文园地二“和大人一起读”的《剪窗花》以及五年级下册教材封面为“剪窗花”的主题；京剧在六年级上册课文 24《京剧趣谈》中简要介绍过，另外在四年级上册教材的封面《话脸谱》中也出现过。书法在小学语文教材中出现得最多，如每册教材的语文园地都会出现一至两次的“书写提示”，五年级下册第三单元的整个单元综合性学习《遨游汉字王国》，六年级上册第七单元口语交际中“聊聊书法”选择了王羲之的《兰亭集序》，第三学段四册课本每册末尾单元中“书法提示”介绍的“四大书法家”及其作品。在“十大国粹”中，书法艺术相比于教材中提到的其他五个，在教材中的比重最大，可见编者对小学阶段学生在书法方面的重视。

关于古代建筑艺术，在四年级下册第五单元的习作例文中专门有一篇介绍颐和园的例文，而在五年级下册第七单元的习作中，还专门以“中国的世界文化遗产”为主题，列举了北京故宫、敦煌莫高窟、秦始皇陵兵马俑等属于中国的世界文化遗产。在六年级上册第三单元略读课文《故宫博物院》一课中则提供了丰富的关于故宫博物院的资料。除了以上所举，绘画、民间工艺塑泥等传统艺术在教材中也有体现。

第三节　小学传统文化教学案例

案例 7–1

古韵今声 传承文化——《对韵歌》

【案例背景】

《对韵歌》是统编版小学语文一年级上册第一单元识字 5 的内容，是根据启蒙读物《声律启蒙》和《笠翁对韵》编写而成的韵文，本文既是识字教学的材料，又是弘扬传统文化的载体。课文以自然景物为题材，以“对对子”为表现形式，音韵和谐，朗朗上口。全文共三句，第一、二两句是单字对，内容包罗自然现象“云、雨、雪、风”和动植物“花、树、鸟、虫”。第三句是双字对，呈现山清水秀和柳绿桃红的美丽景色。与以往的识字不同的是，这是在学汉语拼音之前的识字，学习的是日常生活中的常用字。因此，识字教学就更要挖掘汉字本身的魅力，教学中力求做到让汉字形象化、趣味化。

一年级小学生刚刚入学，活泼好动，注意力集中的时间比较短。因此，课堂中使用多媒体进行教学，运用字理识字、看图识字等多种识字方法指导学生识字，最大限度吸引学生的注意力，提高学生的学习兴趣。给学生充分的朗读、背诵时间，让学生在多种形式的读、背中理解内容、感受“对韵”。同时，通过拓展延伸，进一步激发学生热爱国学、传承中华优秀传统文化的热情。

【案例描述】

教学片段（一）

教师：孩子们的精气神儿真好，老师奖励大家听一首特别的歌。（播放《声律启蒙》视频）

学生认真观看、倾听。

教师：这首歌有什么特别的地方？

学生：每句话中都有“对”字。

教师：（板书“对”，指名学生认读）给“对”字找找“好朋友”。（对方、对面、对联）今天，我们就来学一首关于对对子的儿歌——《对韵歌》。

教师板书课题、学生跟随教师书空，齐读课题。

【专家点评】

这一环节的设计以《声律启蒙》视频为着眼点，让学生发现对子的特点——句中有一个“对”字，初步感受对子的结构，给“对”字找“好朋友”，让抽象的字与学生生活相关联，激发学生学习兴趣，为后文的学习奠定基础，顺理成章揭示课题。

教学片段（二）

教师：认真听老师示范读课文，注意听清字音，没听清楚（明白）的地方标上记号。

学生认真倾听。

教师：来，跟老师读一读这首小儿歌。

老师读一行，学生跟读一行。

教师：现在请孩子们小组内合作读一读吧，互相帮助，准确、熟练地朗读课文。

学生小组内练读。

教师：现在谁来读一读这首小儿歌？（指名读，男女生对读，齐读。强调："云、雨、鱼”是整体认读音节；“风、虫”是后鼻音。朗读提示：把事物名称略微读重一点，“对”字轻读，感受节奏感）

教师：孩子们，这首小儿歌里主要描述了哪些事物？

学生：云——雨、雪——风、花——树、鸟——虫、山清——水秀、柳绿——桃红。

【专家点评】

对于才入校没有多长时间的一年级学生来说，教师的范读可以起到示范的作用，学生模仿教师进行朗读，这有助于提高学生的朗读水平，学生在此过程中可以读准字音、读通句子、感受节奏感、读出兴趣。学生小组合作读，能够发现别人读得不对的地方，也能学习别人读得好的地方，这也是一个相互学习、互帮互助的机会。教师要鼓励学生去发现《对韵歌》里的六对好朋友，点燃学生学习韵文的热情。

教学片段（三）

教师：（播放“云”字的字理演变微视频，给学生讲关于“云”字的故事）孩子们看，汉字博大精深，一个“云”字就蕴含这么多的文化，咱们一定要好好学习汉字。请大家给“云”找个朋友吧。

学生：白云、乌云、云彩、云朵……

教师：孩子们看，火烧云像火烧着了一样，染红了天边、大地和人。（播放图片，让学生感受大自然的瑰丽景象）

教师：看到黑压压的乌云，那就是快要——（下雨了）。孩子们看，“雨”字里面的四个点就像？

学生：一滴滴的小雨点。

教师：在生活中，你见过怎么样的雨呢？

学生：小雨、大雨、暴雨、毛毛雨……

教师：来，我们玩一玩报“天气预报”游戏，老师播报，大家猜，感受雨由弱到强的不同变化。

学生当小老师领读词语。

教师：男生、女生读一读这个对子。

教师：接下来出场的这个小伙伴，它呀，可厉害呢！它和云、雨一样，都是大自然中的一员。云儿见它让路，小树见它招手。禾苗见它弯腰，花儿见它点头。小朋友猜猜它是谁？

学生大胆猜想，结合生活经验和谜面说明理由，猜出是风。

教师：你还知道哪些风？

学生：微风、大风、台风、龙卷风。（学生读一读）

教师：让我们一起读好前两行的对子。

学生朗读。

教师：孩子们，大自然中不但有云有雨有雪有风，还有？

学生：（看图回答）花。

教师：看，这么多的花都竞相开放了，从图中你看到了什么花？（出示四幅图）

学生：桃花、荷花、菊花、梅花。

教师：孩子们还喜欢什么花？和大家分享一下。

学生：玫瑰花、百合花、茉莉花……

教师：美丽的花朵吸引了一位生字朋友。它唱着歌来了，它是谁呢？（出示“鸟”的古文字）

学生：鸟。

教师：能告诉老师，你从哪里看出来的？

学生：它整体就像鸟的形状。它的嘴巴、眼睛和爪子特别像。

教师：看来抓住特点可以记住生字。

教师：小鸟最爱吃什么？

学生：虫子。

教师：这是“虫”的古文字，看看它像什么？

学生：像小蛇。

教师：（拓展）“虫”最早代表的是蛇。三角形的部位，代表蛇的头部，下面的线条是蛇的身体。古人还用“虫”代表不同的事物呢，他们把老虎叫作“大虫”，把蛇叫作“长虫”。现实生活中，“虫”字还有更有趣的用法呢！爱偷懒的小朋友，我们可以叫他“小懒虫”。爱看书的小朋友，我们可以叫他“小书虫”。

教师：小朋友想做“小懒虫”还是“小书虫”呢？

学生：小书虫。

教师：请同学们读一读第三、四行的对子。

学生朗读。

教师：（出示一幅风景画）你看到了什么？

学生：山、水。

教师：什么样的山？什么样的水？

学生回答。

教师：当你看到类似这样的美景时就可以说“山清水秀”。给大家介绍一下你的家乡山清水秀的地方吧。

教师：（出示图片）你又看到了什么？

学生：桃花、柳树。

教师：什么样的桃花？什么样的柳树？

学生：红红的桃花，绿绿的柳树。

教师：这就叫桃红柳绿。我们一起读一读最后两行。

去掉“对”字再读，个别读，齐读。

教师：柳绿桃红和桃红柳绿意思相同，是一对“双胞胎兄弟”。

【专家点评】

教师营造了一个和谐轻松的氛围，在师生、生生互动中，引导学生思维爬坡，在教师引导、学生说话、评价中实现深度思维。同时，示范事物的演变和对应关系，能够让学生更好地了解事物间的对应关系，让语言文字的学习有温度、厚度和广度。兴趣是低年级学生学习的金钥匙。创设情境，多元识字。通过字源识字、引图识字、游戏识字、联系生活等方式识字，调动学生的识字积极性，提高识字效率。学生听说读的能力在此过程中得到锻炼和提升，这是语文综合能力的体现，是学生语文素质全面发展的基础，这样的教学学生学得轻松，学得有效。

教学片段（四）

教师：孩子们看，这些生字宝宝迷路了，现在我们来给它们找找好朋友吧。

教师出示板贴：云、花、鸟、风、雨、虫、雪、树。板贴“云”，指名学生上台在所有生字中找一找它的好朋友“雨”。指名学生依次上台找到所有生字的好朋友。

教师：孩子们，大家看，在汉字中，字义相对，字数相等的汉字常常会在一起交朋友，它们的名字就叫“对子”。一个字对一个字，叫单字对，那两个字对两个字的呢？

学生：双字对。

教师：请孩子们选择自己喜欢的方式练读《对韵歌》。可以拍手打节拍朗读，也可以同桌对读，方式可以多样。

学生练习。

教师：我们一起拍着手完整地读一读这首小儿歌吧。

教师：大家读得可真好，现在我们也来学着对对子吧。（出示图片）

学生看图学对对子。

教师：咱们班的孩子太棒啦，会读会对对子了，来看看这三个生字宝宝要怎么写呢。

教师指导学生书写。（1）认真观察、思考：怎样才能把这三个字写得更漂亮？（2）交流写这三个字的小窍门。（3）交流书写时需要注意的地方。教师相机强调三个新笔画。“云”字第三笔是“撇折”；“虫”字的第五笔是“提”；“山”的第二笔是“竖折”。（4）教师范写，学生观察，跟随教师书空。（5）学生描红仿写，评价反馈。

教师：中华传统文化有着独有的魅力，咱们今天学习的《对韵歌》是根据《笠翁对韵》和《声律启蒙》编写而成的，大家课后可以找来学着多读一读，增强我们的知识面，感受传统文化的魅力，涵养身心。

【专家点评】

一年级的学生第一次接触对子，教师用学生能够听懂的方法教会他们什么是对子，采用各种方式指导学生读对子，学生在课堂上就能熟读成诵。教师注重一年级学生的生字教学，且教学很扎实，结合“虫、云、山”的书写，认识提、撇折、竖折三个新笔画。在示范时，边示范书写，边说新笔画名称，让学生也跟着书空，帮助学生巩固笔画名称，记住笔顺，之后学生描红仿写，教师提醒学生正确的书写姿势，注重学生书写习惯的培养，写完之后学生互评、教师评价相结合，真正做到教学评一致，大大提高了生字教学的效率。

【案例反思】

一、在阅读韵文中识字

《对韵歌》是根据启蒙读物《声律启蒙》《笠翁对韵》编写而成的一篇韵文，音韵和谐，朗朗上口。文本以自然景物为题材，借助对韵歌的形式，让学生在识字的同时初步感受汉语的音韵节奏，激发学生的语文学习兴趣。在识字教学中，教师充分借助内容丰富、有趣的文本，引导学生在阅读情境中识字。在教学本课时，教师可采用多种读书方式复现生字，如：自由读、指名读、师生合作读、齐读、拍手读等形式，引导学生采用不同的形式熟读成诵，让学生在阅读中反复见到生字，加深印象。在反复诵读中，学生不再是枯燥记忆生字，而是在领略中华优秀传统文化“对子”的奇妙之处时感受祖国语言文字之美。

二、借助图画识字

皮亚杰的认知发展阶段理论认为，六七岁的儿童主要处于具体运算阶段，这一阶段的一个重要特征就是思维运算离不开具体实物或形象的支持，有些问题在具体实物帮助下可以顺利得到解决。在教学《对韵歌》中的“树、风、花”时，教师出示“树、风、花”的图片，引导学生借助图画，并联系自己的生活经验通过组词来快速记忆生字。如教学“花”时，先让学生借助“花”的图画，认识几种“花”字，再让学生联系生活说一说自己都认识什么花，接着教师再出示“百合花、玫瑰花”等图文，让学生认读带有花的词语。这样，让学生借助具体的实物、图片来记忆生字，不但让记忆的生字变得更加生动、有趣，而且大大提高了识字效率。因此，在一年级的识字教学中，教师应该尽可能地多为学生提供丰富的图画或实物，而不是只用语言描述让学生想象。将图画和汉字相联系，能降低学生认识生字的难度，大大提升学生识字的成就感，增强其学习的自信心。

三、在创设情境中识字

在识字教学中，教师通过在课堂上创设特定情境的方式来激发学生的学习动力，使学生对识字产生浓厚的兴趣。在这种教学方式下，学生的主观能动性会被充分调动，能更为透彻地理解汉字的音、形、义，使识字教学的效果更加显著。为了唤起学生的识字热情，在教学《对韵歌》中的“云”“虫”两个字时，教师通过创设情境，运用字理识字的方法进行教学。如教学“云”字时，教师播放“云”字的字理演变微视频，同时给学生讲关于“云”字的故事，在教师借助信息技术直观、生动、富有情趣的演示下，学生饶有兴趣地欣赏着“云”字神奇的演变过程。在这种浓浓的情境氛围中，学生不仅加深了对汉字的认识，还深深地感受到了祖国语言文字的博大精深，可谓一举多得。

昆明市盘龙区方茹小学语文名师工作室　东华小学　赵娟执教并撰文

昆明市盘龙区教师进修学校教研员　方茹点评

案例 7—2

走近中国传统节日，弘扬中华传统文化——《传统节日》

【案例背景】

传统佳节，是中华传统文化的重要组成部分，蕴含着中华儿女的家国情怀，联结着中华儿女的精神血脉，也承载着中华民族代代相传的古老文化。

《传统节日》是统编版小学语文二年级下册第三单元的识字 2 的内容。本文是一首以我国传统佳节为题材的韵文。全文共有八句话，前七句话按时间顺序分别介绍了春节、元宵节、清明节、端午节、乞巧节、中秋节、重阳节这七个一年中重要的传统佳节和相关习俗。第八句话与第一句话相呼应，表示新春佳节转眼又至。全文语言平实，句式整齐，读起来朗朗上口，易读易记。配合韵文内容，安排了贴窗花、赛龙舟两幅插图，体现了传统佳节的热闹、喜庆，有助于激发学生的学习兴趣，形象、直观地了解节日习俗，有助于激发学生的学习兴趣，形象、直观地了解节日习俗。

【案例描述】

教学片段（一）

教师：孩子们，中国有许多传统节日，它们都是中华传统文化的重要组成部分。结合生活，说说你对“传统”的理解。

学生：传统就是人们从很久以前就一直在做的事情，并把它们传下来。

教师：大家根据他的解释，可不可以理解“传统节日”呢？

学生：传统节日就是从以前传到现在的节日。

教师：你们知道哪些传统节日呢？读读课文，用铅笔圈出来。

学生：春节、元宵节、清明节、端午节、乞巧节、中秋节、重阳节。

教师：数一数，一共有几个传统节日？

学生：七个。

教师：这就是中国的七大传统节日。

教师：这七个节日的顺序是不能乱的，读一读，猜猜为什么？（出示每个节日的时间）

教师：它们是按时间顺序排列的。

教师：每个节日名称，都藏着时间的秘密。大多数中国传统节日都是按中国人自己的农历时间来过的，清明节是按公历时间来记的。（齐读）

教师：我们在这些节日里又会做什么呢？有哪些习俗？（学生说，教师板书，相机指导生字认读。“贴、祭、舟、艾、乞巧、郎、饼、赏菊”，其中“祭”和“舟”利用字理识字的方法进行识记）

教师：如果让我们为他人介绍传统节日，我们就可以用思维导图的形式介绍，还可以用童谣来介绍。下面我们一起读读这首童谣。

【专家点评】

“用教材教，而不是教教材”这句话对于每一位小学语文教师来说，是耳熟能详的。教师们深知，有效的教材解读直接决定了课堂教学的质量，是高效课堂的前提保障。今天这节课，教师在教学中充分发挥了教师的主导作用，以学生为主体，立足教材本位，实现了多维思考。《传统节日》确定的教学重点是在学文的过程中，引导学生用多种方式识字、学词。教学难点是了解我国的传统节日，能按时间顺序排列。联系生活，选一两个节日，说说自己是怎么过的，感受祖国传统文化。在激趣环节上，教师充分调动了学生的积极性，贴近学生生活，从而更好地落实教学目标。

教学片段（二）

教师：（出示生字，看结构）请大家观察本课要求会写九个字，说说它们的结构。

学生："贴、敬、转、街"四个字是左右结构，"艾、热"两个字是上下结构，"舟"是独体字，"团"是全包围结构，"闹"是半包围结构。

教师：（看汉字在田字格中心比例）请你们观察汉字构字部分在田字格中摆放位置的比例，你有什么发现？

学生1：我发现"贴"字左右比较均匀，"街"由三部分组成，三部分都相对均匀。

学生2：我发现"艾"字上部扁，下部长。"热"字上部长，下部扁。"艾"和"热"上下几乎同宽。"团"的国字框和"闹"的门字框要写得大而方正。

教师：（看关键笔画的穿插避让）观察这些字，你还有什么发现？

学生："街"左中右三部分相对均匀，要写紧凑。"彳"的第二笔撇在第一笔撇的中间下面起笔，中间"圭"的第三笔横要穿插到"彳"第二笔撇里，"圭"的三横一提保持相等间距，"亍"的第一横与"圭"的第一横一样高，第二横要穿插到"圭"里。

教师：观察细致，你一定能把这个字写好。还有吗？

学生："舟"，注意笔顺正确：撇、撇、横折钩、点、横、点，首笔撇从竖中线起笔。横落笔在横中线上，两点与横保持一样的距离，"舟"字字形偏窄长，不要写宽了。

教师：不错，你们都有一双火眼金睛。最后四个字，谁能一口气说说？

学生："热"，上部要写得左窄右宽，"丸"的笔顺为撇、横斜钩、点。撇画与左边的提手旁一样高，撇要穿插到提手旁的旁边，四点底与上部同宽。"闹"，门字框两边的竖画要写得直直的，保持平行，"市"的点、竖均落笔在竖中线上。

生字书写。（1）教师范写"街""舟""热""闹"。（2）学生先描后写。（3）集体讲评。

【专家点评】

教师研究了本单元识字要素：利用韵母、形旁与字义的联系、借助图片识字，感受汉字的魅力。所以，在确定本文重点是在学文的过程中，教师引导学生用多种方式识字、学词，践行“以生为本”教学思想，根据一、二年级学生特点，以“以学定教”为导向，这节渗透传统文化的《传统节日》识字教学，令学生受益匪浅。本课识字量大，为避免枯燥乏味，教师采用集中识字与随文识字相结合的方式，同时依据每个生字的特点，通过猜谜语、编口诀、看图识字、字理识字、联系生活识字等多种有趣的识字方式，让学生在轻松愉悦的氛围中完成识字任务。

教学片段（三）

教师：我们每年过的第一个传统节日，是什么节？

学生：春节。

教师：为什么叫春节呢？

学生：一年之计在于春，我们用盛大的节日迎接春天。

教师：你能结合生活说出自己的理解，太不错了。

教师：春节，我们会做些什么？（出示第一句话）

学生：“贴窗花”。

教师：（指名读“贴窗花”并出示各种窗花图片）你喜欢哪一种窗花？这些窗花有什么寓意呢？（引导学生观察窗花图案的丰富内涵，知道人们借助窗花来表达对自己和家人的美好祝福）

教师：过年，我们除了会贴窗花，还会贴什么呢？

学生：贴春联。

教师：是呀，一双巧手，贴出美好祝福，更贴出中国人的智慧！除了贴春联和窗花，还会做什么？

学生：放鞭炮。

教师：没错，古人为了把“年”这个怪兽赶跑，纷纷放起鞭炮。指导读“放鞭炮”。

教师引读“春节到，人欢笑。贴窗花，放鞭炮”。

教师：春节我们还会和家人做什么呢？和同桌说说。

学生：拜年、收压岁钱、包饺子、吃团圆饭、看春晚……

教师小结：春节在每年的正月初一，是春天里的第一个节日。所有的中国人，包括远在海外的华人，在这一天，这一刻，都会一起欢度这个传统节日。我们再一起读读。

学生读有关春节的语句。

【专家点评】

本节课注重对学生的个性发展和全面发展的培养。教师在课程中引导同学们寻找自己与节日文化的联系，鼓励学生在传统节日的庆祝中寻找自己的价值和意义。在春节的教学中，教师引导同学们了解中国传统的年俗和崇尚家庭的价值观，鼓励同学们通过拜年、观戏和宴请亲友等方式，发扬传统美德和家庭情感。这种个性发展的启迪和鼓励，让学生以更加开放、自由和自信的态度，体验中国传统节日的独特魅力。

教学片段（四）

教师：春节过后十五天，我们迎来第二个传统节日。这一天我们又会做什么呢？自由读第二句。

学生：看花灯、猜字谜、吃元宵等。

教师：（出示词语“元宵”）元宵节当然要吃元宵啦！

教师：“宵”是夜晚的意思，一年中第一个月圆之夜就是元宵节，它的夜晚最热闹！

教师：吃完元宵，我们去“看花灯”。（指导学生读“看花灯”）

教师：花灯可不是只有花的造型，它是千姿百态的。出示图片：它可以是一匹马、一只凤凰、一条龙、一条鱼、一个财神爷、一个故事。

教师小结：中国在变美，花灯也变得更绚丽。看花灯，猜灯谜。（出示灯谜：舟、团、宵）

教师：“宵”是夜晚的意思，一年中第一个月圆之夜就是元宵节，它的夜晚最热闹！

教师：天南海北的人们是怎样闹元宵的呢？我们一起去看看（游花灯、舞龙灯、舞狮子、打树花）。（播放视频）

教师：这些习俗点亮了元宵节的夜空，人们争相赶来观看。（指名读第二句）

今天，我们一起度过了一个怎样的元宵节？元宵节为人们恋恋不舍的春节画上了一个圆满的句号。

教师小结：汤圆的馅变得越来越丰富，花灯变得越来越亮丽，不变的是如汤圆般团团圆圆、相亲相爱的家人。（齐读元宵节相关句子）

【专家点评】

传统节日是最富有文化韵味的。如春节就蕴含着多种中国传统文化，从大年三十的吃饺子、吃团聚饭，到正月十五的吃元宵，表达的是饮食文化，对对子、贴春联之类，蕴含的是诗词文化，等等，教师就抓住了这一点，让学生联系生活实际的同时，也让学生感受到中国传统文化的魅力，从而增强文化自信。

教学片段（五）

教师：同学们，你们知道吗？春天里最后一个传统节日，是“清明节”。在这一天，我们会做些什么呢？自由读第三句。

学生：去扫墓，在桌子上摆上水果，插上香等。

教师：（出示“祭”讲解）下半部分的“示”就像一张桌子，也就是祭台；左上半部分表示肉，也就是供品；右上半部分就像一个人的双手。“祭”表示用双手恭恭敬敬地将供品放在祭台上，这就是祭扫。教师：我们用这些隆重的仪式来纪念逝去的亲人。此时，有两句诗会涌上心头——（出示诗句：“清明时节雨纷纷，路上行人欲断魂。”）（齐读）

教师：清明这一天我们还会做什么呢？

学生：远足，踏青，和大自然亲密接触！

教师指导品读理解“清明”。

教师小结：人间最美四月天，美在这清明的天空，更美在我们陪伴亲人、思念故人的那份真情！

总结回顾传统节日：从正月初一的春节，到正月十五的元宵，再到四月五日前后的清明节，这些传统节日几千年传承下来的，不仅仅是日历上的一个日期，这些传统节日、习俗带着祝福、带着智慧，融入一代又一代中国人的血脉里！

学生齐读全文。

【专家点评】

本节课注重学生的情感体验和认知体验。教师通过使用多媒体教具、讲故事、互动式教学等方式，生动形象地向学生介绍每个节日的由来和文化内涵，使学生真正了解清明节的历史、文化和传统。同时，在教师的带领下，同学们交流了多种有特色的活动，如祭祖、踏青、折柳等，这让学生知道，中国传统节日是具有深沉内涵的，这也让学生深入体会中国传统节日的浓厚氛围和独具特色魅力。

【案例反思】

本文是一篇以我国传统佳节为题材的韵文。传统佳节是中华传统文化的重要组成部分，蕴含着中华儿女的家国情怀，连接着中华儿女的精神血脉，也承载着中华民族代代相传的古老文化。配合韵文内容，安排了贴窗花、赛龙舟两幅插图，体现了传统佳节的热闹、喜庆，有助于激发学生的学习兴趣，让他们形象、直观地了解节日习俗。

在学生初读课文时，教师发现学生对传统节日的活动形式有一定的感知，但对传统节日的日期不太了解。因此，在备课过程中，把让学生了解传统节日的日期作为教学重点之一。在课堂中，学生通过读文和观察插图，充分了解传统节日的习俗。对于节日日期，教师对学生进行了一定的引导和点拨，帮助学生了解传统节日的具体时间。比如：在学习“元宵节”时，一个学生说元宵节就在开学报名的前一天。另一个学生马上说元宵节在农历正月十五。对于清明节，学生了解得很少，着重由教师告诉学生清明节的日期和活动形式，从而让学生了解清明节的意义。一堂课下来，学生对我国传统节日的了解增多了不少。

昆明市盘龙区方茹小学语文名师工作室　东华小学　占金莉执教并撰文

昆明市盘龙区教师进修学校教研员　方茹点评

案例 7—3

浓浓节日悠悠情——元日

【案例背景】

《元日》是统编版教材三年级下册第三单元课文 9《古诗三首》中的第一首古诗，是王安石于神宗初年任宰相不久写的一首著名诗作。这一单元围绕“中华优秀传统文化”编排了四篇课文，旨在感受中华文化的博大精深，培养学生对祖国传统文化的热爱。

“元日”是农历的正月初一，该诗写出了“元日”的热闹景象，故事选取老百姓过春节时的典型素材，抓住有代表性的生活细节，放爆竹，饮屠苏，换桃符，不仅表现出元日热闹、欢乐和万象更新的动人景象，同时也抒发了作者希望革新政治的思想感情。

对于三年级的学生来说学习古诗有一定的难度，因为古诗语言的表达方式与现代文不同，要理解诗人透过诗句所要传递的情感也是难点之一。因此，在教学中，教师不仅要引导学生学会借助注释、插图、查阅资料理解古诗的方法，还要引导他们在读诗时将诗中的画面与自身生活体验联系起来理解，从而感受诗中的欢快气氛，体会一系列春节传统习俗中蕴含着的人们对幸福美好的期盼之情。

【案例描述】

教学片段（一）

（播放春节视频）

教师：这个视频展现的是哪个节日？

学生：春节。

教师：在我们中国人的习俗当中，最重要的日子就是农历正月初一——过年，每逢春节，人们不惜长途奔波，也要想方设法回家团聚。这期间你一定有许多见闻和感受。如果让你写春节，你会写些什么？

学生：我会写全家人吃年夜饭、看春晚的事。

学生：我会写和爸爸、妈妈贴春联、买年货的事。

学生：我会写给长辈拜年、得到压岁钱的事。

学生：我会写放烟花这件事。

教师：确实，春节期间有许多好吃的、好玩的，都可以写进作文里。那么，大诗人王安石笔下的春节到底是什么样子呢？我们一起去看看吧！我们一起来学习《元日》。

【专家点评】

教师以春节的视频导入新课，生动再现了春节生活情景，让学生迅速回忆起有关春节的各种场景，拉近此诗和学生生活的距离，提高了学生的学习兴趣。在此基础上，询问学生现代春节的习俗，唤醒学生对春节的记忆，也帮助学生建立一个宋朝春节与现代春节的情感连接点，为本首诗的学习奠定更好的基础。

同时，教师在导入时紧扣单元语文要素“写一写过节的过程”，直指写作，有助于引导学生站在作者的角度思考写节日时如何选材。

教学片段（二）

教师：请同学们打开语文书，读准字音，读通句子。

学生自由读书。

教师：同学们读得非常认真，谁来读？

学生读古诗。

教师：他读得很正确，字正腔圆。谁再来试试？

学生读古诗。

教师：预习很到位，平舌音和前鼻音都读准了，全班一起读。这是一首七言绝句，朗读时可以在每句第四个字后面适当停顿。

学生配合音乐齐读古诗。

【专家点评】

古诗朗读不同于现代文朗读。教师根据古诗特有的押韵、音律等特点加强朗读指导，采取自由读、指名读、合作读，使学生朗读出抑扬顿挫的节奏和韵律，进一步使学生积累、巩固古诗朗读语感。

教学片段（三）

教师：同学们，古诗中都写了春节的哪些习俗呢？快去找一找。

学生：放爆竹。

教师：怎么理解“爆竹”？

学生汇报查阅到的资料。

教师：查阅资料能让我们更加深刻地感受到春节的热闹。在热闹的爆竹声中，一年就这样过去了，所以诗人说——“爆竹声中一岁除，春风送暖入屠苏”。

教师：诗中还有哪些习俗？

学生：喝屠苏酒。

教师：在这万家团圆的时刻，迎着和煦的春风，一边吃饭喝酒一边说着祝福的话语，大家会说些什么呢？和你的同桌聊一聊吧！

学生反馈汇报。

教师：难怪王安石写道——“爆竹声中一岁除，春风送暖入屠苏”。还有什么习俗？

学生：换桃符。

教师：（借助注释理解“换桃符”）同学们，“符”在《说文解字》中这样解释：符，信也。代表事物的标记和记号。古人认为桃木是一种神木，可以辟邪祈福。过年的时候，我们在大门上挂上一个用桃木做成的“符”，代表着什么呢？我们一起来学写“符”字。

教师范写。

学生练习书写。

教师：同学们，怎么理解“千门万户曈曈日”？（引导学生充分发挥想象，让整个画面更加丰富）

学生：反馈汇报。

教师：放爆竹、喝屠苏酒、换桃符，这些简单又温暖的场景，用自己的话说说在王安石的笔下描绘了一幅怎样的节日场景？

学生反馈汇报。

教师：多么生动的画面，多么难忘的节日啊！谁能再来说一说？

学生反馈汇报。

【专家点评】

三年级的学生，已经会通过看注释、图片理解诗文的大概意思，掌握学习古诗的方法。通过想象画面理解古诗内容，抓关键字、运用引读理解古诗，进一步帮助学生体悟诗情。并且教学时让学生通过反复诵读实践，感受整首诗传递的欢乐喜庆的氛围，加深对诗歌的领悟，培养语感，体会浓浓的节日气氛。

教学片段（四）

教师：同学们，那么《元日》这首诗中还包含着作者怎样深厚的情感，寄托着作者怎样的志向呢？要想深入了解这些，我们需要了解作者这个人。谁来读一读王安石简介？

学生读王安石简介。

教师：这首诗是北宋诗人王安石刚当上宰相时写的，当时宋王朝面临政治危机，王安石进行了一系列的新法变革。他希望这新法像爆竹除岁一样把旧法去掉。他希望这新法能像太阳一样给老百姓带来光明、温暖。

教师：这首诗表达了王安石对国家和人民美好的祝福，你能把这份美好的祝福背出来吗?

学生配乐背诵《元日》。

【专家点评】

学生了解了写作背景，通过轻声吟诵、背诵，还原意境。学生一遍遍地读，重复的是文字，不同的是意境和感悟。诗人对革除时弊、推行新法的坚定信念及乐观情绪跃然纸上，也会深深地烙印在学生心中。

【案例反思】

一、立足文体，以体定教。

教学中，教师围绕古诗独有的文体元素进行落实。王安石在《元日》中选取了春节时的哪些场景？宋朝时期，人们是怎样过春节的？请学生到诗中找一找，学生组成四人小组说一说。学生在交流中了解到，诗人借助“爆竹、屠苏、桃符”这些事物展现了春节的民俗，抒发了自己的情感。

“读”为首法，以生为本。“朗读”是诗词教学的首选方法。本节课中，教师通过创设情境引导学生想象移情、联系生活，读出了《元日》的节奏和韵味，充分调动学生的感官，帮助学生理解记忆，体会情感，感受意境。

《元日》这首诗字面意思相对比较简单，诗意容易理解。教师引导学生抓住重点词句进行挖掘，避免了传统教学中存在的无重点、无深度、传统古诗串讲串问、逐字逐句地讲解，而是紧扣诗眼“新”字，使学生真正学有所获，学有所得。

二、为培养学生的语文素养奠定基础。

语文素养是靠语文基础和语文实践积淀，进而整合而成。语文教学的基础和能力是语文素养的基石。根基的扎实、牢固程度至关重要。《元日》课程教学在识字、解诗、读书、说话等基础教学方面目的明确，严格要求。从刚开始的画面出现，到后来寻找这首诗里面的意象，教师引导学生先看到春节的热闹再抓住“新”字，而这个“新”字就是“诗眼”。教师将属于这首诗的王安石这个特定的人、特定的情景、特定的情感展现出来。

昆明市盘龙区方茹小学语文名师工作室　东华小学　夏选萍执教并撰文

昆明市盘龙区教师进修学校教研员　方茹点评

第八章　小学语文教材中的课程思政元素分析

第一节　课程思政的概念

什么是课程思政？课程思政指以构建全员、全程、全课程育人格局的形式使各类课程与思想政治理论课同向同行，形成协同效应，把“立德树人”作为教育的根本任务的一种综合教育理念。课程思政即在教学中挖掘课程中蕴含的思政因素，并将其潜移默化融入课堂教学，实现对学生思想和价值上的引领。它不仅仅是一种德育综合教育理念，同时也具有很强的实践性，课程与思政二者是相互渗透、相互融合的。

一、“课程思政”理念的形成

2004年以来，中央先后出台关于进一步加强和改进未成年人思想道德建设和大学生思想政治教育工作的文件。以上海市为例，上海由此开启了学校思想政治教育（德育）课程改革的探索之路。上海课程改革经历了三个阶段，改革重心由中小学德育课程建设转变为注重大中小德育课程一体化建设，在此进程中，构建全员、全课程育人格局的理念也越来越清晰。

第一阶段：2005年起，启动实施“两纲教育”，推进以“学科德育”为核心理念的课程改革。为贯彻落实中央文件精神，上海于2005年先后出台了《上海市学生民族精神教育指导纲要》和《上海市中小学生生命教育指导纲要》（以下简称“两纲教育”），整体构建大中小学德育体系。“两纲教育”10年来有一个核心理念，即“学科德育”理念，就是把德育的核心内容有机分解到每一门课程，充分体现每一门课程的育人功能、每一位教师的育人责任。

第二阶段：2010年起，承担国家教育体制改革试点项目“整体规划大中小学德育课程”，聚焦大中小学德育课程一体化建设。2010年，上海承担国家教育体制改革试点项目“整体规划大中小学德育课程”。以此为契机，在“两纲教育”基础上，探索形成了以社会主义核心价值观为核心教育指向，以政治认同、国家意识、文化自信和公民人格为重点的顶层内容体系架构，并根据不同学段学生特点，开展德育课程一体化设计。这个阶段的探索，大中小德育课程衔接主要聚焦高校思想政治理论课与中学阶段政治课程的衔接，重点解决大中小学德育课程知识简单重复、层次递进不明、与学生身心发展匹配度不够等问题，切实提升大中小学德育实施的有机整体性。

第三阶段：2014年起，将德育纳入教育综合改革重要项目，逐步探索从思政课程到课程思政的转变。2014年上海市委、市政府印发《上海市教育综合改革方案（2014—2020年）》。上海教育综合改革的基本目标，就是构建三个制度体系：一是以遵循教育规律，回归育人为本为重点，形成促进学生德智体美诸育全面发展和终身发展的育人制度；二是以加强顶层设计，转变政府职能为重点，形成科学分离而又有机统一的“管办评”制度体系；三是以加强资源共享，促进融合互补为重点，形成教育与经济社会发展合作共赢的协同联动制度体系。在三个目标体系中，从教育系统内部来说，核心就是坚持“育人为本、德育为先”，把“立德树人”作为教育的根本任务，也就是把培育和践行社会主义核心价值观有机融入整个教育体系，全面渗透到学校教育教学全过程，充分体现在学校日常管理之中，在落小、落细、落实上下功夫。

经过阶段性探索，上海逐步形成“课程思政”理念，推出了《大国方略》等一批“中国系列”课程，选取部分高校进行试点，发掘专业课程思想政治教育资源。我们认识到，加强学校思想政治教育工作，必须从“育人”本质要求出发，从国家意识形态战略高度出发，不能就“思政课”谈“思政课”建设，而应抓住课程改革核心环节，充分发挥课堂教学在育人中主渠道作用，着力将思想政治教育贯穿于学校教育教学的全过程，着力将教书育人落实于课堂教学的主渠道之中，深入发掘各类课程的思想政治理论教育资源，发挥所有课程育人功能，落实所有教师育人职责。

二、“课程思政”的内涵

课程思政，即将思想政治教育元素，包括思想政治教育的理论知识、价值理念以及精神追求等融入到各门课程中去，潜移默化地对学生的思想意识、行为举止产生影响。下面我们从课程思政的本质、理念、结构、方法和思维等几个维度来认识和把握其丰富的内涵。

（一）课程思政的本质是立德树人

课程思政在本质上还是一种教育，目的是实现立德树人。“育人”先“育德”，注重传道授业解惑、育人育才的有机统一，一直是我国教育的优良传统。我们党历来高度重视学校德育工作和思想政治工作，探索形成了一系列教育方针、原则，为培养什么样的人、如何培养人以及为谁培养人提供了基本的工作遵循。课程思政是要将思想政治教育融入其他课程教育，不管是作为具体的思想政治教育还是作为宏观的教育，它都是为了实现立德树人。课程思政始终坚持以德立身、以德立学、以德施教，注重加强对学生的世界观、人生观和价值观的教育，传承和创新中华优秀传统文化，积极引导当代学生树立正确的国家观、民族观、历史观、文化观，从而为社会培养更多德智体美劳全面发展的人才，为中国特色社会主义事业培养合格的建设者和可靠的接班人。

（二）课程思政的理念是协同育人

从课程思政的提出来看，其目的就是实现各类课程与思想政治理论课的同向同行，实现协同育人。不论是“三全”育人还是“十全”育人，体现的都是协同育人的理念。作为我们党的教育方针和我国各级各类学校的共同使命，能不能为中国特色社会主义事业源源不断培养合格建设者和可靠接班人，能不能为实现中华民族伟大复兴中国梦凝聚人才、培育人才、输送人才，是衡量一所学校教育水平最为重要的指标。中国特色社会主义教育本身就是知识体系教育和思想政治教育的结合与综合，不能让思想政治工作和人才培养变成彼此孤立的“两张皮”。课程思政所践行的正是将两者辩证统一起来，把教书育人规律、学生成长规律和思想政治工作规律紧密结合起来，把立德树人内化到学校建设和管理各领域、各方面和各环节，用一流的思想政治教育体系建设引领一流的人才培养体系，使思想政治教育至柔至刚、滋润万物的精神力量融通教师的每一个课堂、贯穿学生的每一步成长，真正在“三全”育人的大思政工作格局中，引人以大道、启人以大智，使学生成长为栋梁之材。

（三）课程思政的结构是立体多元

课程思政本身就意味着教育结构的变化，即实现知识传授、价值塑造和能力培养的多元统一。现实的课程教学中往往有各种原因导致这三者被割裂，课程思政从某种意义上来说正是对这三者的一种重新统一。课程思政要求教师要在教育中积极探索实质性介入学生个人日常生活的方式，将教学与学生当前的人生遭际和心灵困惑相结合，有意识地回应学生在学习、生活、社会交往和实践中所遇到的真实问题和困惑，真正触及他们默会知识的深处，即学生认知和实践的隐性根源，从而对之产生积极的影响。

（四）课程思政的方法是显隐结合

“培养什么样的人”、“怎样培养人”以及“为谁培养人”是人才培养的根本问题，国外的有益做法可以借鉴，但是从根本上讲必须扎根中国大地办教育，坚持社会主义办学方向。人才培养体系涉及教学体系、教材体系、学科体系、管理体系等，贯通其中的是思想政治工作体系。课程思政正是要立足于构绘这样一个育人蓝图，通过深化课程目标、内容、结构、模式等方面的改革，把政治认同、国家意识、文化自信、人格养成等思想政治教育导向与各类课程固有的知识、技能传授有机融合，实现显性与隐性教育的有机结合，促进学生的自由全面发展，充分发挥教育教书育人的作用。聚焦课程建设和教学活动，改变了课程教学以知识传授为主要目的的原有路向，使思想政治教育融入教育教学的各个要素之中，就像盐溶于水，无形无色却又无处不在，填补了专业课程教学在育人环节上的空白，打通了学校思想政治教育的“最后一公里”，从而使全面协同育人落实到细微之处。

（五）课程思政的思维是科学创新

在社会大变革、文化大繁荣的时代，既要树立科学的思维，也要树立创新的思维。对于课程思政而言，其首先所展现的就是一种科学思维，它强调要用辩证唯物主义和历史唯物主义的思维方式去看待事物，不能陷入唯心主义和机械唯物主义的泥沼，将理论导向神秘主义。尤其是在当前国际社会意识形态领域风云变幻，各种社会思潮观念激烈交锋的背景下，我们的教育要想顶住压力、抵住侵蚀就需要进一步加强在各门课程中的思想政治教育，用马克思主义、中国化马克思主义的立场、观点和方法去教书育人，为学生构筑起牢固的思想防线，抵制各种错误思潮、错误言论对学生的危害。其次，课程思政所展现的是一种创新思维，它强调在思想政治理论课以外的课程中融入思想政治教育，这是以前的思想政治教育未曾关注的。在课程思政建设的具体过程中，更需要创新思维，以新思维催生新思路，以新思路谋求新发展，以新发展推动新方法，以新方法解决新问题，实现课程思政的创新发展。

三、新时代课程思政的特点

新时代的课程思政有着诸多特点，对这些特点的把握能够帮助我们更好地理解什么是课程思政，从而在实践中更有效地推进课程思政的建设。

（一）寓德于课是首要特点

立德作为思想政治教育的重要内容，也应是课程思政建设的重要内容。德借助于课程这一重要载体，是寓德于课的，既寓德于具体的课程内容，更寓德于教师的课程教学过程。德，不仅是立身之本，而且是立国之基。既重视以德修身又重视从政以德，这是中华民族历来的价值追求。教师既要做学问之师，又要做品行之师，其中即蕴含着立德这一重要要求。新时代，教师肩负着培养社会主义事业建设者和接班人的重要任务，而我们培养的社会主义事业建设者和接班人应该是“德智体美劳全面发展”的，其中首先要求的就是德。立德不只是思想政治理论课及其教师的任务，更是所有课程及教师的任务。立德是课程的应有之义，课程思政所要实现的正是寓德于课，从而为国家、社会和人民培养德才兼备之人。

（二）人文立课是主要特点

课程思政是在课程教学中挖掘“人文素养”元素，其中重要的是人文精神，即对人类生存意义和价值的关怀。事实上，每一门课程都可以成为课程思政建设的载体，只是难易程度有所区别。每一门课程的教学从根本上来说都是一种教育，都是在进行教书、育人，其本身就蕴含了人文精神，只是不同课程的性质导致其不同程度地隐化了这种精神。健全的教育不仅包括知识的学习，更包括具有价值观意义的家国情怀教育，尤其是思想政治中社会主体力量所倡导的主流价值的教育。课程思政可以说是要突出课程原有的人文精神并在此基础上进一步加深。它强调教师在教学过程中应注意挖掘人文素养，使教学知识内涵更加丰富，知识教育更富情趣，能力培养更趋务实。我们要深刻领会习近平总书记反复强调的立德树人是教育的根本任务这一思想中所蕴含的人文精神，更加自觉、更加有效地把知识教育和理想信念教育、道德品格教育有机结合起来，充分发掘各类课程的思想政治教育元素，进而深化对课程思政的认识和理解，把对人本身的关怀融入到每一门课程的教学之中，让所有课程真正承载起育人的功能。

（三）价值引领是核心特点

课程思政是要将思想政治教育元素融入到各类课程的教学过程中，其中思想政治教育元素主要指思想政治教育内容，不一定是具体的思想政治教育理论知识内容，也可以是思想政治教育所体现的一种价值理念和精神追求。一方面，从课程思政的具体融入内容看，课程思政具有较强的可操作性和比较容易实现的融合模式，即将社会主义核心价值观融入到课程教学过程中，在内容上集中凸显了课程思政的价值引领特点；另一方面，从课程思政内容融入的抽象层面看，课程思政的主要内容不是要向学生灌输思想政治教育的基本理论知识，而是要通过这种教育形式来培养学生树立正确的世界观、人生观和价值观，实现对学生的价值引领。总体而言，不管是从具体还是抽象的内容融入来看，价值引领始终是课程思政的核心特点。

第二节 课程思政融入小学语文教学的方法

国家的发展与民族的振兴呼唤着心怀家国、学识扎实的有用人才，这就要求小学语文教师要坚持课程思政化的理念，以立德树人为教育教学出发点，将思想政治教育渗透于日常课堂教学。在小学语文教学中融入思政要素时，教师要特别注意从学生认知特点出发，结合语文学科的特性，搭建课内课外一体的思政化教学体系，使思政教育更加多元、有趣味。思想政治教育融入小学语文课程具有重要的价值和作用，在丰富教学素材的同时，有助于培养学生全面发展。

一、小学语文教材中的课程思政元素

思政元素即育人元素，包括思想政治教育的理论知识、人生观、价值理念、道德修养以及精神追求等。小学语文课程作为小学生必须学习的文化课之一，在其教材当中，包含了丰富的思想政治元素。教材中的思政元素能够有效帮助学生们建立正确的世界观、人生观和价值观。结合国家的“三全育人”教育目标，努力提升小学生的思想政治素养，将立德树人的发展目标融入小学语文的教学环节中，不断涵养小学生的爱国主义和集体主义思想，是非常重要的一项教育工作。统编版小学语文教材的课文系统、助读系统、练习系统、知识系统都广泛蕴含思政元素。小学语文教学实践应当立足于培养小学生的核心素养，深入挖掘语文课程的思政成分，从而有效地发挥语文课程的思政功能，让语文课程与思政课同向同行，最终实现文道并重、教书育人的教育目标。

（一）课文系统中的思政元素

教材中的选文具有“文质兼美”的特点，课文承载着丰富的思政元素和价值内涵，学生在阅读中获得情感的体验与熏陶，逐渐形成自己的价值观念。统编版小学语文教材，以“立德树人”为编写立意，以“语文要素和人文要素”双线组元的形式进行编排，要求课文的选篇要具有经典性和时代性，同时也要文质兼美，适宜教学。

作为一位合格的语文教师，在授课时应将思政教育的要求渗透在其中，实现语文教学与思政教育的完美融合。而语文教学离不开语文教材，因此，在教学实践过程中，教师需要仔细研读教材中的课文，深入挖掘教材中所包含的优秀政治思想观念，抓住机会在潜移默化中对学生进行思政教育，及时培养学生的思想品德。另外，教师还可以利用每个单元后面的拓展阅读板块，对课上关于思政教育的内容进行延伸与拓展，通过挑选出优秀的国内文学作品与有趣的寓言故事，在阅读与情感体验中引领学生感受其中蕴含的道德理念与政治因素，并在思考中引导学生变换角度思考问题，培养学生的辩证思维，分析文章中作者要表达的精神内涵。

小学语文课本中的文章都是经过精挑细选才呈现在师生面前的，每一篇课文都蕴含感情与哲理，其中也包括了思政要素。比如，统编版六年级上册《书戴嵩画牛》一文就蕴含做事情要理论联系实际，切忌纸上谈兵，在采取行动之前要认真分析事实的道理。同时，文章指出在面对别人的意见与批评时，要虚心接受，不断完善自己。部编版三年级下册《守株待兔》这则寓言故事蕴含没有人可以不劳而获，即使幸运偶然降临，倘若不去争取，不去努力奋斗，终将一无所获的道理。再如，在统编版五年级下册《田忌赛马》一文中，包含了先谋定而后动的道理，启发人们要从劣势中寻找自己的优势，学会取舍，等等。通过这些例子不难发现，语文课文蕴含思政教育元素，可以帮助学生建立起一个健全的人格，虽在短时间内无法表现出明显的作用，但这是一个量变引起质变的过程，对学生今后的成长具有重要意义。另外，经过对这些文章的学习，学生会对此类哲理与情感有理性的认识，有利于学生在今后面对逆境时调控好自己的感情与行为。这些对培养学生的综合素养非常有益。

小学语文教材的一个突出特点就是加强了革命文化题材的编写，其中既有毛泽东、周恩来、朱德等老一辈无产阶级革命家的光辉事迹，也有黄继光、董存瑞等英雄模范人物的感人故事。在这些课文的教授中，要讲好课文背景故事以及相关的历史故事，引导学生感悟老一辈革命家的革命英雄主义、革命乐观主义精神，培养学生积极向上、爱国爱家的高尚情操。

小学语文教材中还有许多关于思想政治的内容，如：统编版二年级下册《要是你在野外迷了路》中处处渗透着作者的爱国情怀及社会主义核心价值观，统编版六年级上册《桥》中体现了老共产党员无私奉献的伟大革命精神，等等。教师应不断挖掘出教材中的思政教育元素，以此为着手点培养学生的道德品行。

范洪静在其硕士学位论文中专门研究了统编版小学语文高段教材中社会主义核心价值观的融入情况，这一比较细致的研究也透视出小学语文教材中思政教育观念渗透的一个大致情况。思政元素在小学语文教材选文中的呈现主要有内隐渗透和外显表达两种方式。①

① 范洪静：《社会主义核心价值观在小学语文教材中的融入方式研究——以统编版高段教材为例》，硕士学位论文，西南大学小学教育专业，2020年，第47—48页。

1. 内隐渗透

内隐渗透的方式主要表现为选文中并没有直接标明思想政治教育的相关概念和字眼，而是通过丰富多样的内容、不同类型的体裁来反映思想政治教育观念，一篇选文往往蕴含着一个或多个价值观念。选文体裁多样，如散文通过托物言志、融情于景、寓情于物等方式隐性渗透情感，传达价值观念；小说通过塑造人物形象传达特定的价值观念，让学生学习榜样人物的优秀品质；诗歌以其凝练的语言，直接抒发作者的情感，表达文章主旨，让思政元素内隐地渗透其中。

散文是一种抒发作者真情实感、写作方式灵活的文学体裁。这类文章取材广泛，写法多样，既可以描写人物形象，也可以借物抒情，这些内容描写都是为文章的主题服务，注重表现作者的真情实感以及价值观念。比如统编版五年级上册《落花生》这篇课文是一篇叙事散文，课文主要讲了一家人过花生收获节的情景。文中通过谈论花生的好处，以托物言志、借物喻人的方式把花生比作不图虚名、默默无闻作贡献的人，学生可以从花生的品质中体会到在平凡的岗位上爱岗敬业的道理。因此，敬业这一价值观念就以托物言志的形式内隐地渗透在这篇课文中。统编版五年级上册《四季之美》是一篇写景的散文，作者通过描写四季景物的美，简洁精练、诗意醇厚的文字中充满了真挚的情感，传达出人与自然的和谐。社会主义核心价值观中的和谐就以融情于景的形式内隐地渗透在这篇课文中。

小说以塑造人物为中心，通过情节的叙述和环境的描写来反映社会生活。人物的塑造可以传达出特定的价值观念，起到榜样示范的作用。学生在学习这类文章时，通过分析文中塑造的人物形象来体会人物的品质。例如统编版六年级上册《穷人》是一篇短篇小说，描写了在一个风雨交加的夜晚，渔夫和妻子桑娜出于善良和同情收留了邻居的两个孤儿。小说通过对桑娜和渔夫的语言以及心理活动的描写，表现了渔人夫妇克服困难，帮助邻居的高尚品质，刻画了待人友善的人物形象。

诗歌的语言凝练、富有节奏感和音韵美，饱含了作者的思想感情。学生通过声情并茂的朗诵来体会作者的情感，领悟诗歌传达的价值观念。统编版六年级上册《有的人》是诗人臧克家为纪念鲁迅写下的一首抒情诗，诗句简洁凝练，语言明快直接，全诗通过对比揭示了美丑、善恶的本质，既讴歌了鲁迅默默奉献的精神，也赞美那些为人民而活的人。民主的本质就是人民当家作主，诗歌从凝练的语言中传递出了民主的价值观念。

记叙文通过叙述、描写、说明、抒情、议论等几种表达方式让文章更富有感染力，文章的中心思想、价值观念都蕴含在具体的材料中，通过写景、状物、记人、叙事来表达作者的思想感情。统编版六年级上册《狼牙山五壮士》按照事情的发展顺序记叙了七连六班完成了转移敌人、掩护群众的任务，最后英勇牺牲的故事。文章顺序清楚、条理分明，体现了他们英勇顽强的革命主义精神以及忠于人民、忠于祖国的爱国精神，向学生传递出爱国这一价值观念。

古诗文作为中国传统文化的一部分，在小学语文统编版教材中篇目数量明显增加。学生在学习古诗文时，通过想象诗词的意境来体会诗人的情感，从而受到作品的感染和熏陶。诗人的家国情怀往往寄托于诗词之中，统编版五年级上册中，爱国诗人陆游在《示儿》一诗中倾注了自己满腔的愤慨，传达出诗人忧国忧民的爱国情怀；统编版六年级上册中，《浪淘沙》一诗以豪迈的语气传达出诗人的浪漫理想、对美好生活与自由的向往；统编版六年级上册中，《江南春》描绘了江南春天的美景，表达了对祖国的美好河山的赞美。这些作品都向学生传达出爱国、自由的价值观念，学生在诵读品味的过程中都会受到潜移默化的熏陶。

统编版小学语文高段的四册教材中还出现了演讲稿的体裁类型，面对这样的课文，教师也不能忽略挖掘其中的思政元素。《为人民服务》是毛泽东主席在张思德同志的追悼会上所作的演讲，课文观点鲜明，论述严谨，以通俗易懂、自然朴实的语言围绕全心全意为人民服务的中心号召大家要贯彻为人民服务的精神，具有强烈的感染性。

综上所述，这种内隐渗透的方式通过选文的不同体裁表现出来，包括散文、小说、诗歌、记叙文、古诗文、演讲稿等，不同的体裁也以不同的形式体现出思想政治教育的内涵。

2. 外显表达

思政元素在小学语文教材选文中的另一种融入方式是外显表达。这种方式具有很强的外显性，不需要进行深入文本分析就能够直接明确文章蕴含的价值观念。教材中直接出现了社会主义核心价值观的内涵，比如“爱国”在教材中就有明确的文字体现。通过外显融入，能够有效地明确价值观导向，帮助教师把握教材的价值理念，树立清晰的教学目标，帮助学生建立健全的人格，丰富学生的精神世界。统编版小学高段的四册教材中有两个单元的内容就以外显表达的方式融入了“爱国”这一核心价值观。五年级上册第四单元围绕“爱国”这一主题编排了四篇课文。这些课文通过直接抒发感情、写人叙事等方式，表达了强烈的爱国情感。《示儿》《题临安邸》《已亥杂诗》都是饱含爱国情怀的古诗；《少年中国说》表达了作者强烈的爱国主义情感；《圆明园的毁灭》既表现了作者对祖国灿烂文化的热爱，也激发了人们不忘国耻的信念；《木笛》歌颂了中国人民崇高的爱国精神和坚定的民族气节。五年级下册第四单元也以“家国情怀”为主题编排了四篇课文，这些文章都表达了强烈的爱国主义情感。

（二）练习系统中的思政元素

练习系统是依据语文课程目标与教学目标，有组织、有计划、有针对性地设计的各种思路与训练的内容体系。它是语文教材的重要组成部分，练习的设计体现了选文的训练重点，反映了特定的教学目标，具有一定的价值导向作用。语文课程不仅具有丰富的人文内涵，同时也是实践性课程，学生在听说读写的练习过程中实现语言的建构与运用，受到文化的感染与熏陶，通过大量的语文实践来全面习得语文素养。思想政治的内涵蕴含在选文中并通过练习设计来牵引学生思考，让学生在实践中内化思想政治内涵。课后练习、口语交际、习作均蕴含思政元素，具有价值导向作用。

课后练习主要是以问题牵引的方式融入了思政元素。这种方式主要是通过提问让学生在练习中思考、感悟文章的情感和价值内涵，具有一定的价值导向作用。课后练习中朗读训练、语句品读、情感主旨、问题思辨这四种题型均具有价值导向作用。

例如，朗读训练题在课后练习中出现较多，一般要求学生朗读全文或者朗读具体的段落文字来体会表达的情感。学生通过朗读可以学习朗读的基本方法，更重要的是在有感情地朗读过程中品味语言，体会作者的情感态度价值观。比如在《草原》一课中描绘了草原迷人的景色，体现了蒙古、汉两族人民和谐相处、友善待人的情谊。课后第一题要求“朗读课文，想象草原迷人的景色，读出自己的感受”。学生边读边想象画面，通过有感情地朗读来体会两族人民深深的情谊，和谐、友善的价值观念可以内化于学生的心中。

情感主旨题的价值导向比较明显，直接将训练重点牵引到价值内涵上，引导学生体会文章的思想情感。《圆明园的毁灭》的课后第一题要求：“默读课文，想想课文主要表达了怎样的情感。反复朗读，读出情感的变化。”这道题的练习设计直接引导学生读完课文，体会作者对侵略者的野蛮行为的仇恨以及对祖国灿烂文化的热爱，直接体现了爱国这一价值观因素。

口语交际、习作中都融入了丰富的思想政治教育观念，主要通过直接体现和间接渗透两种方式呈现出来，都有值得发掘的育人元素。

（三）助读系统中的思政元素

助读系统包括插图、单元导语、课前提示语、课文注释等内容，这些材料的编排体现了教材编写者的意图，承载着一定的价值内涵，既能辅助教师在教学设计中了解编写理念，明确教学目标，也能提升学生的人文素养。

例如，插图是课文内容直观形象的反映，可以帮助学生理解课文内容，激起学生的学习兴趣。一些蕴含着思政元素的选文内容也会通过插图表现出来，帮助学生更好地理解，丰富学生的形象认知。因此，思政元素也是以内隐的方式融入插图中的，可以从不同类型的插图表现出来，主要以人物图、景物图和其他类为主。统编版六年级上册《少年闰土》一课有两幅插图，第一幅图为我们展现了朴实的乡村少年闰土，第二幅图描绘了作者蹲坐在椅子上和闰土一起聊天，听闰土讲述乡村的新鲜事。两人没有因为阶级的不同而疏离，而是平等地在一起玩耍聊天，体现了人与人之间的平等。

单元导语以简洁明了的语言概括了本单元的学习内容，体现了单元的学习主题。主题内容丰富多样，具有明显的价值导向作用。较多单元导语会以外显表达的方式直接体现思政因素。统编版五年级上册第四单元就是以“热爱祖国”为主题进行编排的，单元导语出示了艾青的诗歌“为什么我的眼里常含泪水？因为我对这土地爱得深沉”。这首现代诗直抒胸臆，表达了诗人真挚的爱国之情，该单元的四篇选文也都体现了浓浓的爱国精神。

（四）知识系统中的思政元素

统编版教材的知识系统较以往版本发生了变化，语文园地由交流平台、词句段运用、日积月累、快乐读书吧四个栏目组成。快乐读书吧是小学语文统编版教材的一大特色，每册教材均有设置，这一栏目推荐了大量的课外阅读书籍，旨在拓展学生的阅读视野，激发学生的阅读兴趣。这一栏目主要呈现了一些推荐书目以及阅读的方法，推荐的书籍丰富多样，这些书籍也会蕴含人文精神等思政元素，学生在阅读时会产生丰富的情感体验，潜移默化地形成自己的价值观念。例如，六年级上册围绕“成长”这一主题推荐了相关的课外阅读小说，比如《童年》《小英雄雨来》《爱的教育》等。学生在阅读中感受小说主人公的成长经历，他们经历的生活中的酸甜苦辣以及人物的品质会影响学生的价值观念，教会学生勇往直前、不断成长，乐观面对未来的生活。

二、课程思政理念融入小学语文教学的原则

（一）目标层面：知识与价值统一

语文课程是工具性与人文性的统一，工具性体现了语文知识的一面，人文性代表了语文价值的一面。在目标层面，语文教学要将知识与价值相统一，在进行语言文字理解与运用的过程中，讲述中华民族优秀的历史文化与革命先烈的动人故事，传承中华民族团结、自强、无私、谦逊的美好品格。文字是语文课程的基础，同时也是文化

传承的载体，要引导学生透过文字咀嚼其背后更深广的价值内涵，提升语文课堂的思想性与文化性，使学生将文字中的文化、价值观念、人生态度等内化于心。

（二）内容层面：教材与生活统一

以往的思政教育多停留在课堂上，停留在浅表层面，未能拉近思政与学生之间的距离，远远无法满足“立德树人”根本任务的要求。在内容层面融入课程思政理念，需要教师主动引入生活这股活水，将“教材中所教”与“生活中所用”结合，让思政教育回归生活，发挥出对学生生活的指导作用。在语文教学中，教师要“引进来”与“走出去”，一方面要积极地在课堂上创设生活化的教学情境，唤起学生对生活的感知，引导学生品味思政的内在意义，另一方面要主动延伸课堂的范畴，将思政教育融入学生丰富多彩的课后生活，引导他们感悟思政的实际价值。

（三）方法层面：显性与隐性统一

传统的思政教育开展手段单一，多以显性说教为主，学生参与感与体验性不强，开展效果较差。小学阶段的学生，心理发育还不够成熟，以具象思维为主，喜好真实、趣味的情境。在将思政教育融入小学语文教学时，教师应努力做到显隐结合、寓教于乐，在课堂上通过教学语言、问题设置、评价语言等自然渗透思政要素，让学生在无形中形成对中国特色社会主义道路、理论、制度及文化的强烈认同，培养学生的文化自信。对此，教师在开展思政教学设计时应做到两个“契合”，既要契合学生的现实心理，融入趣味、多元的教学手段，也要契合教材的内容要求，发掘语文知识与思政教育的内在关联，最终使思政成为语文课堂教学的有机组成部分。

三、课程思政融入小学语文教学的方法

（一）把握突破口的语文课程思政化

把思政教育渗透到小学语文课堂教学环节中，教师必须考虑两个问题：一是不能渗透无关的要素，二是不能影响到最后的教学目的。所以，现代语文教师要充分挖掘思政教育的内涵，把语文知识与思想政治有机地结合起来，使思政教育真正融入课堂教学环节中，使学生在学习的过程中可以获得正确价值观教育、道德品质教育、文化自信等。将思政教育纳入小学语文课堂，还应注重以教材为基础，注重对文本内容的合理渗透和优化。教师可以利用自己的语言优势，优化教材中的课文内容，以此寻找与思政教育相结合的切入点，把握思政教育的突破口，帮助学生树立正确的思想观念。例如，《小岛》一课中介绍了我国边防守岛部队的生活，向学生展现了海防战士的爱国情怀。因此，教师在教学中，可以首先以激发学生热爱祖国的信念为出发点，

以此为突破口，通过课堂教学培养学生的爱国主义情怀。教师在课堂教学中，可以播放爱国主义教学宣传片，然后邀请学生结合宣传短片和课程内容发表个人的想法和观点。如此，在《小岛》的教学中，不仅教授了学生相关的课程知识，同时能使学生感受到边防战士的爱国情怀，有助于培养学生的爱国主义情怀，进而达到课堂教学的目的。

（二）多元情境助推的语文课程思政化

真实的情境能够调动起学生的参与热情，将枯燥、死板的思政知识以更有趣味的方式呈现出来，拉近其与学生之间的心理距离，帮助学生在体验之中自主生成感悟，建构知识，实现思政教育的浸身入心。在部编版五年级上册第六单元《慈母情深》一课教学开始前，教师用“母亲在大家心中是怎样的形象？能否回忆出一件自己与母亲相处的小事？如果有机会报答父母，你会选择怎样的方式？”等问题，创设出问题情境。学生通过问题的引导，回忆母亲对他们的无私付出，并依次走上讲台，分享自己与母亲的小故事。孝道是中华传统文化的精髓，通过问题情境的创设，课堂的学习氛围可以更加浓厚，学生心中的母亲形象也更加丰满。统编版四年级下册的《千年圆梦在今朝》讲述了中华人民共和国成立以来航天事业的蓬勃发展。为了更好地激发学生的爱国情感，教师可以引导学生品读中国航天工作者身上无私奉献、勇于探索的精神。在本课的教学过程中，教师为学生提供杨利伟、任新民、屠守锷等人的资料，安排他们进行课堂情景表演，复现神舟飞船登天的过程。让学生带入角色进行情景体验，在无形中渗透了思政要素，使学生对我国科技事业所取得的重大成就有更直观的认识。

（三）读写相结合的语文课程思政化

阅读教学是语文教学的主阵地，在阅读过程中融入写作，以读带写，读写结合，借写作来激发学生的思想情感与思维创造力，可以提升语文教学的品质，让思政要素自然地扎根于学生的心中。统编版五年级上册第四单元的《圆明园的毁灭》，以反衬的手法记叙昔日圆明园的辉煌壮观，凸显英法联军的残暴，激起读者的痛心与愤怒，增强读者的民族使命感。在本课教学中，教师将写作融于各个环节，以读写结合来调动学生的参与兴趣，培养他们对祖国灿烂文化的热爱。《圆明园的毁灭》一文用三个段落简要概括了圆明园的位置、组成、建筑特点及其所收藏的历史文物，但每一特点都未能详细展开。

1. 在课前预习阶段，教师安排学生利用网络搜集圆明园、长春园以及万春园中“平湖秋月”“苏堤春晓”“西峰秀色”“叠石迷宫”等著名景点的资料，写一篇200字左右的小作文，描述其中一处景色的壮丽与秀美。在课堂上，学生代表依次发言，向大家介绍圆明园迷人的景色。有了这一环节的铺垫，学生对圆明园“这一园林艺术的瑰宝、建筑艺术的精华”会有更加直观与清晰的认识，对我国灿烂的古代文化会有更加深入的了解。

2.《圆明园的毁灭》最后一段以第三人称的视角，用描述的口吻展示了“英法联军侵入北京，闯进圆明园”将其中文物掠走、破坏、毁掉，并放火烧园的全过程。在课堂上，教师安排学生将自己代入19世纪60年代北京市民的角色，想一想目睹圆明园这一人类文明中的瑰宝化成一片灰烬时，自己有何感想，要求学生用第一人称写出心中的惋惜与愤怒。对比教材上所使用的第三人称，第一人称描述的代入感更强，学生冲破时空的限制，重回那一特殊的历史情境，深刻体会这段屈辱的历史，牢记“落后就要挨打”的惨痛教训，由此激发出学生的民族情感与爱国情怀。

3. 在深入感知圆明园的宏伟壮丽与侵略者的残暴后，教师在“忆往昔”的基础上引导学生“看今朝”，思考如今的中国是否还会再次遭受外敌的欺辱以及中华民族走向复兴的背后原因。学生在课后以小组为单位，分享第二次鸦片战争后我国所经历的重大历史变迁，共同制作1860～2022年重大事件的历史图谱，感受中华民族从站起来、富起来到强起来的全过程，通过历史实践来领悟“只有共产党才能救中国，只有社会主义才能发展中国”的真谛。在见证中国近现代史的发展演变后，学生用文字记录心中的情感，并在课堂上向全班同学展示。

学生通过三次动笔，分别感受了传统文化的灿烂、近代历史的屈辱以及党领导下今日中国之辉煌，课程中的思政要素被发掘出来并以更直观、深刻的方式被学生感悟到，有效提升了课堂的思政化含量，实现了课堂教学与思政教育的有机结合。

（四）校内校外相结合的语文课程思政化

想要让思政理论走入学生心中，仅仅依靠语文课堂上有限的时间是远远不够的。教师需要让思政回归生活，构建起集校内校外于一体的教学体系，使学生在生活园地之中继续接受思政的熏陶。统编版五年级下册第二单元是古典名著的导读单元，所编排的四篇文本《草船借箭》、《景阳冈》、《猴王出世》与《红楼春趣》，涵盖四大名著相关内容。在单元教学结束后，不少学生萌生对古典名著的阅读兴趣，惊叹于其鲜明的人物形象与曲折的故事情节。传统文化是思政教育的重要组成部分，中华优秀传统文化是中华民族的突出优势，为中华民族生生不息、发展壮大提供了丰厚的精神滋养。古典名著是传统文化的结晶，是激发学生民族意识、培养学生爱国情怀、增强学生文化自信的重要突破口。在课堂教学结束后，教师应顺势组织学生在课后深入地开展整本书阅读活动，在培养学生阅读意识与习惯的同时，引导他们感悟中华优秀传统文化的魅力。在实践过程中，教师可以在班级内部组织“读古代经典，品传统文化”的课外学习活动，结合不同层次学生的语文水平，向他们推荐绘本版、白话版与文言版的四大名著作品，鼓励学生在课后继续进行阅读活动。同时，依托线上平台，创设班级电台，每天安排一位学生担任主讲人，两位学生担任点评人，讲述阅读过程中的收获与体悟，介绍印象最为深刻的角色或最为感动的情节。在阅读和寻找的过程中，学生不仅会获得语文学科核心素养的提升，而且会加深对中华优秀传统文化的认识，增强民族自豪感和民族自信心，达到课程思政的要求。

小学语文已经不是只给学生们传授基础知识的一门课程，结合当前国家推行的思政教育任务目标，小学语文教学还需要教师深入挖掘思政教育元素。进行思想政治教育是一项长期任务，因此，小学语文的教学任重道远。在小学语文教学工作开展过程中，对教师也提出了更高的要求和标准，教师需具备较高的思想政治素养，具有挖掘思政元素的能力，同时选择恰当的教学方法，将思政教育潜移默化地融入到小学语文的课堂教学中，让学生在思想政治教育的氛围中持续受到熏陶，向健康、正确的方向发展。教师要进一步帮助和指导学生树立正确的世界观、人生观和价值观，将学生塑造成符合社会主义建设发展需求的未来接班人。

第三节　课程思政融入小学语文的教学案例①

案例 8-1

追忆奋斗历程　树立远大理想

【教材分析】

《义务教育课程标准（2022 年版）》中提出了“继承和弘扬中华优秀传统文化、革命文化和社会主义先进文化”。这一内容强调了语文课程教育价值，也是核心素养的体现。统编课本将“立德树人”当作编写核心，而革命题材的课文除了要肩负传统语文教育的任务外，也要肩负对学生的爱国主义教育、社会主义核心价值观的培养。

① 教学设计由昆明经济技术开发区明致学校罗蓉提供，倪颖执教。

《十六年前的回忆》这篇文章是李星华在1943年回忆父亲李大钊时写的一篇回忆录。文章从女儿的视角，为我们还原了一位革命先烈在危难时刻为了民族和人民幸福从容赴死的感人形象，表达了作者对父亲为理想献身的精神的敬佩，对反动派残杀革命者的痛恨，以及对父亲深切的怀念。

【教学目标】

1. 有感情地朗读课文，抓住时间、事件梳理文章主要内容，并能结合课文内容说说自己印象最深的事。

2. 关注人物外貌、神态和言行的描写，品析关键语句。通过多种方式朗读，走进具体场景，感受人物形象，体会人物品质。

3. 查阅资料，了解先辈的革命事迹。

【教学重难点】

关注人物外貌、神态和言行的描写，品析关键语句。通过多种方式的朗读，走进具体场景，感受人物形象，体会人物品质。

【教学准备】

课前查阅李大钊等革命先辈事迹；制作PPT。

【教学过程与评析】

一、导入揭题

教师：同学们，在“追忆奋斗历程，树立远大理想”活动中，我们已经建好了第一篇章的人物档案册——古人的志向，三位诗人借咏叹马、石灰、竹石表达了自己的人生志向。这节课让我们一起走进第11课，齐读课题。

教师：通过预习，你知道这是谁写的回忆吗？这是在回忆谁？十六年前是哪一年？

学生：这篇文章是李星华的回忆，他在回忆李大钊，十六年前是1927年。

教师：这是李星华在1943年回忆父亲李大钊时写的一篇回忆录。（板书：回忆录）

教师：今天我们要为她的父亲李大钊制作人物档案。

【设计意图】教师通过开课导入的环节让学生复习旧知。展示三位诗人的档案册等教学方式，不仅让学生明白前面所学与这一课的逻辑关系，也让学生对单元人文主题有了更深刻的认识，充分体现了单元整体教学的整体性。此外，还围绕

“基于学习任务群的革命文化题材单元整体教学”的主题，巧妙地设计了“追忆奋斗历程，树立远大理想”大的任务驱动，让学生进行真正学习。

板块一：通读全文知内容

教师：请同学们默读课文，圈出李星华清晰记住的时间点，思考这段时间里发生了什么事情，同桌互相交流。

学生：那年春天形势严峻，父亲坚守岗位；4 月 6 日的早晨父亲被捕；十几天过去了，父亲被提审；4 月 28 日父亲牺牲了。

教师：你概括得清晰完整。

（师生合读重要时间和主要事件）

教师：谁能把时间事件串联起来说说课文主要写了什么？

学生：那年的春天，父亲的工友严振三被抓了，父亲依然坚守他的岗位；4 月 6 日，父亲被捕；十几天过去了，父亲及工友被提审了；4 月 28 日，父亲被害。

教师：通过抓住文章中的重要时间点及主要人物做的事情帮助我们了解了课文的主要内容。

教师：那在这么多事情中，哪件事给你留下最深的印象？结合课文内容说说为什么？

教师：如此，我们跟随李星华的回忆就认识了李大钊！（板书：李大钊）

【设计意图】根据课文的顺序，从部分到整体，先引导学生自主概括，训练学生提取文章重要信息的能力。再朗读重要时间点和主要内容，将时间和事件串联起来整体感知课文内容，帮助学生更高效地理清文脉。在此基础上，引导学生交流自己的阅读感受，说说自己印象最深的一件事。让学生学得明白，学得清楚。

板块二：聚焦段落知内涵

活动一：认识一位父亲

教师：请同学们默读课文，用横线画出描写李大钊外貌、神态、言行的句子。通过这些句子你能感受到他是一位怎样的父亲？

学生：我从第 5 自然段的“一向慈祥、耐心、不论、总是”这些词语看出了父亲的慈祥。

学生：我从第 11 自然段中感受到了父亲的从容镇定。

学生：我从“我看到了他那乱蓬蓬的长头发下面的平静而慈祥的脸”感受到了虽然是在当时严峻的局势下，但父亲神情仍旧非常坚定、镇定。

教师：在李星华的眼中，父亲一向都是慈祥的。一起读这个句子。

教师：通过抓住描写父亲外貌、神态、言行的句子，我们就认识了一位有血有肉的父亲。（板书：父亲）

【设计意图】为拉近学生和故事的时空距离，消除学生的认知障碍，教师关注学生的生活经验，从认识一位父亲开始走进文本，降低了学生对文本理解的难度。课文是女儿李星华回忆父亲李大钊被害前后的真实往事，李大钊的神态、言行向读者真切地展现了作为父亲，李大钊对家人的关爱。教师通过活动设计，搭建了学生与文本沟通的桥梁。

活动二：走近一位革命者

教师：他不仅是一位父亲，更是一位革命者。接下来让我们走近一位革命者。

教师：请同学们再默读课文，从哪些地方你感受到了他是一位革命者，想想为什么？并用波浪线画出相关句子。

学生：我找的是第7自然段，父亲坚决地对母亲说：“不是常对你说吗？我是不能轻易离开北京的。你要知道现在是什么时候，这里的工作多么重要。我哪能离开呢？”我从中体会到了父亲对革命事业的执着。

学生：离开意味着什么？不离开又意味着什么？

教师：父亲为了革命事业，把个人的安危置之度外，所以当母亲劝他的时候，他坚决地对母亲说——

学生读句子：“不是常对你说吗？我是不能轻易离开北京的。你要知道现在是什么时候，这里的工作多么重要。我哪能离开呢？”

教师：是什么力量支撑着李大钊这么做的？联系上下文找找看。

学生：这是他对革命事业的信心，在课文第23自然段。

教师：对，他对革命事业的信心！全班读！

教师：刚刚我们从李大钊的语言中了解到了一位对工作高度负责的革命者。

学生：我从“父亲不慌不忙地向外走去”，感受到了父亲的沉着冷静。

教师：当时的情况是怎么样的？

学生：屋外传来了尖锐的枪声、纷乱的喊声、沉着的皮鞋声、粗暴的吼声，敌人像魔鬼似的把我们包围起来。

教师：而父亲却——父亲不慌不忙地向外走去。

教师：这难道不是一位革命者才有的心态吗?

学生：我从“父亲保持着他那惯有的严峻态度，没有向他们讲任何道理”中体会出他作为一个革命者，此时的神态是严肃的。

教师：“严峻态度”究竟是什么态度?

学生：严肃，对敌人的蔑视。

教师：带着这种复杂的心情读一读这句话。

学生：我关注到描写父亲神态、外貌的句子，从中体会到父亲作为革命者的从容淡定。

教师：李大钊曾是北京大学教授，他平时头发可能是乱蓬蓬的吗？关于李大钊平时外貌的描写，鲁迅先生这样写道，一起读一读。请大家联系课文内容看一看，你有什么发现?

学生：从资料中我们感受到李大钊是一个儒雅、一丝不苟的人。可这次，他不仅没戴眼镜，头发也是乱蓬蓬的。

教师：这是什么原因？——受到酷刑。

教师：但是受到酷刑后在法庭上见到父亲的面容却是怎样的？——平静而慈祥的。

教师：从补充资料中你又感受到了什么?

（在狱中的22天里，李大钊对同时被捕的妻女及家事从不提及，却希望敌人对于被捕的爱国青年宽大处理，不被牵连……他说：“我的被捕已经是党的损失，不能再让党有更大的损失。”）

学生：李大钊已经被捕了，但他心心念念的都是党。

教师：是呀，多么崇高的境界啊，这些都是因为他的心——

学生齐读句子：他的心被一种伟大的力量占据着。这力量就是他平日对我们讲的——他对革命事业的信心。

教师：通过对李大钊神态和外貌描写的句子，我们又从中感受到了他是一位忠于革命的革命者。

教师：快速默读课文，思考课文是如何写出李大钊既是一个父亲，又是一位革命者的？

学生：文章通过对李大钊神态、外貌、言行的描写，让我们从中体会到了李大钊父亲、革命者的形象。

【设计意图】“走近一位革命者”的活动设计，让学生真切地感受到作为革命者的李大钊为了党、为了人民不惜牺牲自己的崇高品格。通过补充毛泽东和习近平对李大钊的评价，把教学的镜头聚焦到“革命者”这一身份，抓住人物的外貌、神态等描写走进人物的内心，抓住教学契机补充资料，加深学生对革命者身份的理解。品析完句子后，教师通过配乐以及师生共读的教学方式，充分让学生感悟李大钊崇高的理想信念和坚定的革命精神气节，真正让李大钊有血有肉、有胆有魄的伟人形象刻在学生心里；同时也让学生感受到通过“语言、神态、动作”塑造人物形象的表达方法，学生可以真正地通过阅读悟出情感，习得方法。

活动三：感悟一种品格

教师：现在，让我们一起去感悟一种品格。请大家拿出人物档案册，完成人物形象的填写。

学生：他不仅是一个慈祥的父亲，也是一位为了国家的安危，牺牲了自我，面对敌人面不改色、从容镇定的革命者。

学生：他是一位伟大的革命者，也是一位慈祥的父亲，他对革命事业的信念是非常坚定的，他无私奉献的高贵品质值得我们学习。

教师：这样的革命精神一定会继续传承、继续发扬！

【设计意图】巧妙借助制作人物档案这一活动，采用读写融合的形式，尝试描述人物印象，突破教学的难点，落实单元人文主题，体会人物品质。让学生在真实的课堂中真真正正地感受到了作为父亲的李大钊对家人的无私的爱，更让学生感受到了作为革命者的李大钊对党的无限忠诚、对革命事业的坚定信念。

板块三：传承不朽的精神

教师：在我们小学六年的学习中，像李大钊这样的人你记得哪些？

学生：黄继光。

学生：邱少云。

学生：雷锋……

教师：是的，在他们身上都有一种不朽的精神。

教师：同学们，这样的回忆不会随着时间的流逝而模糊，这样的精神不会随着岁月的更迭而消失。因为，中华民族自古以来就有这样的信念——

学生齐读：人生自古谁无死，留取丹心照汗青。

教师：下节课我们继续去追忆中华民族“奋斗的历程”！

【设计意图】从一个人看到一类人，让学生感知伟大的革命精神不光是在李大钊一人身上体现，也可以让学生深切地感受先烈们的革命精神。历史川流不息，精神代代相传，李大钊开创的伟大事业和思想遗产也将激励新时代的青少年奋发前行！

板块四：板书设计

11　十六年前的回忆

［回忆录］

李大钊

父亲　　　革命者

外貌　　　神态　　　言行

【罗蓉老师点评】

一、结构化教学，学习真实发生

革命传统文化教育体现着中华民族的价值理想与精神追求。为了进一步让红色文化基因扎根于学生心田，统编小学语文教材特别重视革命题材教育，教学中教师引领学生在革命精神中树立责任意识，以达到立德树人的教学目标，设计了“追忆奋斗历程，树立远大理想”的任务驱动，以“认识一位父亲—走近一位革命者—感悟一种品格”三个活动贯穿整堂课的教学。三个活动任务的设计，为教学提供了有效的阶梯，既带领学生层层递进对话文本，又由易到难从不同维度感悟人物形象，体会人物的品质，真正做到任务活动服务于文本、服务于学情、服务于单元主题。

二、多元思考，还原人物形象

这篇回忆录内容离当代学生的生活较远，为拉近学生和故事的时空距离，消除学生的认知障碍，教师关照学生的生活经验，从认识一位父亲开始走进文本，降低了学生对文本理解的难度。在此基础上，如何让学生真切地感受到作为革命者的李大钊为了党、为了人民所不惜牺牲自己的崇高品格？紧接着，教师补充毛泽东和习近平对李大钊的评价，把教学的镜头聚焦到“革命者”这一身份，通过抓住人物外貌、神态等的描写走进人物的内心，抓住教学契机补充资料，加深学生对革命者身份的理解。不仅如此，教师还设计了一个教学的提升点，即引导学生把双重身份放在一起再读文本，以读促悟，以悟促读，读悟的交融过程中，让学生真正地深入文本，走进人物内心，体会表达的妙用，用情感教育促进学生能力的发展。

三、以写融情，激发真情共鸣

品读完细节描写后，采用读写融合的形式，以角色代入，完成人物档案。这既是教学中深化革命精神的情感入口，也丰富了学生对文本的理解，让家国情怀无痕地渗透在教学过程中。任务驱动式的单元整体教学，真真实实地带领学生进行探究、体验、实践，扎扎实实地促成语文要素落地生根。

勠力同心担使命，携手育人筑未来。通过对革命文化题材课文的学习，让学生在积累语言的同时，不仅能受到革命传统文化的熏陶，还能从革命精神中感知责任使命，构筑时代担当，从而更好地发挥语文学科的育人作用。让我们在真学语文的探索之路上，坚守初心，培根铸魂，在深入落实核心素养育人体系的路上，做用心的研究者，做创新的行动者，做学生成长路上的助力者。

第九章　小学语文单元整体教学

第一节　单元整体教学的内涵

一、单元

“单元”一词最早出现是在现代，《辞海》中将单元解释为“学习段落”[①]，《汉语大词典》中解释单元为“相对独立，自成系统的单位”[②]，《辞海》中将“单元”作为内容的一部分，《汉语大词典》中则是将“单元”作为一个单位，由此可见，“单元”一词在没有限制条件的情况下，既可以指既定的部分内容，又可以作为一个单位进行使用。

在教育学中首次运用“单元”这一概念的是约翰·弗里德里希·赫尔巴特（Johann Friedrich Herbart），后来其学生席勒（Tursken Ziller）将“单元”这一概念进一步缩小，不是单纯以题材作为教材单位，而是以采用这种方法的教学过程中所处置的一个模块的教材作为单位。

教育界中对“单元”的理解主要有两种：一是指依据学生认知规律而编排的具有系统性内容的“教材单元”，即不同科目的教材根据性质或内容之间的联系划分成的不同的部分，这些不同的部分称为单元，每个单元中的内容需要在连续的一段时间内完成，不同的单元之间既保持独立又彼此联系。还有一种是泰勒提出来的：课程组织最低层次之一的“单元”，“单元通常包括延续数周的经验，它们围绕着问题或主要与学生有关的目标而组织”。[③]泰勒所提出的单元指的是“教学单元”。钟启泉认为“单元”可以分为基于学术与艺术等文化遗产，以系统化的学科为基础所构成的教材单元（学

① 《辞海》，上海辞书出版社1979年版，第660页。

② 《汉语大词典》第3卷，汉语大词典出版社1992年版，第419页。

③ ［美］泰勒：《课程与教学的基本原理：英汉对照版》，罗康、张阅译，中国轻工业出版社2014年版，第105页。

科单元）与以学习者的生活经验为基础所构成的经验单元（生活单元）。①

“单元”其实并非新词，甚至比课程的诞生还早。早期的“单元”就是教学内容的单位。在课程的诞生以及实用主义教育哲学的影响下，“单元”一词从有组织的内容单位走向了经过设计的活动单位（经验单位）。在“核心素养”受到极大重视的21世纪，“单元”似乎已经成为一个教育片段的完整过程，或者说是一个完整的学习故事。它既涉及对教学内容的设计，也涉及整个学习过程，还涉及素养目标是否达成的实践验证。②单元不是知识或内容单位，而是学习单位。一个单元就是一个完整的学习故事，一个单元就是一种课程，或者说微课程。③

在本书中，“单元”是指统编版小学语文教材中已经确定好的结构单元，也就是钟启泉所说的教材单元。基于教育教学过程中的实际情况，可以把“教材单元”分为“自然单元”和“重组单元”两大类。自然单元就是遵循教材所编排的单元，或者是在教材原有单元的基础上整合教学内容，并进行适当的资源补充；而重组单元指的是突破教材的编排结构，以系统论的原理和方法，对教材中具有某种内在联系性的内容进行重组和整合。

二、单元教学

19世纪末至20世纪初期间，“单元教学理论”在欧美“新教育运动”产生之际应运而生。德克乐利（Ovide Decroly）提出了教学以“兴趣”为中心，以“整体”为原则的理论，主张按照“单元主题—教学内容—教法学法”这样的程序展开教学，这种教学方式可以说是以内容为单位的单元教学思想的萌芽。

威廉·赫德·克伯屈（William Heard Kilpatrick）的设计教学法也被称为单元教学法，提倡取消分科教学，以学生的有目的活动为学习单位，并让学生获得知识和解决活动中问题的能力。亨利·克林顿·莫里逊（Henry Clinton Morrison）的单元教材精习制旨在将教材按照其内容划分成若干单元，然后按照“探究—提示—理解—推理—表述”这一教学程序进行教学，前一个单元掌握了才会进行下一个单元的教学，使学生更深入、更系统地把握知识，发挥整体教学的优势。除了这两种典型的单元教学法之外，还有各种各样的单元被开发出来，例如以加利福尼亚为中心普及的作业单元和弗吉尼亚的问题单元，等等。与此同时，关于单元教学法的分类主要有以教材为中心的

① 钟启泉：《学会单元设计》，《中国教育报》2015第9期。

② 崔允漷：《素养本位的单元设计，助力各国进入“素养时代”》，《上海教育》2021年第32期。

③ 崔允漷：《指向学科核心素养的教学即让学科教育“回家”》，《基础教育课程》2019年总第243—244期。

“教材单元”和以经验为中心的“经验单元”两大类。

我国在20世纪20年代开始流行单元教学，20世纪30年代后，国文教材开始按照单元的编排方式来编制。20世纪80年代以来，对单元教学的实验和研究在全国各地逐渐火热。在具体的教学应用中，产生了许多单元教学法，如“反刍式单元教学法”“六课型单元教学法”“五程序单元教学模式”等。

《教育大辞典（增订合编本）》中将“单元教学法”解释为：“将教材、活动等划分为完整单元进行教学的一种教学法。每个单元均有规定的学习目标和内容，时间长短因学习内容和学生个人情况而异。其目的在于改变偏重零碎知识和记忆文字符号的教学，强调学生手脑并用获得完整的知识和经验。”① 黄金鑫在《中学语文单元教学研究》中指出，语文单元教学是指从一个单元的整体出发，根据课程目标要求、单元中不同课文包含的知识点和具体学情的需要，合理拟定单元教学目标，科学预设教学内容和方法，利用多种多样的教学方法和策略，通过一段时间完整的阶段性学习让学习者完成一个结构相对完整的技术活动。② 朱绍禹在《中学语文教育概说》一书中提出单元教学就是依据类聚的原则，将相同或相近的课文组织起来，确定同一性的教学目标，采用相同或相似的教学方法实施教学，以求达到某种教学效果。③

本书认为单元教学是教师参照义务教育语文课程标准的要求，以教科书中的单元为基本单位，在深入解读分析教材，熟知单元人文主题，明确单元语文要素的基础上组织教学活动，进行完整教学的一种教学方法。单元教学是一种在教学中整合相关因素，形成一个完整的并不断优化的教学过程，在每个教学因素发挥其最大功能的基础上实现教学效果最大化，使学生达到人文素养和语文要素相统一的教学体系。

三、单元整体教学

2017年全国推广使用的统编版语文教材采用“人文主题”和“语文要素”双线组织单元的结构形式进行编排。聚焦“素养为本的单元设计、真实情境的深度学习、线上线下的智能系统”，设置“更加灵活的单元结构体例”是统编版语文教材的一大编排特色，统编版小学语文教材的结构是分单元组织教学，若干板块的内容穿插安排在各个单元之中。④ 统编版语文教材这样的编排适应了从单篇课文的教学走向单元整体教学

---

① 顾明远主编：《教育大辞典（增订合编本）》（上），上海教育出版社1998年版，第230页。

② 黄金鑫：《中学语文单元教学研究》，硕士学位论文，福建师范大学学科教学专业，2012年，第10页。

③ 朱绍禹：《中学语文教育概说》，内蒙古人民出版社1983年版，第34页。

④ 温儒敏：《“部编本”语文教材的编写理念、特色与使用建议》，《课程·教材·教法》2016年第11期。

的趋势，有利于一线教师单元整体教学的开展。同时，学科核心素养的出台倒逼教学设计的变革，教学设计要从设计一个知识点或课时转变为设计一个大单元。[①]

语文单元整体教学，重在引导学生在真实任务情境中利用相关资源主动积极地识字与写字、阅读与鉴赏、表达与交流、梳理与探究，改变围绕语文知识点和单篇课文组织教学、学生被动接受和训练应试的状况，促进学生语文素养的协调发展与整体提升。语文大单元教学，努力促进知识与技能、过程与方法、情感态度与价值观三维目标的融合，促进学生自主合作探究的学习，致力于学生语文素养的整体提高，让生机勃勃的学生去学习血肉丰满的语文。

单元整体教学是强调情境性的，知识是不可能脱离活动情境而抽象存在的，学习应与情境化的社会实践活动结合起来。在真实的任务情境中，通过学生真正的合作互动，完成情境化学习过程，并以学生在具体情境中对具体问题的解决情况作为评价学生的依据。教师在进行单元整体教学时要为学生选择既贴近学生经验又符合其当下兴趣的特定环境，只有符合以上两点特性的情境才能为学生搭建起日常生活实践与学校课程（领域）学习之间的桥梁。除选择贴近学生经验又符合学生兴趣的情境外，还可以为学生创设一个相对熟悉又与整个大单元学习相适切的大情境。值得注意的是，单元整体教学强调的情境并不仅仅用于学习导入，也不能只针对不同知识点创设不同的情境，而是统领整个教学单元的情境。单元整体教学所创设的情境要成为学生单元学习活动的真正载体。

单元整体教学强调以任务为驱动，任务贯穿整个单元的学习过程，完成单元任务的过程就是学习者进行单元学习的过程。学生在完成任务的过程中，获得语文知识，应用这些知识去解决生活中的问题，进行自我的建构。学习者只有在单元任务中切身经历和体会语文学习活动，在真实的任务中经历识字与写字、阅读与鉴赏、表达与交流，获得真实的言语经验，并且主动积极地梳理与探究，才能提升自己内在的语文素养。[②]

单元整体教学要考虑以下问题，一是如何依据学科核心素养及课程标准、教材、课时、学情与资源等，确定一个学期的单元名称与数量以及每个单元的课时数；二是如何分课时设计一个单元的完整的学习方案；三是如何在一个单元学习中介入真实情境或任务；四是如何设计反思支架，以引领或支持学生反思。[③] 在进行单元整体教学设

① 崔允漷：《学科核心素养呼唤大单元教学设计》，《上海教育科研》2019 年第 4 期。

② 戴晓娥：《大单元　大情境　大任务——统编语文教科书“新教学”设计与实践》，《语文建设》2019 年第 8 期。

③ 崔允漷：《指向学科核心素养的教学即让学科教育“回家”》，《基础教育课程》2019 年总第 243—244 期。

计过程中，要注意单元规划、单元教材教法分析、单元教学目标设计、单元学习活动设计、单元作业设计、单元评价设计、单元资源设计等七个要素。

本书认为单元整体教学是以单元为单位，以教材为导向，创设贴近学生生活实际的学习情境，在学习任务的驱动之下组织整个单元为一个围绕目标、内容、实施与评价的完整的学习事件。单元整体教学是新课程改革背景下所提出的比较新颖的教学思维，主张立足于单元教学视域，更具宏观性地梳理和整合学生的课程知识。单元整体教学要基于教材中划分的单元，在学习情境及完整任务驱动下联动所有的任务、目标、内容、实施与评价完成单元的学习，这样一个单元的内容便组成一个整体，使学生完整地获取知识与概念，在真实的情境中去学习、解决问题。

第二节 小学语文教材单元整体教学设计方法与案例

新修订的《义务教育课程方案和课程标准（2022 年版）》的颁布，标志着核心素养已成为基础教育阶段引领教学变革的重要引擎，倒逼课堂教学走向素养本位的单元整体教学。素养本位的单元整体教学有利于提升教学整体站位，弥合正式课程与体验课程之间的落差，从课程角度落实学习中心理念。单元整体教学设计作为专业化的实践，必须遵循科学的逻辑策略和规范的方法步骤。单元整体教学的内在逻辑是课程逻辑，这就决定了单元整体教学设计需要包含课程目标、课程内容、课程实施与课程评价四个课程设计要素。[①] 关于组织这些课程要素的方法步骤，以评价前置为特征的逆向设计（backward design）可以作为一种较为成熟且有效的指导模式。按照逆向设计的思路，单元整体教学设计要从一段学习历程的终点（学习目标）出发，确定目标可接受的证据（评价），然后根据目标需求逆推学习过程。[②] 需要指出的是，按照评价功能的不同，课程评价可以划分为诊断性评价、形成性评价和结果性评价三种类型，那么单元整体教学设计中也要灵活组织不同评价类型：诊断性评价发生在单元整体规划中，形成性评价嵌入教学活动过程中，结果性评价则以作业检测的形式表征。另外，素养本位的教学强调学生不仅要学还要学会，即将知识内化，用以持续地、正确地做事，

① ［美］泰勒：《课程与教学的基本原理》，施良方译，人民教育出版社 1994 年版，第 80 页。

② ［美］格兰特·威金斯、［美］杰伊·麦克泰格：《追求理解的教学设计（第二版）》，闫寒冰、宋雪莲、赖平译，华东师范大学出版社 2017 年版，第 18—19 页。

这将依靠学习活动后的反思来实现，所以单元整体教学设计需要将反思纳入其中。还有，与课时设计相比较，单元整体教学设计更加关注整体规划，在开展各要素设计之前，需要明确单元主题与课时。因此，素养本位的小学语文教材单元整体教学设计需要在核心素养育人目标体系下聚焦单元主题与课时、学习目标、评价任务、学习过程、作业与检测、学后反思六个要素。[①]

一、依托学期单元规划设定单元主题与课时

陆志平提出："以核心素养为纲来设计大单元，关键在于提炼一个合适的大主题，通过提炼合适的主题，来统领整个单元。"[②] 单元主题的创建旨在回应为何要学习该单元。主题是对单元学习历程中所涉及的关键问题或主要内容的概括，一个清晰而明确的主题蕴藏着单元内容统整的内在逻辑，有助于确保知识系统能够统整。核心主题既能作为连接不同知识内容的线索，发挥聚合作用，又能为建立关联的知识系统赋予意义，增强学习过程的完整性与一致性。素养本位的单元主题不仅涵盖学科内或跨学科的关键能力、必备品格和价值观念，同时又能体现出单元学习在真实生活情境下的价值意义，具有可操作性。单元课时意在将大容量的单元学习活动根据教学时长单位进行划分，能够体现单元学习历程的计划性、操作性和适应性。合理安排课时能直观呈现单元内部不同阶段需要集中实现的目标，有利于恰当地分配单元学习，达到循序渐进、逐步进阶的效果。

确定单元主题和课时的前提是整体规划学期单元。学期单元规划要求依据课程方案对相关学科的周课时规定，研判课程标准的学业要求与教材编排，搭建好一个学期的单元架构，一般是由教研组或者备课组合作完成。学期单元规划是单元教学设计的前提，依据学期单元规划设定单元主题和课时需要遵循四个步骤：第一，翻看教材目录，明确有几章或几个单元，确定是依据教材的原有顺序还是重组单元内容；第二，将章或单元的主题对标课程标准中的学业质量，以把握一个单元的"魂"；第三，如果教材主题与课程标准中学业质量要求基本匹配，再参照本课程的总课时与周课时，确定单元课时数；第四，根据各单元的素养目标、课时及相关资源，明确单元的组织者是大观念、大问题，还是大任务或大项目，并依据组织者命名单元。一般来说，单元命名方式有两类：一是用要学习的大主题直接来命名，该主题可以直接来自教材；二

---

① 崔允漷：《素养本位的单元设计，助力各国进入"素养时代"》，《上海教育》2021 年第 32 期。

② 陆志平：《素养为纲的语文大单元教学设计》，《语文教学通讯》2021 年第 Z3 期。

是用单元的组织者即大观念、大问题、大任务或大项目来直接命名。①

大主题升华了单元人文主题，超越了单元阅读策略，将语文知识、方法与能力、情感态度与价值观融为一体，指向了语文核心素养的目标与方向。王爱华提出单元教学的主题以单元教学的核心素养为旨归，是单元教学在语言、思维、文化和审美等四个维度的统整与融合，是融单元学习目标与内容、学习过程与策略、学习态度与价值观为一体，是人文性和工具性两方面的统一，是单元整体教学的灵魂。在单元主题的召唤下，学习目标与内容、学习任务与活动、学习过程与评价等都围绕大主题，使得整个教学形成向心结构。她提出两条提炼单元主题的方法：

（一）升华单元人文主题

单元人文主题是从课文内容的角度凝练的，单元整体教学的主题则是从教学角度提炼的。统编版六年级上册第八单元是“鲁迅单元”。教材中原定的人文主题是“走近鲁迅”，引用了著名作家臧克家的诗句“有的人活着，他已经死了；有的人死了，他还活着”，语文要素是“借助相关资料，理解课文主要内容”“通过事情写一个人，表达出自己的情感”。依据单元整体教学设计思想，研究者为本单元提炼了“致敬鲁迅先生”的大主题。此主题并不止于通过精读课文《少年闰土》《好的故事》和略读课文《我的伯父鲁迅先生》《有的人——纪念鲁迅有感》的阅读，引领学生“走近”或“靠近”鲁迅，一般性地了解鲁迅的人生经历、形象特点等，还要引导学生“走进”鲁迅，进入到鲁迅的童年生活、精神世界，感受鲁迅关心大众百姓的疾苦与命运的情怀，体会其作品中伟大的人民性。在此基础上，更要致敬鲁迅，崇敬鲁迅的民族之魂与不朽精神。这个单元大主题的提炼是对原有教材人文主题的升华，“致敬”一词激发了学生对鲁迅的亲近感，使其乐于单元语言文字的实践过程，饱含着对鲁迅崇敬的态度、无限的敬仰之情。在这个大主题统领下，学生学习本单元时，就不是作为一篇篇文本的接受者、阅读者，更不是学业能力、学业水平的应试者，而是鲁迅精神世界的探究者、人格思想的欣赏者，甚至是精神信念的实践者，学生的学习身份得到了解放，学生的学习者角色得到了尊重，完全改变了目前单元学习片面的、狭隘的局面。

（二）超越单元阅读策略

掌握阅读策略有助于提高学生的阅读能力，然而实际教学中教师容易拘泥于阅读策略的知识与方法，忽略了通过阅读实践渗透阅读策略；引导学生在语言文字实践的过程中领悟阅读策略，更忽略了阅读策略的根本目的在于培养积极的阅读者。三年级

---

① 崔允漷：《单元学历案：让国家课程校本化、素养落地可视化》，《浙江教育报》2022年第5期。

上册第四单元为阅读策略单元，围绕“预测”编排了三篇课文《总也倒不了的老屋》《胡萝卜先生的长胡子》《小狗学叫》，口语交际《名字里的故事》，习作“续写故事”以及语文园地。本单元的语文要素是“一边读一边预测，顺着故事情节去猜想”“学习预测的一些基本方法”“尝试续编故事”。“预测”作为阅读策略的同时诉诸了怎样的阅读素养呢？《义务教育语文课程标准（2022 年版）》在第二学段的阅读与鉴赏要求中提出“能复述叙事性作品大意，初步感受作品中生动的形象和优美的语言，关心作品中人物的命运和喜怒哀乐，与他人交流自己的阅读感受”。老屋会不会倒下？胡萝卜先生的长胡子后来怎样了呢？小狗最后会叫了吗？学生在阅读时的种种猜想、推测等，其实是对作品人物命运的关心，学生带着阅读期待，边读边预测，并将自己融入到故事中，与作品中的人物同呼吸共命运，在“预测”中体验阅读的乐趣，同时受到作品中情感的熏陶，研究者提炼了“牵挂你的人是我”的大主题。这一主题影响了学生在预测中获得阅读策略的知识方法、关键能力和必备的品格。①

二、以素养导向的育人目标体系为依据确立学习目标

学习目标是整个教学设计的灵魂，引领评价任务、学习过程、作业与检测以及学后反思的设计。学习目标主要回答期望学生学会什么。将学习目标作为单元教学设计的第一要素体现了逆向设计中“结果导向”的特点，打破了依据学习活动和内容预估学习结果的随意性，有利于提升目标设计的系统性和科学性。在宏观层面上，学习目标要对接真实情境下的核心素养，突出其对学生的发展性价值和对知识系统的整合性作用；在微观层面上，学习目标要能够落实到具体的学习过程中，转化成可观察、可测量、可评价的学习结果。

新修订的课程标准是以学生核心素养为统领建立的学科育人目标体系，包括课程目标、内容标准和学业质量标准。这一目标体系系统描述了素养视域下学生预期达到的学习结果，因而可以成为确立学习目标的主要依据。课程目标是对核心素养的拓展描述；课程内容标准是对实现核心素养的学习内容的描述。也就是说，课程目标和课程内容分别规定了学科育人目标以及素养视域下具体的学习内容，学习（教学）目标的设计可以从中提取或重组与单元主题相契合、与基本学情相匹配的目标维度和内容。学业质量标准根据核心素养发展水平，结合课程内容标准，整体刻画不同学段学生学业成就的具体表现特征，从而引导和帮助教师把握教学的深度和广度，为教学实施提

① 王爱华：《意与境浑——大单元教学视野下的主题提炼与情境创设》，《语文教学通讯》2021 年第 Z3 期。

供依据。学习目标设计可以将其作为提炼表现性要求、对接单元目标的切入点。具体而言，课标规定的主要是学段积累性的递进性的学业要求，可以将这些要求划分为若干个层级，根据层级递进的序列划分至单元目标中。需要注意的是，单元教学目标的设计要兼顾单元整体目标与课时目标。与单元整体目标不同，课时目标应更周详、更具体，展示出更多形成性和表现性的目标，让课时与课时之间的学习建立联结并互为支撑，为单元整体学习的进阶搭建支架。

确定学习目标及其来源之后，还需要规范叙写学习目标。为了让学习目标能够更好地体现核心素养的要求，帮助学生清晰地理解并展开学习过程，学习目标的叙写样式和陈述规范需要遵循相应的要求。在学习目标的叙写样式上，应从知识与技能、过程与方法、情感态度与价值观三个维度阐明行为主体、行为表现、行为条件和表现程度。对应的规范要求是：行为主体必须是学生，意在帮助和引领学生自主经历学习过程；展示行为表现的动词应尽可能清晰、可操作，便于为后续评价行为做指导；当动词无法全然表示行为表现时，还可以为行为表现附加环境、工具、时间等限定条件用以刻画目标体现的程度或进一步具体化行为表现；目标指向的是全体学生而非个体学生，为提高群体适用性，目标的表现程度往往是最低要求而非最高要求。

三、基于真实情境创设评价任务

评价任务旨在回答如何知道学生在单元整体学习中是否达到了预期结果？有哪些证据来判断学生学到何种程度？根据逆向设计的思路，将评价置于教学目标和教学过程之间，正是单元整体教学设计专业化的体现。评价紧随目标之后，有利于提升二者之间的黏合度、增强评价与目标的匹配度，同时还可以修正目标中不恰当的部分。将评价置于学习过程之前，一方面，可以强化评价对学习过程的引领作用，确保学习过程不偏离预定方向；另一方面，能为评价嵌入学习过程提供基础，发挥过程性评价任务的诊断和调节等功能。然而，要发挥评价任务前置所形成的“承上启下”作用，要求评价任务既要确保能激发目标的考察点或者说目标对应的行为表征，同时又能持续嵌入学习过程中，通过及时有效的反馈来改进紧随其后的学习过程。

核心素养的形成具有情境性，① 那么评价任务作为激发学生达成预期素养目标的“引信”，也应当以真实情境为载体。评价任务的设计通常根据单元主题或统摄中心确

---

① 雷浩：《基于核心素养的课程评价：理论基础、内涵与研究方法》，《上海师范大学学报（哲学社会科学版）》，2020 第 5 期。

定一个核心任务，然后将其分解为系列子任务，最终形成一个系统的、结构化的、具有挑战性的大任务。基于真实情境创设评价任务的逻辑包含三个要点：第一，包含真实挑战的评价任务。一方面，连接真实情境的素材有助于挖掘学生依靠现有经验难以完成的挑战性任务，以此激励学生吸收新知识、形成新思维，实现学习进阶；另一方面，真实情境更容易创造复杂的、多样化的挑战性任务，从而帮助学生促进经验的抽象转化，减少从一个具体问题到另一个相似问题的低通路迁移，强化将所学知识技能迁移到多元化情境中的高通路迁移。第二，能促成学生真切实践的评价任务。真实情境更容易与学生建立互动，使学生在任务中真切地参与、体验、探究、讨论等学习活动，真实地在任务中“做事”，达到知行合一。第三，能展示学生真实表现的评价任务。现实生活中对同一问题的解决方案既不是特定的也不是单一的，要以真实情境还原互动发生的背景，让评价任务不仅要能包容超出预设互动结果的生成性表现，而且要重视引出多样化的行为表现。

（一）单元情境的创设

情境是一种以情感调节为手段，以学生的生活实际为基础，以促进学生主动参与、整体发展为目的的优化了的学习环境。单元整体教学的大情境是指直接影响学生的语文学习心理与行为的具体环境，主要是特定单元的具体的“语言运用情境”，包括学生活动于其中的具体的自然环境和社会环境。陆志平认为“创设合适的单元学习情境，保持作品情境与学习情境的协调，不仅能使学习内容与真实生活融为一体，也能使单元目标、任务等设计更加自然和谐。”[①] 王爱华则将单元情境分为整合之境、真实之境、有“我”之境和活用之境。

1. 整合之境。单元的大情境在大主题的统领下，重新编排并丰富单元学习内容和资源，以确立结构化的单元学习目标与评价标准为要，集单元学习内容、方法与过程等于一体，融文化自信、语言运用、思维能力和审美创造为一体，建立单元内部各具功能又相互联系的框架，为学生构建了语文学习的大格局，“既见树木更见森林”。学生置身于整合的学习情境中，避免了为单篇课文创设支离破碎的若干小情境的不断晃动，保持了学习情境的相对稳定与连续。以统编版二年级上册第四单元为例，创设了“我的旅行手账”的大情境（也就是说，学生通过本单元的学习，最终要能够完成关于本单元的旅行手账，并能迁移在生活中），将识字写字、课文朗读与背诵、字词句运用、学写留言条等内容统整在“我的游览”“我们出发了”“请到我的家乡来”这三个学

① 陆志平：《语文大单元教学的设计思路》，《语文建设》2020 年第 17 期。

习任务的十个活动中，学生在读读、想想、画画、说说中感受祖国山河的壮美、家乡的可爱，从而体会语言形象、生动与丰富。

2. 真实之境。单元整体教学追求语文与生活的联系，学生在真实的生活情境中学习，在真实的语言运用情境中学习。之所以强调情境的真实性，是因为以往有些学校课堂创设的情境脱离了真实世界，太多的优化过度的虚拟情境，让学生对真实情境失去了兴趣，敏感度大大下降，有些学生甚至沉浸在虚拟情境中不能自拔。倡导“真实情境”不仅关乎如何学习，而且关乎为什么学习这一教育根本问题。如以一年级上册第四单元为例，研究者创设了“四季的歌”大情境：“问候秋天”——从儿童正在经历的秋天开始，和当下的学习生活勾连，在生活中识字，感受秋天的美好；“品味四季”——通过读谚语，学诗歌，在诗文中识字，感受大自然四季的变换及特点；“亲近四季”——用多种形式装扮“四季树”，在语言实践活动中识字。同时，在学习过程中指导儿童正确、流利地朗读课文，学会模仿课文中简单的词语和句式，来表达自己对四季的赞美和喜爱，激发儿童真正亲近大自然。这一情境从学生真实的生活出发，再进入文本的语言情境，最后回到真实的生活情境中应用语言文字，学生自始至终置身在真实的语文世界之中。

3. 有“我”之境。单元整体教学的大情境特别强调有“我”之境，从学生学习的视角来设计大的情境，重视学生主体性的发挥，让学生站在学习的中央。单元的大情境为学生提供了自主学习的路径、策略与支架，为学生营造了自主阅读、自主发现、自主探究、自主交流、自主解答、自主提升、自主测评的环境，完全扭转了“只见知识不见人”的教学境遇。如统编版六年级下册第一单元编排了一组充满了浓郁的民俗风情的课文《北京的春节》《腊八粥》《藏戏》等。研究者为此创设了“聊聊多姿多彩的八方习俗”的学习情境，“聊聊”两字充分显示了学生的主体意识，不仅要了解各地的民风民俗，还要体会中华民族文化的博大精深，感受中华传统习俗中蕴含的人情美、文化美，从而产生对祖国优秀传统文化的热爱。

4. 活用之境。灵活运用语言文字的情境，改变了低年级的阅读与识字教学，改变了传统教学中在田字格里抄写生字生词这种机械的操练，使碎片化、符号化、毫无意义的抄写，变为整体的、鲜活的语境的运用，改变了为默写而抄写、为考试而抄写的情况。真实的语言运用情境可以实现学生的真学习。大单元的大情境是摆脱了从书本到书本、从题目到题目，一问一答的机械的毫无生长的教学。[①]

---

① 王爱华：《意与境浑——大单元教学视野下的主题提炼与情境创设》，《语文教学通讯》2021 年第 Z3 期。

（二）单元任务设计

任务设计是单元整体教学设计中重要的一块，是基于学科核心素养的多维整合，需要教师全面分析教材，深入挖掘教材，灵活整合教材，将教材中的内容进行重新组合，让教材内容具有“弹性化”和“框架式”特征。马建明认为设计任务要以“学习语言文字运用”为核心，以“开展语文深度学习”为追求，以“转变语文学习方式”为理念，以“体现语文跨界学习”为策略，从而提升学生的语文核心素养。[①] 因此，他划分了以下四种类型的学习任务：

1. 设计学习语言文字运用的实践性任务

《义务教育语文课程标准（2022年版）》指出，“义务教育语文课程内容主要以学习任务群组织与呈现。设计语文学习任务，要围绕特点学习主题，确定具有内在逻辑关联的语文实践活动”。设计学习语言文字运用的实践性任务，整体实现语文核心素养的育人目标。

三年级上册第一单元编排了三篇课文，分别是《大青树下的小学》、《花的学校》和《不懂就要问》，口语交际“我的暑假生活”，习作“猜猜他是谁”，还有“语文园地”相关内容，以“畅谈美好的校园生活”为主题，展现了学校生活的丰富生动、学生学习的自主踊跃。阅读是关注有新鲜感的词语和句子；习作是体会习作的乐趣；口语交际是选择别人可能感兴趣的内容讲，借助图片或实物讲；综合性学习是组建兴趣小组并取一个能够体现活动特点的名字。如图 9—1 所示。

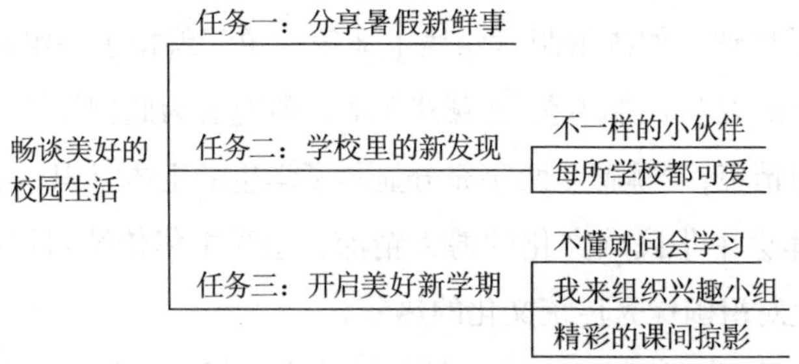

图 9—1　三上第一单元“畅谈美好的校园生活”任务设计

研究者将阅读、习作、口语交际、综合性学习几个方面的教材内容整合为以阅读与鉴赏、表达与交流、梳理与探究为学习方式的任务。过去是通过一个板块一个板块的教学达成上述目标，而现在单元整体教学将单元内容进行重组，在任务群中开展阅

① 马建明：《指向提升学生语文核心素养的任务设计》，《语文教学通讯》2021年第Z3期。

读与鉴赏、表达与交流、梳理与探究等学习语言文字运用的实践性活动，从而综合达成上述目标。任务一“分享暑假新鲜事”，开展“暑假的记忆”主题展览，通过各种实物、图片等唤起学生对暑期生活的记忆；召开“暑假生活分享会”，将暑假生活新鲜事说流畅，说清楚。这里重点突出“梳理与探究”“表达与交流”。任务二“学校里的新发现”，整合习作“猜猜他是谁”、阅读《大青树下的小学》《花的学校》，以“学校里的新发现”为探究话题，走进校园。“不一样的小伙伴”，开展“猜猜他是谁”活动，猜猜熟悉的人物谜语，观察小伙伴的外貌、性格、爱好等特点，用新鲜的词句、简单的事例表现小伙伴；“每所学校都可爱”，由学生的学校生活继而走进文本中的学校生活，通过阅读《大青树下的小学》《花的学校》，找找学校新鲜可爱的地方，关注有“新鲜感”的词句，在朗读想象中感受每所学校都那么可爱。这里重点突出“阅读与鉴赏”“表达与交流”。任务三“开启美好新学期”，由“不懂就问会学习”“我来组织兴趣小组”“精彩的课间掠影”三个活动完成，整合了《不懂就要问》、“语文园地”等内容。先走近少年孙中山，聚焦人物事件，开展记者问答，发表自己的看法；再模拟组织兴趣小组，给小组起个新鲜有特点的名字，开展美文读书吧、童年诗社、成语大观园等活动，感受语文学习的乐趣；最后是课间的精彩，回顾单元学习历程，描绘自己心中的三年级生活，开启美好的新学期。这里重点突出“表达与交流”“梳理与探究”。这三个任务以“回顾”“发现”“开启”的思路，调整与整合教材内容，综合运用阅读与鉴赏、表达与交流、梳理与探究等语文学习方式，突出学习语言文字运用的综合性和实践性。

2. 设计指向语文深度学习的探究性任务

深度学习是指学习者以高层次思维的发展和实际问题的解决为目的，以整合的知识为内容，积极主动地、批判性地学习新的知识和思想，将它们融入到原有的认知结构中，并能将已有的知识迁移到新的情境中的一种学习。深度学习的关键是知识建构、问题解决与反思评价，其核心是培养学生的高阶思维。根据布鲁姆认知目标六层次理论，即记忆、理解、应用、分析、综合、评价，传统的语文教学往往停留在前三个层次，即记忆、理解与应用，而后三个层次才属于高阶思维，即批判性思维与创造性思维。单元整体教学设计应注重探究性任务设计，着力培养学生高阶思维，特别是在真实的情境中解决问题的能力。

研究者以五年级上册第二单元为例，本单元编排了四篇精读课文《搭石》《将相和》《什么比猎豹的速度更快》《冀中的地道战》，题材各不相同。本单元是阅读策略单元，旨在引导学生学习提高阅读速度的方法，并自觉运用到阅读实践中，逐渐形成良好的阅读习惯。如图 9—2 所示。

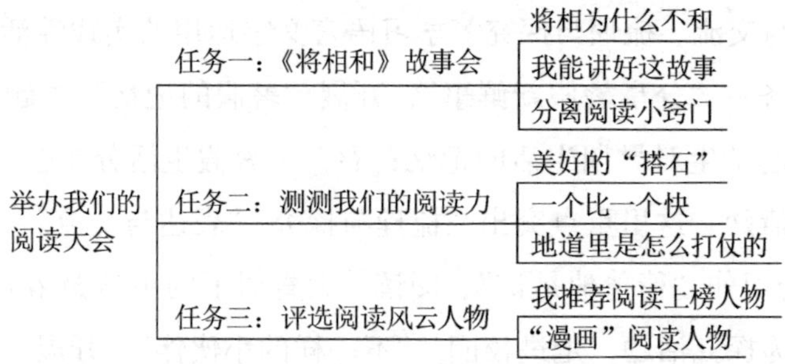

图 9—2　五上第二单元“举办我们的阅读大会”任务设计

首先，设计了基于真实情境的任务“举办我们的阅读大会”，三个任务“《将相和》故事会”“测测我们的阅读力”“评选阅读风云人物”，这些任务都是基于真实的阅读情境，在这些情境中组织学生开展阅读活动，是主动做事，而不是被动地接受学习任务。其次，设计解决问题的任务与活动。任务一“《将相和》故事会”，从单元整体入手，在读懂课文的基础上，进行提高阅读速度方法的梳理、归纳和总结。任务二“测测我们的阅读力”，带着“工具”去阅读，将从《将相和》这篇课文中学到的提升阅读理解力和速度的方法运用到另外三篇课文的学习中，同时也是检测学生阅读速度和能力的依据。任务三“评选阅读风云人物”，开展“阅读风云人物”评选，为表达提供话题与素材。从这些任务与活动的设计上，可以看出问题解决的目的性、探究性很强。再次，设计具备高阶思维特征的问题与话题。任务一“《将相和》故事会”设计了这样一组问题：将相之间是怎样由“不和”到“和”的？三个故事之间有着怎样的关联？借助具体事例，特别是人物的语言、神态、动作、心理等说一说廉颇、蔺相如给你留下了怎样的印象？解决这些问题，需要学生提取信息，瞻前顾后，形成解释，作出判断，欣赏评价，这些问题属于分析、综合与评价等层次的高阶思维。

3. 设计转变语文学习方式的活动性任务

新课程积极倡导自主、合作、探究的学习方式。在探索的过程中，有些学校、教师出现了一些形式主义的做法，学习目的不清楚，学习活动不聚焦。特别是以知识为中心的教学，关注教师的“教”，这种课堂教学往往是线型结构，是按预定的教学设计一个环节一个环节地进行，学生成为教师完成教学任务的“配角”，这样的课堂教学即便有自主、合作、探究学习方式的安排，也是教师的应景之作，并非学生的真实需求。那么，究竟如何才能把学科知识转化为学科素养的载体？学科知识是不能直接转化为素养的，学科活动才是形成素养的渠道。学科活动意味着对学科知识进行加工、消化、吸收，并在此基础上进行内化、转化、升华。通过“学科活动”来统整三维目标中的“过程与方法”以及自主、合作、探究的学习方式，这样，自主、合作、探究的学习方式就不再是形式，而是促进学生语文核心素养形成的必要途径与手段，因此，在单元整体教学中应注重体现任务的“活动性”。

五年级上册第四单元以“爱国情怀”为主题，编排了课文《古诗三首》《少年中国说（节选）》《圆明园的毁灭》《小岛》，四篇课文所涉及的年代、人物、事件不同，但中国人代代相传的爱国情怀都贯穿其中，表现了中国人“天下兴亡，匹夫有责”的责任感和使命感。如图9—3所示，研究者以“我们深爱这片土地”为任务情境，以“倾听山河的悲鸣”“致敬可歌可泣的人物”“我有一个强国梦”三个任务展开。

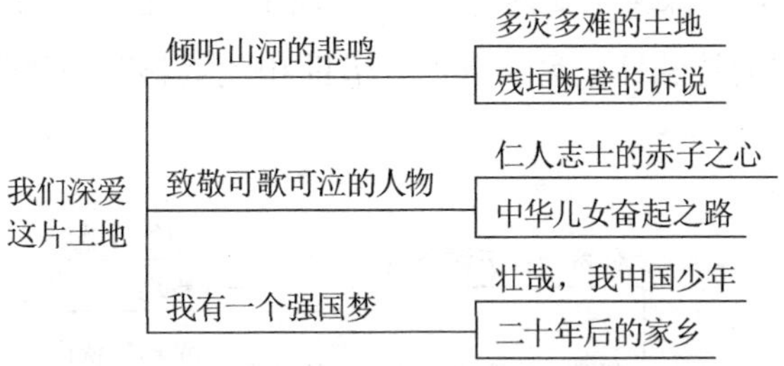

图9—3 五上第四单元“我们深爱这片土地”任务设计

在每个任务活动的设计中，充分体现了自主、合作、探究的学方式。如任务一“倾听山河的悲鸣”中活动一“多灾多难的土地”，先安排学生自主学习，第四单元语文要素是“结合资料，体会课文表达的思想情感”，研究者为学生设计查阅资料，梳理历史事件，从而使学生对这个单元的课文写作背景有了整体了解。这项学习活动必须让学生自主参与，亲身经历搜集、筛选、整理、运用资料信息等过程，这样才能使学生对相关历史事件有自己的感受与理解。为加深学生对课文内容的理解与感悟，教师组织学生合作学习，小组交流自学收获，并合作完成本单元重要历史事件一览表。以课文所涉及的年代为时间线索，小组对课文反映的当时重大事件进行选择与补充，联系课文内容体会文章所表达的思想感情。

在活动二“残垣断壁的诉说”中，先通过自主学习、合作学习，运用列提纲的方法把握《圆明园的毁灭》主要内容，聚焦描写圆明园昔日景观的关键词句，结合相关资料，感受昔日的圆明园带来的震撼与自豪。在此基础上，组织学生进行探究：为什么说圆明园的毁灭是中国文化史上不可估量的损失，也是世界文化史上不可估量的损失呢？课文题目明明是“圆明园的毁灭”，为什么用这么多笔墨写昔日的辉煌呢？这些问题学生不能一下子回答出来，这就需要教师组织学生进行探究，通过对课文内容的阅读与理解、对查阅资料的整理与发现，让学生能够从多个角度进行思考与把握，从而理解课文所表达的思想情感。

4. 设计体现语文跨界学习的综合性任务

《义务教育语文课程标准（2022年版）》在课程基本理念中指出：“注重跨学科的学习和现代科技手段的运用，使学生在不同内容和方法的相互交叉、渗透和整合中开阔视野，提高学习效率，初步养成现代社会所需要的语文素养。”① 研究者以六年级上册第八单元为例，第八单元以“走进鲁迅”为主题，编排了《少年闰土》《好的故事》《我的伯父鲁迅先生》《有的人——纪念鲁迅有感》四篇课文，从不同角度、不同层面呈现了鲁迅的人生经历、形象特点、思想追求，伟大人格和不朽精神，第八单元语文要素是“借助相关资料，理解课文主要内容”，一方面由于鲁迅生活的年代离学生较远，所处的时代背景有一定的特殊性；另一方面“借助相关资料”需要学生运用信息技术进行搜集与整理。

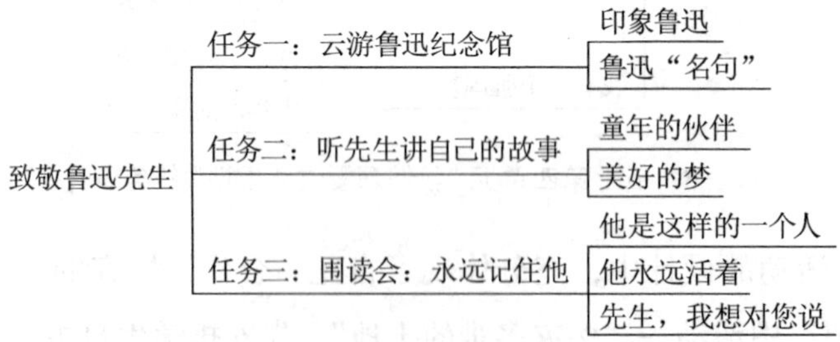

图9—4　六上第八单元“致敬鲁迅先生”任务设计

如图9—4所示，任务一“云游鲁迅纪念馆”，运用云端场景，拉近学生与鲁迅的距离，这里将语文、信息、美术、音乐等学科进行整合，为学生设计一个“网络纪念馆”，以网络云平台为依托，为学生搭建多方面搜集资料的路径，通过云游鲁迅纪念馆，到鲁迅家里“串串门”，了解鲁迅的生活环境、主要的生平事迹等，这拉近了学生和鲁迅的距离。此外，除了课内的相关文章和阅读链接，还要引导学生通过各种手段查找资料，梳理鲁迅的文学作品和其精神品格，从而走进他真实的人生世界。在这个过程中要激发学生主动亲近鲁迅、走进鲁迅作品的兴趣，产生探究与学习的欲望。任务三“围读会：永远记住他”，学习了鲁迅的作品，了解了鲁迅，学生的内心深处难免会产生向鲁迅言说、致敬的情感。在以“永远记住他”为主题的围读会上，讲讲鲁迅给“我”留下深刻印象的几件事；用深情的诵读，言说鲁迅光辉的人格和不朽的精神；再用自己的文字写下激荡在心中的崇敬之情，表达对鲁迅的敬意，用文字、图片、音频、视频等形式记录下来。这些设计可以注重现代科技手段的运用，注重跨学科的学习，学生收获

① 《义务教育语文课程标准（2022年版）》，北京师范大学出版社2022年版，第3页。

的不仅仅是语文学科的核心素养，而且发展了学生的综合素养。

班级授课制对普及教育、扩大教育规模、提高教学效率等方面有着积极的贡献，随着教育的发展，如何体现以学习者为中心的课堂教学，新技术的运用、启动线上线下的智能系统，已成为一种新的趋势，这也是单元整体教学的一大特点。首先，单元整体教学面向差异化的学习需求。学习目标、学习内容、学习手段、学习者的匹配与协调，决定着学习的效能，单元整体教学通过智能平台，将学习目标、学习内容进行"菜单式"分层设计，既有基于学科的核心教学内容化，又满足学生对自主选择的需求。教学内容的增值，能够实现差异化供给，让学生的选择更加多元。学生拥有了"驾驭"学习的感受，从而激发其积极参与学习的动力。任务一"云游鲁迅纪念馆"，登录线上交互平台，借助文字、图片和视频等学生感兴趣的资源，查找学生想了解的有关鲁迅的信息。线上交互平台为学生提供了鲁迅生活馆、足迹馆、作品馆、金句馆，学生可根据自己的兴趣以及"云游"的路线，自主选择场馆与调控学习进度。其次，单元整体教学关注学生个体的学习过程。运用新技术打破班级的时空局限，关注、记录、展示每一位学生的学习过程与成果，让每一位学生都有出彩的机会。任务三"围读会：永远记住他"中的活动二"他永远活着"，线上安排了"我的独家揭秘""韵律研习社""诗意解读馆""最美声音"等展示区，学生可以借助"云端资料馆"了解《有的人》创作的过程与背景，发布"我的独家揭秘"。再次，单元整体教学运用新技术实现精准评价。基于智能系统的多元平台，借助多样活动和多维量表进行评价，注重评价的过程性、即时性、互动性，学生能够借助平台了解自己存在的问题与不足，找到改进的办法与措施。①

四、以进阶思路构建学习过程

学习过程的构建重在说明学生如何学会，主要关注学习活动的组织和学习任务的嵌入。完整的学习过程包括学习内容的组织和实施路径的选择，其设计必须考虑四个关键问题：学生需要怎样的知识（事实、概念、原则）和技能（过程、程序、策略）才能在单元教学中达到预期的学习结果？安排哪些学习任务才能使学生具备所需要的素养？根据预期目标，学生需要哪些指导，教师应该如何更好地提供指导？提供怎样的材料和资源最有助于实现这些目标？② 具有系统性的单元学习过程是在大任务、

① ［美］格兰特·威金斯，［美］杰伊·麦克泰格：《追求理解的教学设计（第二版）》，闫寒冰、宋雪莲、赖平译，华东师范大学出版社2017年版，第18—19页。

② 朱立明、冯用军、马云鹏：《论深度学习的教学逻辑》，《教育科学》2019年第3期。

大问题、大项目、大概念等驱动下逐渐积累、臻于完善的过程，要实现知识从记忆理解到建构再到迁移应用，需要以进阶的思路来设计学习过程。此外，核心素养包括高阶思维，素养本位的单元整体教学必然关注学生高阶思维能力的发展，高阶思维能力的形成并不是一蹴而就的，这就意味着学生的知能发展必然经历一个从低级到高级循序渐进、螺旋式上升的过程，以进阶的思路来构建学习过程符合素养发展的内在机制。

所谓进阶，指学生不同阶段的思维能力或者素养是螺旋式发展的，其判断依据是学生的思维或素养水平的高低而非知识量的多少，因此，以进阶的思路来设计学习过程的路径包括：首先，要在课前、课中、课后不同阶段内加强学习内容之间的连续性和学习任务设置的贯通性。其次，要在某一学习阶段开始前注意预备和激活已有知识经验，上一阶段的学习任务要为下一阶段的学习作铺垫，上一个课时的知识基础要为下一课时的知识学习“搭台阶”。最后，为学生知能发展的中间水平赋予由低到高、层级递进的思维训练，以循序渐进的方式开展学习活动。需要说明的是，不同水平的进阶应以概念、任务、问题或项目为主线。

五、以结构化思维设计作业与检测

作业与检测的设计旨在判断学生在一段学习历程中是否真的学会了。单元整体教学是一段结构化的学习历程，那么作业与检测作为完整历程中必不可少的要素，也应当体现结构化。具有结构化特征的作业与检测能够对各课时的作业内容、类型、难度等进行统筹规划，提高不同作业的关联性和递进性，减少针对低水平目标或反复操作性作业在单元教学中的机械重复习惯，从而为学生减轻不必要的学习负担。

以结构化思维设计作业与检测可以从以下三方面考虑：第一，以单元主题为线索系统整合作业与练习的内容，既要通过主题关注同一类型作业内容的聚焦，又要强调不同类型作业在同一主题下的关联与互补，借助整合的过程使各环节的作业容量得到精简，整体指向对学生是否达成目标的判断。第二，强化单元内各时段、各环节作业与练习（预习作业、过程 / 课时作业、课后作业等）的进阶性，从易到难，呈现螺旋式上升，帮助学生实现思维进阶。第三，立足学生群体内的差异性需求，分层、分类设计作业与检测，有意识地设计不同难度、不同类型、适合不同学习风格的作业。同时，围绕主题设计可供学生自由选择的作业，采用更具实践性的作业形态、增强作业的综合性与兼容性。

六、根据学生认知序列设计学后反思

反思是确保学习活动在深层次发生的基本条件，[①]学生只有经过学后反思才有可能实现对概念的顿悟，进而完善自身的认知结构和思维模式，重构经验体系，最终习得具有广泛迁移性的核心素养。换句话说，反思是发展核心素养的前提条件，是能力走向素养的关键步骤。单元教学设计中的反思不是单纯地回顾或重复学习过程，而是由学生主动发起的、对自己的学习过程和结果进行再认识的思维过程，是学生对自身与整段学习历程的活动过程及其行为、策略、资源、信息、结果等的再思考。

从认知心理学的角度来讲，反思属于元认知的概念范畴，关系到个体对自身行为的体验、监控和调节，而这些行为的发生很大程度上受学生认知发展水平的影响。同时，反思的策略方式也与学生的认知风格或认知模式密切相关。因此，设计单元整体教学中的学后反思需要考虑学生的认知序列：一方面，要搭建符合学生认知水平的反思支架，可将单元学习历程中不同阶段的评价反馈作为元认知的反思支架，帮助学生进一步认识自我学习的特点。另一方面，要从学生已有的认知基础出发，建构具有进阶性的反思方法与路径。例如，从复述到关联再到转化就是一个从低级到中级再到高级的反思阶段设计。

第三节　小学语文单元整体教学案例

《义务教育语文课程标准（2022年版）》指出："义务教育语文课程结构遵循学生身心发展规律和核心素养形成的内在逻辑，以生活为基础，以语文实践活动为主线，以学习主题为引领，以学习任务为载体，整合学习内容、情境、方法和资源等要素，设计语文学习任务群。"按照2022版新课标的精神指示，今后的小学语文课程学习将主要以"学习任务群"的形式开展，而单元整体教学是非常适用于学习任务群这一新兴的教学形式的。单元整体教学根据单元的人文主题和语文要素整合教学内容，创设真实的学习情境，以学生语文实践活动为主的学习方式，完成具体的学习任务，以可视化成果的形式呈现学业成就，有利于全面提升学生的语文核心素养。

单元整体教学设计是从人文主题出发，以语文要素为核心进行的。首先，要求教

① 崔允漷、邵朝友：《试论核心素养的课程意义》，《全球教育展望》2017年第10期。

师观照整体，用系统思维对教学单元进行整体的、结构性的解读，明确教材编排的体系结构与彼此关联、能力目标的阶梯式发展，明确语文要素中蕴含的语文知识、能力培养的方向路径；其次，还要求教师关注局部，洞察每个板块的特殊功能、每个篇目的训练要点、每个练习的编写用意，结合学生的学习和生活经验，确定教学的落脚点，设计进阶式语文活动任务链，在活动中逐步实现“要素”向“能力”的转化。

以下呈现昆明市首批“春城计划”教学名师张砾月工作室的教研案例，看一线教师是如何进行单元整体教学设计的。

一、认识架构，明晰单元的训练点

（一）梳理语文知识

安杨华认为，“非理性的语文教学淡化知识，理性的语文教学则强调运用语文知识解决语文实践问题，语文知识的运用有助于解决语文实践问题、提高语文学习效率、提高语文素养”。[①] 所以小学语文教学必然是以语文知识为基石来进行的，这就要求教师要把握好单元的人文主题和语文要素，理清其中语文知识点的分布，分析其在教学中的价值，明晰本单元教学的训练点。

以工作室的教研主题“习作单元”为例，习作单元中的知识分为四类，一是结构知识，为文章构篇提供架构和形式上的依据。二是选材知识，是构成文章建筑的实质性“砖瓦”。三是立意知识，包括文章的主题选择、表现方法、传达意图等。四是文体与表达知识，为学生写作提供具体工具。以下案例分别展示教师如何在教学设计过程中梳理语文知识。

案例 9-1

河山浮于文字间　表达言出中国心

——二年级上册第四单元整体设计总述

昆明市首批“春城计划”教学名师张砾月工作室成员　施晓燕

设计一个单元的学习活动，建构积极有效的课堂，首先要以系统的思维来整体解读单元学习内容和目标任务。我们先来看看这个单元的人文主题：

本单元围绕一个人文主题编排了《登鹳雀楼》《望庐山瀑布》两首古诗和《黄

① 安杨华：《理性语文：运用语文知识解决语文实践问题——“新课标”视域下的语文知识运用略谈》，《天津师范大学学报（基础教育版）》2020 年第 4 期。

山奇石》《日月潭》《葡萄沟》三篇课文。如果在中国地图上标出单元内几篇诗文所描写的地方，我们会发现那是一趟多么有意思的旅程：《登鹳雀楼》中的鹳雀楼在山西省运城市，《望庐山瀑布》中的庐山在江西省，《黄山奇石》中的黄山在安徽省，《日月潭》中的日月潭在宝岛台湾西部的南投县，《葡萄沟》中的葡萄沟在新疆维吾尔自治区的吐鲁番市。四篇课文涵盖古今，跨越海峡，不同地方，不同美景，古楼、瀑布、奇石、清潭、葡萄，有山有水，有人文有自然，这些文章编排在一个单元，很自然地就为学生的学习特设了“境遇”，学习就有了积极的情感基础——这就是人文主题的学习价值。

教师用书上这个单元的主题是“家乡”，我们觉得不够准确。本单元内的课文，除了王之涣祖籍山西，鹳雀楼勉强算是在他家乡外，其他作者所写之景都不是自己的家乡，也没有哪一篇课文是以“我”的视角来介绍家乡的。这些课文编排在一起，给学生展现的是祖国不同地方的美丽风光，让学生感受到的是祖国河山的壮美。虽然可以在教学中引导学生用习得的表达方法说一说自己的家乡之美，但好像只有“我爱阅读”栏目才适合引出这个话题，在其他篇目的仿说中如果只说家乡，就把学生的思维局限了。所以，我们认为以“大好河山”作为本单元的人文主题似乎更加合适，与之相关的人文主题贯穿小学六年。从本单元到三年级的“祖国山河”，从四年级的“家国情怀”到五年级的“深爱祖国”，再到六年级的“民俗民风”，编者根据学生的认知发展规律，编排了一系列认识祖国、热爱祖国的文本，旨在引导学生从语言文字中了解我国的风土人情和民族精神，唤醒学生的爱国情怀，达到立德树人的目标。

其实“学习课文的语言表达，积累语言”贯穿于每一篇课内课外文章，是学生阅读能力的一种。课标中对于语言积累要求分为四个阶段：在阅读中积累词语、积累自己喜欢的成语和格言警句、背诵优秀诗文 50 篇（段），课外阅读总量不少于 5 万字、在写话中乐于运用阅读和生活中学到的词语。从中可以看出从学习和积累作者的语言表达，再运用到自己的语言和写作表达中是由量变到质变的过程。

本单元以写景的文章为主，语言优美，生动形象。教科书在《黄山奇石》《葡萄沟》等课文中安排了仿写的练习，在《古诗二首》《日月潭》等课文中安排了词语的扩展积累，使学生体会写具体和进行概括的表达方式，学生能够通过联系上下文的词语展开想象，把想到的内容写下来。在多篇课文后安排背诵课文或片段的练习，学生借助形象思维，一边读一边想象画面，达到熟读成诵，以利于丰富积累，增强体验，培养语感。

综上所述，本单元的第二个阅读训练要素可以细化为以下四条学习目标：

（一）可以边读边想象画面，达到熟读成诵，积累背诵写景文章的课文和片段，积累课文中优美的语言。

（二）根据提供的情境，展开想象，仿照课文的句式，将积累的写景词语和语句运用到句子中。

（三）通过朗读课文内容了解祖国的辽阔和美丽，学生能够有认识和赞美祖国的愿望。

关于表达训练要素

本单元写话安排的是学习写留言条，留言条写作属于应用文写作的范畴，从二年级的“留言条”到三年级的“日记”，从四年级“书信”到五年级的“简单的研究性报告”，再到六年级的“倡议书”，从编者的编排思路中体现了由易到难梯度发展序列。

课标中强调写作教学应贴近学生实际，让学生乐于表达，应指导学生关注现实，热爱生活。因此通过例文让学生感受写留言条是来自现实生活交流的需要。再通过例文旁的提示，让学生明白留言条的基本格式，并创设了两个具体情境让学生运用到生活当中。

基于以上分析，可将单元写话要素目标细化如下：

（一）留言条：感受写留言条是来自现实生活交流的需要，并可以运用到生活当中。

（二）留言条格式：先写是留给谁的，再写有什么事，最后写自己的名字和时间（名字和时间右对齐）。

（三）留言条的内容：要写清楚时间、地点和具体的事情。

在本单元的教学中，学写留言条将作为一个独立的学习活动进行设计组织。

根据以上分析，本单元的整体教学我们选择了人文主题统领，同一语文要素台阶式习得的整体设计。

人文主题开门见山地告诉学生，要自自然然地让主题“显现”出来。怎么“显现”呢？单元导读课中，我们用“语文园地”中的一张火车票开启本单元的学习旅程。之后每一课的学习我们都将出现一张由上一篇课文所写地点为出发地，即将学习的课文地点为目的地的火车票，来贯穿整个单元的学习，在反复巩固会看火车票、增加识字量的同时让学生觉得本单元的学习就是一场快乐的旅行。之后，引出中国地图，告诉学生，我们现在学习生活的地方在地图上的哪个位置。然后，每带领学生读一篇课文的课题，就告诉学生，这个地方在地图上的哪个位置，距离有多少，并出示对应的图片对这个地方做简单介绍。这样一来，阅读每篇诗文，就会在学生脑海中勾勒出“旅行”路线，想象出每个地方在祖国的什么位置，感受到祖国的幅员辽阔、山川秀美，激发学生的热爱和向往之情。立足人文主题，以积极的情感为基础，不同学习内容之间就能建立起积极的联系。

（案例节选自《二年级上册第四单元整体设计总述》）

案例 9-2

《让真情自然流露》单元导读

昆明市首批“春城计划”教学名师张砾月工作室成员　郑　波

一、单元解读

（一）内容解读

《让真情自然流露》是统编教材六年级下册第三单元中的习作单元，由以下内容组成：两篇精读课文《匆匆》《那个星期天》；“交流平台”和“初试身手”的两篇习作例文《别了，语文课》《阳光的两种用法》和习作《让真情自然流露》。本单元的语文要素：体会文章是怎样表达情感的；选择合适的内容写出真情实感。本单元编排的各项内容，环环相扣，集中指向核心习作能力的习得。两篇精读课文《匆匆》和《那个星期天》的教学，旨在引导学生学习习作中表达真情实感的方法，接着在“交流平台”中，通过交流、讨论，对两篇文章进行了归纳梳理：《那个星期天》侧重于选取具体的人、事或景物，自然流露情感，而《匆匆》则直接把心里想说的话写出来，以此抒发情感。以上两点促成了“体会文章是怎样表达真情实感”的要素落地。教师再通过“初试身手”的实践练习的对比阅读和小练笔“心情好与不好时”的情景描写，感受到我们生活在一定环境，当心情不同时，对身边事物的感受也会有所不同。然后借助两篇童年往事的习作例文进一步学习，借助《别了，语文课》的旁批和文后练习，启发学生学习作者精选事例和穿插心情独白的方法。借助《阳光的两种作用》的旁批提示学生通过关键词句串联不同事例中的情感脉络。最后在习作“让真情自然流露”中强调了真情表达要自然，分两部分：第一部分创设写作情境，提供了表示积极和消极两种情绪的七个名词，帮助学生打开生活的记忆闸门；第二部分从“印象深刻”“自然表达情感”“可写出情感变化”“同伴交流”四个方面明确了写作和修改要求，从而实现了在精读学法、略读练法、习中用法的三位一体的语文要素的落实。

（二）要素解读

本单元是习作单元，两个语文要素都指向习作，单元最终的学习目标也指向习作。旨在帮助学生学会在习作中表达真情实感。

二、教学目标

（一）认识19个生字，会写29个词语。

（二）了解本单元学习内容，初步梳理表达真情实感的方法。

（三）联系生活，选择一个体验最深的词语，由词语联想到自己经历的事，初步拟定提纲。

三、教学重点

（一）认识19个生字，会写29个词语。

（二）了解本单元学习内容，初步梳理表达真情实感的方法。

四、教学难点

联系生活，选择一个体验最深的词语，由词语联想到自己经历的事，初步拟定提纲。

（案例节选自《让真情自然流露》单元导读）

在案例9−1中，教师先从整体入手，观照单元整体，用系统思维对教学单元的结构进行整体解读，结合教师参考用书以及义务教育阶段语文课程标准，明确执教单元的留言条属于应用文写作，语文要素中蕴含的语文知识是“使学生体会写具体和写概括的表达方式”，这就是前文提到的第四种写作知识——文体和表达知识。

在案例9−2中，单元习作主题“让真情自然流露”，重点强调了真情表达要自然，属于第三种写作知识——立意知识，教师从“印象深刻”“自然表达情感”“可写出情感变化”“同伴交流”四个方面明确了写作和修改要求，实现了精读学法、略读练法、习中用法三位一体的语文要素的落实。

综上所述，教师在进行单元整体设计时最先要做的是明确单元要学习的语文知识，知识梳理清楚了，能力培养的方向路径也就清楚了，以此拟定单元的教学目标就顺理成章了。

（二）训练写作能力

在学习习作阶段，习作知识的学习为习作能力的形成打下坚实的基础，而能力的培养又不完全依靠知识，需要在不断的模仿、练习中实现螺旋式的提升。

学生基本的习作能力有五类，分别是构篇能力、修改能力、叙述描写能力、写作思维能力和交流分享能力。以下通过五个案例呈现教师们在课堂中如何实现学生这五类能力的培养。

案例 9-3

《彩笔绘生活　写清一件事》教学设计（一）

昆明市首批“春城计划”教学名师张砾月工作室成员　陈　霞

【教学目标】

（一）能按一定的顺序，把一件事情的起因、经过和结果写清楚。

（二）重点写清楚事情的经过，把“看到的、听到的、想到的”写下来。

【教学过程】

一、谈话导入，分享事情

（一）我们的生活就像一个万花筒，每天都会有各种各样的事情发生，在这么多事情当中，有一些事情留给我们的印象会比较深刻。有哪些事情呢？（比如说）。

（二）转动记忆的万花筒，回忆一下，你生活中发生过什么让你印象深刻的事？

（学生交流，写在题目位置）

（三）万花筒里承载着一段最美好的童年时光，同学们身上都发生了这么多有意思的事，值得我们写下来。怎样写清楚这些事情呢？借助前一课板书梳理写清一件事的方法。

顺序要清楚：起因　经过　结果（板书：按照顺序清楚写）

内容要清楚：看到的　听到的　想到的

二、构思框架，初步写作

（一）翻开习作例文，默读《我家的杏熟了》，这篇文章主要讲了一件什么事？

预设：奶奶打杏分给大家吃。

（二）围绕奶奶打杏，作者有没有按顺序来写呢？事情的起因、经过、结果分别是什么？读第5～9自然段，借助旁批说一说事情的起因、经过、结果。（填写表格）

事情：奶奶打杏分给大家吃

起因：邻居小淘淘来摘杏

经过：奶奶拿长竹竿打杏

结果：我分杏给大家吃

（三）像作者一样，写一件事之前，我们先来理清楚写作顺序。请大家拿起笔，在任务单上写下让你印象深刻的那件事的起因、经过、结果。

（四）挑战一下，10分钟，尽力写一件事的经过。

做到：连贯：不纠结，不停笔，不会写的字空着或者用拼音代替。

惜时：充分利用好时间，尽力写。

三、修改习作，写清内容

（一）我们要把经过写详细，该怎么办？（相机板书：多种描写更具体）

（二）我们一起来看习作例文《我家的杏熟了》。你认为这篇文章让你印象最深刻的部分是哪些自然段？

（学生找出第7、第8自然段，学习通过人物动作把故事写清楚的方法）

（三）出示《爬天都峰》全文的语言部分，学习通过人物语言把故事写清楚的方法。

（四）除了人物的动作、语言，大家看《麻雀》中的这些部分，学习通过人物想法把故事写清楚。想法可以是惊讶、疑惑、害怕、敬佩等。

（五）拿起你的妙笔开始修改，你可以在适当的地方加入看到的动作，或者听到的对话，或者想到的一些内容。

四、分享习作，交流展示

（一）咱们学校的校园广播站《生活万花筒》栏目采稿标准就是看大家写的故事是否顺序清楚，（结合板书）有没有从多个角度把故事的经过写清楚，下面我们来听听经过部分。

（二）其他同学认真听，听听这个故事好不好，我们可以这样来评价：

板书评价：按照顺序清楚写　3星

多种角度具体写　3星

案例 9-4

《彩笔绘生活　写清一件事》教学设计（二）

昆明市首批“春城计划”教学名师张砾月工作室成员　薛根记

【教学目标】

（一）理解课文内容，学习作者按照起因、经过、结果的顺序把事情写清楚的方法。

（二）学习作者把“看到的、听到的、想到的”表达清楚的写作方法。

（三）尝试用“看到的、听到的、想到的”来写一写运动场活动场景。

【教学重点】

理解课文内容，学习作者把“看到的、听到的、想到的”表达清楚的写作方法。

【教学难点】

初步尝试用“看到的、听到的、想到的”写法，口头表达运动场的活动场景。

【教学过程】

一、回顾内容，任务驱动

（一）回顾单元页——“学写一件事，把事写清楚。”

（二）回顾单元习作内容——生活万花筒。

（三）回顾积累素材——《生活集锦单》。

1. 唤醒生活经历，积累习作素材。

2. 写事的法宝是什么？齐读课题。

二、整体感知，梳理顺序

（一）回顾课文，思考课文围绕麻雀写了一件什么事？

板贴：猎狗、老麻雀和小麻雀。

（二）了解故事的起因、经过和结果，知道课文写了一件什么事，借助卡片说清楚他们之间发生了什么事。

（三）导学回顾：学习《女娲补天》的时候，是按什么顺序来讲的？

板贴：起因、经过、结果

（四）利用人物和情节关系图来说一说这篇课文讲了一件什么事。

板贴：有顺序

三、顺势组合，明白要素

（一）“起因、经过和结果”即这件事情的顺序，它们和另外三个要素组成了事情的六要素。

（二）学习课文第1自然段，找出藏着的三要素是——时间、地点、人物。

时间——打猎回来

地点——林荫路上

人物——猎狗、我

（三）板贴：时间、地点、人物。

四、解剖经过，透析具体

（一）出示简文，对比原文，引发探究兴趣。

（二）聚焦片段：勾画描写老麻雀无畏的句子。

（三）探究老麻雀无畏的方法。

1. 汇报描写老麻雀无畏的句子

2. 活动一：小组合作，归类探究——写清看、听、想。

3. 活动二：小组合作，组合探究——交融看、听、想。

五、交流平台，提炼方法

（一）方法提炼：《麻雀》一课告诉我们的方法，正好整理在了《交流平台》中。

（二）出示交流平台，总结方法。

六、学以致用，初试身手

（一）出示初试身手——运动会场景。

（二）学生尝试把看到的、听到的、想到的说出来。

（三）学生表达，教师对标评价，关注“看、听、写”。

（四）学生完成书面练习。

案例9–3的教师带领学生梳理写作方法，板书提示按照顺序写清楚，然后引导学生学习习作例文《我家的杏熟了》，让学生构思框架，体现写作基本能力中构篇能力的培养。在此基础上修改习作，板书提示“多种描写更具体”，体现修改能力和叙述描写能力的培养，最后在写清内容，修改之后让学生分享习作，交流展示，体现的是分享交流能力的培养。案例9–4是在案例9–3的基础上继续学习叙述事情的六要素，通过链接语文园地的交流平台，总结写清楚一件事的方法，然后学以致用，引导学生自主感知故事发生的几个阶段，明确要把一件事写清楚，必须注意叙述顺序，这是对学生构篇能力和叙述描写能力的培养。最后学以致用，让学生初步形成基于读者（观众）的意识，将真实问题转化为习作任务进行练习。掌握按时间顺序写事的方法（如爬山前 + 爬山中 + 爬到山顶后），掌握按起因、经过、结果写事的方法，能运用“怎么想 + 怎么说 + 怎么做”“看到的 + 听到的 + 想到的”等方法，把事情发展过程中的重要内容写清楚，这就是对学生的写作思维的培养。

二、前后勾连，把握要素的生长点

统编版教材最突出的特点是采用了“双线组元”的形式编排教材，而“研究单元整体教学需要围绕语文教材的人文主题和语文要素进行前后关联”。[①] 相同的语文要素，可能会在教材的不同学段和单元重复出现，所以在进行单元整体教学的设计时，应当面面俱到，从横纵两个角度剖析这些语文要素间的关联与异同，理清要素间的递升序列，准确把握执教学段及单元的要素生长点。以下还是呈现两个案例，看张砾月工作室的教师们是如何对单元的语文要素进行前后勾连的。

案例 9—5

统编版三年级语文上册第五单元——单元整体设计总述

昆明市首批“春城计划”教学名师张砾月工作室成员　赵　薇

一、单元整体解读

本单元以“留心观察”为主题，编排了《搭船的鸟》《金色的草地》两篇精读课文和《我家的小狗》《我爱故乡的杨梅》两篇习作例文，四篇课文以日常生活中的动物、植物和场景为描写对象，表现五彩缤纷的世界，选文内容贴近儿童生活，表达方式契合儿童认知发展。本习作单元学习不同于常规单元，旨在引导学生体会观察的细致和好处，增强留心观察的意识，并在此基础上完成单元习作学习任务。

苏霍姆林斯基说：“观察是一种积极的智力活动，是发展智力的途径，是智慧的重要能源。”学习和掌握“观察”这一技能，首先需要理解什么是“观察”，2022 版新课标强调了观察的重要性，并分学段对观察提出了明确的要求：

---

① 张砾月：《建立系统思维方式　实施单元整体教学——以统编语文五年级下册第八单元为例》，《云南教育（小学教师）》2020 年第 12 期。

表 9—1

学段	习作目标
第一学段	对写话有兴趣，留心周围事物。
第二学段	乐于书面表达，增强习作的自信心。观察周围世界，能不拘形式地写下自己的见闻、感受，注意把自己觉得新奇有趣或印象最深、最受感动的内容写清楚。
第三学段	懂得写作是为了自我表达和与人交流。养成留心观察周围事物的习惯，有意识地丰富自己的见闻，珍视个人的独特感受，积累习作素材。
第四学段	多角度观察生活，发现生活的丰富多彩，能抓住事物的特征，有自己的感受和认识，表达力求有创意。

与 2022 版新课标习作目标相对应，统编版在单元编排方面，以习作能力发展为主线，组织独立的习作单元内容，语文教学更加关注表达，习作教学更具系统性、针对性和可操作性。

表 9—2

习作单元	习作主题	表达训练要素
三上第五单元	观察	仔细观察，把观察所得写下来。
三下第五单元	想象	展开大胆的想象写故事，创造自己的想象世界。
四上第五单元	写事	写一件事情，把事情写清楚。
四下第五单元	写景	学习按浏览的顺序写景物。
五上第五单元	写物	搜集资料，运用恰当的说明方法，介绍清楚一种事物。
五下第五单元	写人	运用描写人物的基本方法把人物特点写具体。
六上第五单元	围绕中心意思写	从不同的方面或选取不同的事例，表达中心意思。
六下第三单元	表达真情实感	选择合适的内容写出真情实感。

三年级上册第五单元的习作主题是“观察”，小学阶段对于“观察”这一能力的形成，也是梯度螺旋式上升的培养过程。

表 9—3

年级	“观察”要求	培养层级
三年级	留心观察	意识
四年级	养成留心观察的习惯	习惯
五年级	在留心观察的基础上，关注观察的方法。	方法
六年级	培养观察能力，能细致观察景物的变化	能力

三年级上册语文学习共八个单元，其中观察位于第五单元，隶属人与自然领域，对观察的要求是留心观察，这里指向积累生活素材，有内容可写。习作单元分为六大板块，其中单元导语以法国雕塑艺术家罗丹名言“生活中不缺少美，只是缺少发现美的眼睛”为引，学生在朗读名言、积累名言的过程中初步感悟观察的重要性：善于观察，从生活中发现美的东西，获得美的感受。接着聚焦单元目标：体会作者是怎样留心观察周围事物的；仔细观察，把观察所得写下来。目标指向明晰，重点在于读和写，在读的过程中体会作者观察的态度、方法和内容等，落笔写自己的观察所得。明确了目标后进入单元学习，从五个阶段着手分解习作环节。首先进入精读课文的学习，从课文中提取知识要点，从阅读中学习表达方法。接着通过交流平台的归纳梳理，进一步提炼方法。进入初试身手阶段，学生尝试运用方法和观察所得实践写作，从而把单元写作知识沉淀下来。接下来的习作例文学习，学生进一步感知方法，习作例文的结构与表达接近学生的语言水平，是学生模仿、参照的对象。最后参照例文练习习作。学生写作是一个“方法学习—实践运用—习得总结”的螺旋式上升过程。具体来看，精读课文《搭船的鸟》《金色的草地》和习作例文《我家的小狗》《我爱故乡的杨梅》主要让学生学会怎样观察，怎样提炼观察所得。

表 9–4

五彩缤纷的世界： 《搭船的鸟》 《金色的草地》 《我家的小狗》 《我爱故乡的杨梅》	观察对象	动物：翠鸟、小狗
		植物：蒲公英、杨梅
		场景：翠鸟捕鱼
	观察方法	静态观察法：翠鸟外形
		动态观察法：翠鸟捕鱼
		时序观察法：草地颜色的变化
		多角度多感官观察法：杨梅的色形味

分析精读课文的习题，我们更能理清本单元的学习侧重点：

1. 在比较中分辨细致观察的事物。

2. 体会观察的细致，并进行思考练习。

3. 与生活中观察经验的联结，向写作过渡和延伸。

基于以上单元整体解读，将习作单元的学习目标确定为：

1. 朗读、理解课文，体会作者是如何留心观察周围事物的。

2. 积累课文语言，体会作者如何运用准确、生动的语言表达自己的观察所得。

3. 积累生活中的习作素材，体会细致观察的好处，增强留心观察的意识，提高习作能力。

（案例节选自《统编版三年级语文上册第五单元——单元整体设计总述》）

案例 9–5 首先确定单元主题是“留心观察”，然后在《义务教育语文课程标准（2022 年版）》找到了各学段对观察的要求，课标是教学的指挥棒，所以联系课标在教学设计中是一个绝对不可忽视的重点，在明确课标对于“观察”的要求后，又梳理了统编版教科书在习作单元编排时的语文要素，接着进一步梳理关于“观察”这一要素在教科书各学段的分布和不同要求，得出结论：“小学阶段对于‘观察’这一能力的形成，是梯度螺旋上升的培养过程。”

这样的前后关联，既有利于语文要素的落实，又遵循了儿童学习与思维发展的规律，让学生的语文知识和语文能力随着年龄增长不断进阶。

三、板块链接，布局教学的落脚点

温儒敏在谈到备课时说，“备课时要有全局意识，一定要研究教材，梳理其‘隐在’的知识体系，比较自然而又扎实地体现在自己的教学中”。① 单元整体教学的设计，需要明晰单元的训练点、前后勾连要素的生长点，更重要的是要进行单元各板块的链接，将人文主题、语文要素、精读 / 略读课文、课后练习和语文园地等板块进行整合，将这些板块视为一个整体，思考如何发挥各个板块的不同功能，达到一加一大于二的效果。

首先，要发挥整体的作用，递阶推进，形成单元学习任务链，共同促进学习方法的迁移，学习能力的螺旋式上升发展；其次，要在不同的、有个性的课文中找到共同的语文要素的落点，使语文要素真正实现落地，并在持续的实践活动中转化为学生的能力与素养。同样还是通过案例来看如何实现单元板块间的链接，落实单元的教学点。

① 温儒敏：《“部编本”语文教材的编写理念、特色与使用建议》，《课程·教材·教法》2016 年第 11 期。

案例 9—6

《幽默中的智慧》单元整体教学设计

昆明市首批“春城计划”教学名师张砾月工作室成员　潘燕玲　郑波

一、教材解析

五年级下册第八单元以“幽默”为主题。包含三篇课文《杨氏之子》《手指》《童年的发现》，口语交际：我们都来讲笑话，习作：漫画的启示，语文园地。

按照教材的编写意图，本单元需要把握的阅读要素是：感受课文风趣的语言。写作要素是：看漫画，写出自己的想法。

表 9—5

初步感受作品中生动的形象和优美的语言。——语文课程标准		
三年级上册第一单元	关注有新鲜感的词语和句子	建立在学生感知角度上
三年级上册第七单元	感受课文生动的语言	建立在学生感知层面
三年级下册第一单元	体会优美生动的语句	建立在学生认知层面
四年级上册第三单元	体会文章准确生动的表达	建立在细致观察，准确描绘基础上
五年级下册第八单元	感受课文风趣的语言	建立在审美层面上

二、单元教学目标：

表 9—6

单元教学目标	字词句	认识 25 个生字、一个多音字、会写 18 个字。 能摘抄课文中风趣的语言。 能了解颜体楷书的基本知识，初步感受《颜勤礼碑》等颜体书法的魅力。 朗读背诵“日积月累”中的五句名言。
	阅读	正确流利地朗读课文，背诵《杨氏之子》。 体会课文中风趣的语言，结合生活实际，说出自己的阅读感受。 能交流、总结本单元课文内容有意思、语言风趣的特点。
	表达	口头： 1. 能讲述自己搜集的笑话，避免不良的口语习惯。 2. 能用心倾听别人讲笑话，做一个好听众。
		书面： 1. 能仿照《手指》一文的表达特点，从五官中选一个写一段话。 2. 能写清楚漫画的内容和可笑之处。 3. 借助标题或提示语，联系生活，写出自己的看法。 4. 体会先概括后举例的段落表达方法，并能照样子写一段话，表达自己的看法。

三、课时安排：

表 9—7

内容安排	课时计划	课时目标
口语交际 +《杨氏之子》	第一课时	1. 学会本课生字。 2. 朗读课文，背诵课文。 3. 了解课文大意；理解文中的两段对话，初步感受语言的幽默与智慧。 4. 能讲述自己搜集的笑话，避免不良的口语习惯。 5. 能用心倾听别人讲笑话，做一个好听众。
习作导读 +《手指》+ 词语段运用 + 交流平台 + 日积月累	第二、三课时	1. 学会本课生字、词语。 2. 摘抄文中有趣的词句，体会课文用拟人、排比等修辞表现课文的幽默，并能说出自己的阅读感受。 3. 根据文中对大拇指的描写，结合语文园地中“词句段运用”，进行仿写。 4. 背诵积累“日积月累”中的五句名言。
《童年的发现》+ 习作《漫画的启示》	第四课时	1. 读懂漫画内容，运用口头语言和书面语言交流从漫画中获得的启示。 2. 写清楚漫画的内容和可笑之处。 3. 联系生活实际，写出自己的思考。 4. 结合“自学提示”自学，说童年的“趣味”发现。
《童年的发现》+ 习作讲评、指导修改	第五课时	1. 对比阅读《童年的发现》感受文章的风趣与幽默。 2. 与他人交换习作，能根据习作要求进行评改。 3. 能根据他人的意见修改自己的习作。
语文园地书写提示（书法鉴赏）		调整至本册综合性学习：遨游汉字王国

［案例节选自《幽默中的智慧》单元整体教学设计（一）］

案例 9—6 展示的五年级下册第八单元以“幽默”为主题。按照教材的编写意图，需要把握的阅读要素是“感受课文风趣的语言”。写作要素是“看漫画，写出自己的想法”。这一单元的教学内容是高度聚焦的，是系列化、结构化的，单元内部的教学内容不再是孤立的、分散的，而是在主题和要素的统领下形成了一个有机整体。如果设计得当可以很好地实现读写融合，真正发挥单元的“整体”功能。

所以设计者在明晰单元主题和要素后，从课标入手，关联前后学段的相同要素，拟定单元教学目标，创设了真实的情境——海选“校园幽默大师”（紧贴学生生活实际），统整了学习主题——学习语言的幽默风趣（不论是说还是写，都指向学语言、用语言），明确了语文知识点——文言小知识、幽默小技巧，突出了实践性（语言运用）——语言实践活动贯穿始终（笑话王、智多星、未来外交官、跨界小达人、幽默知音、最佳发言人）。

课程的学习安排不再是传统的一课一得，而是将口语交际、课文、习作例文、语文园地的交流平台、词句段运用等板块打碎，进行合理的融合，真正做到了2022版新课标的要求："追求课程内容、学生生活、语文实践之间的融通，讲究知识点、能力点的线性排列，改变逐点解析和逐项分析的陈旧教学方式。"①

四、总结

总之，在新的时代背景和新的课标指引下，进行单元整体教学是大势所趋，应基于学生的语文核心素养培养目标，充分认识单元整体教学的优势，围绕教材合理设计教学内容，做到明晰单元的训练点、把握要素的生长点、合理布局教学的落脚点，提高课堂教学质量，确保学生语文核心素养的落实。

① 《义务教育语文课程标准（2022年版）》，北京师范大学出版社2022年版，第19页。

参考文献

1. 安杨华：《理性语文：运用语文知识解决语文实践问题——“新课标”视域下的语文知识运用略谈》，天津师范大学学报（基础教育版）2020 年第 4 期。

2. 陈金铭：《小学语文教师一定要知道的 180 个妙招》，福建教育出版社 2013 年版。

3. 陈仕润：《“我爱你，汉字”综合性学习活动设计》，《小学语文教学》2021 年第 10 期。

4. 陈侠：《课程论》，人民教育出版社 1989 年版。

5. 陈媛媛、欧阳旭红：《识字有味，劳动最美——统编语文教材二年级下册语文园地七“识字加油站”教学设计》，《湖南教育（B 版）》2020 年第 10 期。

6.《辞海》，上海辞书出版社 1979 年版。

7. 丛立新：《课程论问题》，教育科学出版社 2000 年版。

8. 崔允漷：《追问“核心素养”》，《全球教育展望》2016 年第 5 期。

9. 崔允漷、邵朝友：《试论核心素养的课程意义》，《全球教育展望》2017 年第 10 期。

10. 崔允漷：《指向学科核心素养的教学即让学科教育“回家”》，《基础教育课程》2019 年总第 243—244 期。

11. 崔允漷：《学科核心素养呼唤大单元教学设计》，《上海教育科研》2019 年第 4 期。

12. 崔允漷：《素养本位的单元设计，助力各国进入“素养时代”》，《上海教育》2021 年第 32 期。

13. 崔允漷：《单元学历案：让国家课程校本化、素养落地可视化》，《浙江教育报》2022 年第 5 期。

14. 崔增亮：《汉字学与小学识字教学》，人民教育出版社 2015 年版。

15. 戴晓娥：《大单元 大情境 大任务——统编语文教科书“新教学”设计与实践》，《语文建设》2019 年第 8 期。

16. 董小玉、李林原：《〈义务教育语文课程标准（2022 年版）〉的“不变”与“新变”》，《语文建设》2022 年第 9 期。

17. 杜芳芳：《小学低学段语文教材中汉字文化编排情况及教学策略》，《汉字文化》2021 年第 1 期。

18. 范洪静：《社会主义核心价值观在小学语文教材中的融入方式研究——以统编版高段教材为例》，硕士学位论文，西南大学小学教育专业，2020 年。

19.［美］格兰特·威金斯、［美］杰伊·麦克泰格：《追求理解的教学设计（第二版）》，闫寒冰、宋雪莲、赖平译，华东师范大学出版社 2017 年版。

20. 顾明远：《教育大辞典》，上海教育出版社 1998 年版。

21. 郭利萍：《谈中国语文课程的现状与改革——访上海师范大学教育科学学院教授吴忠豪》，《中小学教材教学》，2006 年第 10 期。

22. 郭沫若：《古代文字之辩证的发展》，《考古》1972 年第 3 期。

23.《汉语大词典》第 3 卷，汉语大词典出版社 1992 年版。

24. 黄金鑫：《中学语文单元教学研究》，硕士学位论文，福建师范大学学科教学专业，2012 年。

25. 江平主编：《小学语文课程与教学》，高等教育出版社 2004 年版。

26. 雷浩：《基于核心素养的课程评价：理论基础、内涵与研究方法》，《上海师范大学学报（哲学社会科学版）》2020 第 5 期。

27. 李燕：《语言文化十五讲》，南开大学出版社 2015 年版。

28. 梁东汉：《汉字的结构及其流变》，上海教育出版社 1959 年版。

29. 林崇德：《21 世纪学生发展核心素养研究（修订版）》，北京师范大学出版社 2021 年版。

30. 林睿：《浸·润：构筑汉字文化浸润的语文课堂》，海峡文艺出版社 2019 年版。

31. 刘飞、黄伟：《新课程理念下语文课堂教学体系重建——基于〈义务教育语文课程标准（2022 年版）〉的分析》，《天津师范大学学报（基础教育版）》2022 年第 4 期。

32. 刘一达：《门脸儿》，中国工人出版社 2002 年版。

33. 陆志平：《素养为纲的语文大单元教学设计》，《语文教学通讯》2021 年第 Z3 期。

34. 陆志平：《语文大单元教学的设计思路》，《语文建设》2020 年第 17 期。

35. 罗蓉：《真学语文：让语文教学真实发生》，北京师范大学出版社 2022 年版。

36. 马建明：《指向提升学生语文核心素养的任务设计》，《语文教学通讯》2021 年第 Z3 期。

37. 马延伟、马云鹏：《课程改革实施中校长角色的转变——对当前课程改革的一点思考》，《课程·教材·教法》2003 年第 1 期。

38. 倪文锦主编：《新编语文课程与教学论》，华东师范大学出版社 2006 年版。

39. 潘万木、杨文胜、吴浪平主编：《简明中国传统文化（第三版）》，华中科技大学出版社

2019年版。

40.《普通高中语文课程标准（2017年版2020年修订）》，人民教育出版社2020年版。

41. 荣维东、唐玖江：《〈义务教育语文课程标准（2022年版）〉的主要变化、学理依据与实施策略》，《课程·教材·教法》2022年第9期。

42. 申宣成：《义务教育语文课程标准修订：背景、内容与实施》，《全球教育展望》2022年第6期。

43. 施良方：《课程理论：课程的基础、原理与问题》，教育科学出版社1996年版。

44.［美］泰勒：《课程与教学的基本原理》，施良方译，人民教育出版社1994年版。

45.［美］泰勒：《课程与教学的基本原理：英汉对照版》，罗康、张阅译，中国轻工业出版社2008年版。

46.［美］泰勒：《课程与教学的基本原理：英汉对照版》，罗康、张阅译，中国轻工业出版社2014年版。

47. 唐兰：《中国文字学》，上海古籍出版社1979年版。

48. 万伟：《课程的力量：学校课程规划、设计与实施》，华东师范大学出版社2017年版。

49. 王爱华：《意与境浑——大单元教学视野下的主题提炼与情境创设》，《语文教学通讯》2021年第Z3期。

50. 王立军：《有关汉字文化研究的几个基本理论问题》，《陕西师范大学学报（哲学社会科学版）》2002年第5期。

51. 王荣生：《语文科课程论建构》，博士学位论文，华东师范大学课程与教学论专业，2003年，第163页。

52. 王尚文：《语感论（修订本）》，上海教育出版社2000年版。

53. 王崧舟：《秉纲而目自张 执本而末自从——〈义务教育语文课程标准（2022年版）〉“核心素养”解读》，《教学月刊小学版（语文）》2022年第6期。

54. 王筱婕：《传承汉字文化，夯实识字基础——统编教材小学语文一年级下册〈古今对〉第一课时教学设计》，《山东教育（小学）》2022年第Z1期。

55. 王湛：《普通高中课程修订后的主要变化》，《基础教育参考》2018年第3期。

56. 王子楠：《部编本小学语文教材中传统文化内容的分析及教学研究》，硕士学位论文，云南师范大学教育专业，2020年。

57. 温儒敏：《“部编本”语文教材的编写理念、特色与使用建议》，《课程·教材·教法》2016年第11期。

58. 许祎玮、刘霞：《基于核心素养的课程教学改革——基本模式、国际经验及启示》，北京师范大学学报（社会科学版）2017 第 5 期。

59.《义务教育语文课程标准（2011 年版）》，北京师范大学出版社 2011 年版。

60.《义务教育语文课程标准（2022 年版）》，北京师范大学出版社 2022 年版。

61. 尹弘飚、李子建：《基础教育新课程实施的影响因素分析——重庆北碚实验区的个案调查》，《南京师大学报（社会科学版）》2004 年第 2 期。

62. 俞红珍：《课程内容、教材内容、教学内容的术语之辨——以英语学科为例》，《课程·教材·教法》2005 年第 8 期。

63. 于漪：《于漪全集 4·语文教育卷》，上海教育出版社 2018 年版。

64. 张华：《课程与教学论》，上海教育出版社 2000 年版。

65. 张华：《正确处理核心素养与“双基”的关系》，《人民教育》2016 年第 19 期。

66. 张砾月：《建立系统思维方式 实施单元整体教学——以统编语文五年级下册第八单元为例》，《云南教育（小学教师）》2020 年第 12 期。

67. 张燕：《小学低段识字教学中渗透汉字文化的原则》，《语文教学通讯·D 刊（学术刊）》2021 年第 10 期。

68. 郑桂华：《2022 年版语文课程标准中课程目标的价值追求》，《中学语文教学》2022 年第 5 期。

69. 钟启泉主编：《课程与教学论》，华东师范大学出版社 2008 年版。

70. 钟启泉：《基于核心素养的课程发展：挑战与课题》，《全球教育展望》2016 年第 1 期。

71. 钟启泉：《学会单元设计》，《中国教育报》2015 第 9 期。

72. 朱光潜：《文艺心理学》，华东师范大学出版社 2015 年版。

73. 朱立明、冯用军、马云鹏：《论深度学习的教学逻辑》，《教育科学》2019 年第 3 期。

74. 朱绍禹：《中学语文教育概说》，内蒙古人民出版社 1983 年版。

[illegible]

[illegible]

[illegible]

[illegible]

[illegible]

[illegible]

[illegible]

[illegible]

[illegible]

[illegible]

[illegible]

[illegible]

[illegible]

[illegible]

[illegible]

图书在版编目（CIP）数据

小学语文课程与教材研究 / 马蕾迪，樊莹莹 主编．—北京：东方出版社，2024.4
ISBN 978-7-5207-3778-4

Ⅰ.①小…　Ⅱ.①马…②樊…　Ⅲ.①小学语文课－教学研究　Ⅳ.① G623.202

中国国家版本馆 CIP 数据核字（2023）第 247204 号

小学语文课程与教材研究
（XIAOXUE YUWEN KECHENG YU JIAOCAI YANJIU）

主　　编：马蕾迪　樊莹莹
责任编辑：杜丽星　刘书含
责任审校：蔡晓颖
出　　版：东方出版社
发　　行：人民东方出版传媒有限公司
地　　址：北京市东城区朝阳门内大街 166 号
邮　　编：100010
印　　刷：廊坊市印艺阁数字科技有限公司
版　　次：2024 年 4 月第 1 版
印　　次：2024 年 4 月北京第 1 次印刷
开　　本：787 毫米 ×1092 毫米　1/16
印　　张：16.5
字　　数：304 千字
书　　号：ISBN 978-7-5207-3778-4
定　　价：58.00 元
发行电话：（010）85924663　85924644　85924641
